레전드 프라이빗 뱅커의
금융 영업 일기

레전드 프라이빗 뱅커의 금융 영업 일기
프로 PB의 길 초거액 자산가 상대 금융 영업 사례

초판 1쇄 발행 2024년 1월 19일
2쇄 발행 2024년 7월 1일

지은이 한정구
펴낸이 장길수
펴낸곳 지식과감성°
출판등록 제2012-000081호

교정 정은솔
디자인 정윤솔
편집 정윤솔
검수 이주희, 이현
마케팅 김윤길, 정은혜

주소 서울시 금천구 벚꽃로298 대륭포스트타워6차 1212호
전화 070-4651-3730~4
팩스 070-4325-7006
이메일 ksbookup@naver.com
홈페이지 www.knsbookup.com

ISBN 979-11-392-1594-6(03810)
값 18,000원

- 이 책의 판권은 지은이에게 있습니다.
- 이 책 내용의 전부 또는 일부를 재사용하려면 반드시 지은이의 서면 동의를 받아야 합니다.
- 잘못된 책은 구입하신 곳에서 바꾸어 드립니다.

지식과감성°
홈페이지 바로가기

레전드 프라이빗 뱅커의
금융 영업 일기

한정구 지음

프로 PB의 길
초거액 자산가 상대 금융 영업 사례

목차

대통령과 검찰의 전쟁 … 7

T사 P 회장 … 13

9.11 테러와 계좌 관리 … 22

P 회장과 L 회장 … 30

P 회장 대선 자금 1차 조사 … 37

새로운 도전 … 42

질긴 인연 P 회장 I … 56

질긴 인연 P 회장 II … 63

질긴 인연 P 회장 III … 69

3.1절 골프 사건 … 79

G 그룹의 후예 Z 회장 … 93

새로운 기회 P사 L 회장 … 103

N 그룹 G 회장 … 119

D 개발 J 회장 … 136

지역 초거액 자산가 K 회장	144
S 유통 L 회장	159
K 전자 K 회장	168
골프 게임에서의 1만 원	187
새로운 상품에 대한 목마름	195
카드 사태와 프로모션	202
절세 투자만이 정답인가?	216
재능 기부의 새로운 장을 열다	228
재무제표와 PB 영업 I	238
재무제표와 PB 영업 II	248
PB 영업과 기업 컨설팅	259
혁신에 대하여	268
부가 가치의 삶	323

대통령과 검찰의 전쟁

노무현 대통령이 집권을 시작했다. 전임 김대중 대통령과는 달리 모든 국민들에게 비치는 모습이 카리스마가 부족한, 그냥 고졸 출신 촌사람 대통령의 모습이었다. 그래서 기득권 세력의 집요한 공격의 대상이 되었다. 출신도 명문 스카이가 아니라 그냥 지방의 상고 졸업으로 기존의 두텁고 두터운 기득권층과의 네트워크가 부족했다. 그래서 모든 국민들이 처음으로 맞는 보통 사람 대통령에 대한 우려와 걱정이 많았다.

기득권 세력은 그를 심하게 얕잡아 보기도 하였다. 심지어 골프장에서는 새로운 게임의 방식이 개발되기도 했다. 좌익 우익 게임이 그것이다. 일종의 이념적 프레임으로 묶어서 대통령의 운신의 폭을 좁히려는 의도가 깔려 있었다.

그런데 대통령은 법무부장관으로 K를 임명했다. 그것도 법조계에서 아웃사이드에 머물러 있던 젊은 여성 변호사를 법무부장관으로 전격 발탁한 것이다. 대통령이 볼 때는 K는 섦고 유능하고 똑똑했을 것이었다.

그러나 좋은 집안 출신이거나 좋은 대학 출신이거나 공부만 잘했거나 해서 사법고시에 붙어서 일생을 호가호위하며 살아가거니와 은퇴 후에도 대체로 기득권층을 두텁게 형성하고 있는 그들 중 일부에게 K의 법무부장관 임명은 도저히 받아들일 수 없는 충격적인 인사였다. K 또한 장관에 임명된 후 여러 가지의 섣부른 개혁 조치들을 단행했다. 그런데 뭐가 그리 급했는지 곳곳에서 파열음이 나기 시작했다. 너무 성급했고 어설펐다. 그들을 잘 몰랐다. 결국 곳곳에서 사법부 저항이 나오기 시작했다. 급기야는 당시 일부 검사들이 집단 반발하는 사태까지 벌어진 것이다.

대통령은 극약 처방으로 장관을 대동하고 검사와의 대화라는 이벤트를 전 국민 앞에서 시도했다. 당시 일부 검사들은 자신들이 천신만고 끝에 사법고시에 합격한 후 미래를 보장받고 있는 시점에 그들의 기득권에 대한 도전은 대통령이라도 용서가 되지 않았던 모양이었다.

2003년 3월 10일, 국민들 앞에서 일대 망신스러운 쇼가 펼쳐졌다. 전 국민들 앞에서 대통령과 젊디젊은 검사들과의 기 싸움 현장이 생중계된 것이다. 그것을 지켜보는 양식 있는 지성인들은 국가와 민족의 장래에 대해 걱정스런 눈빛으로 혀를 찼다.

아무리 급해도 대통령은 그런 자리를 만들지 말았어야 했다. 그런 자리를 만드는 것 자체가 바로 그들의 위상을 더 세워 주는 것이기 때문이었다.

또한 우리 사회는 사법고시에 합격한 검사들만 있는 것이 아니다. 또 그들 집단만이 절대 선이 아니다. 사회 곳곳에 우리나라의 미래에 대한 공동선을 위해 일하는 사람들과 집단들이 더 많기 때문이다. 검사들에게만 그런 특혜의 자리를 마련해 주는 것은 한마디로 잘못된 결정이었다.

결과도 잘된 것이 아니었다. 일부 젊은 검사들의 예의 없는 도발에 대통령은 화를 참지 못했다. 결국 "막가자는 거지요?" 하면서 전 국민들의 얼굴을 찡그리게 했다. 그렇게 한 번의 이벤트로 끝났다. 문제는 그것으로 끝난 게 아닌 게 문제였다.

당시에 그들 중 일부는 똘똘 뭉쳤다. 그들이 어떻게 얻은 기득권인데 근본도 없는 촌놈이 대통령이 되어서는 밑도 끝도 없이 자신들의 성역을 흔들어 대니 도저히 참을 수 없었던 것이다.

급기야 대선 자금에 대한 수사가 시작되었다. 의도는 분명했다. 대통령이 절대로 깨끗하게 당선되었을 리가 없기 때문이다. 재벌의 아들도 아니고 그렇다고 큰돈이 있던 정치인도 아니었기 때문에 털면 다 나오게 되어 있기 때문이었다.

몇 차례 언론에 대선 자금 수사가 진행된다고 보도가 있더니 계좌 압수 수색 영장이 내가 근무하는 지점에 팩스로 날아들어 오기 시작했다.

동시에 어떤 연유인지 국세청 조사 4국에서도 자료 요청이 들어오기 시작했다. 그 불똥이 어이없게도 현장에서 묵묵히 일만 하고 있던 나에게 튄 것이다.

젊은 여성 법무부장관의 어설픔과 성급함에 그들의 예리한 공격이 시작된 것이었다.

그 전까지는 P 회장의 존재가 크게 드러나지 않고 있었다. 노 대통령 당선 후 오히려 C 섬유 K 회장이 언론의 스포트라이트를 받으며 집중 부각되어 P 회장의 존재는 드러나지 않고 있었다. P 회장도 과거 S 그룹 L 부회장과의 스토리로 큰 곤욕을 치른 경력이 있어서인지 줄곧 노출되려 하지 않고 조심스러운 행보를 보이고 있었다.

그런데 젊은 여성 장관이 전쟁을 촉발시킨 것이다. 나는 매일매일 괴로웠다. 어떤 날은 하루에 압수 수색 영장이 두세 장씩 날아든 적도 있었다. 국세청과 대검 중수부를 동시에 상대하자니 몸과 마음이 만신창이가 되어 갔다.

급기야 회사에서도 내가 무슨 큰 잘못이 있는 건 아닌지 의심의 눈초리까지 보내고 있었다. 나는 달리 방법이 없었다. 금융 기관의 지점장이 더 이상 어떤 일을 하겠는가? 수색 영장에 충실히 응했다. 급기야 언론에서 P 회장의 검찰 소환에 대한 소식이 흘러나오기 시작했다.

그런데 얼마 후 갑자기 대선 자금 수사가 마무리 수순을 밟기 시작했다. 엉뚱하게 다른 분이 영어의 몸이 되었다. 나는 그분을 안타깝게 생각했다. 그분은 회사의 법인 명의로 된 돈을 자기 개인의 돈과 섞어서 쓰고 있었던가 싶었다. 당초 P 회장도 그러고 있었다. 그때 나는 P 회장에게 회사 법인 자금과 개인의 자금은 분명히 다르므로 반드시 구분하여 사용해야 한다고 강조했었다. 그리고 회사 돈을 쓰려거든 반드시 배당을 받고 당당히 배당세를 납부한 후에 쓰라고 했다. 배당 세율이 높았지만 P 회장은 그렇게 했다. 회사에 대한 업무상 배임죄가 성립될 수가 없었다.

그런 즈음에 대통령과 검찰은 적당한 휴전에 들어간 것 같았다. 그것으로 일단락되었다. 나는 약 두 달간의 수십 장에 달하는 압수 수색 영장을 동반한 조사에 심신이 지칠 대로 지쳤다. 금융 회사에서 일을 열심히 하는 것이 오히려 독이 될 뻔한 것이었다. 내 인생에서 최대의 위기감을 느끼는 순간이었다.

회사는 냉정했다. 그 누구도 나를 위로해 주지 않았다. 심지어 회사와 그룹 컨트롤 타워는 나를 부담스러워하는 눈치였다. 그런데 어쩌랴, 현직 대통령과의 일이며 앞으로 5년이라는 세월이 남았는데…….

그러고 나서도 나는 당당히 일을 했다. 두 달여 간의 집요한 조사에도 한 점의 잘못된 점이 없었기 때문이다. 나는 단 한 치의 오차 없이 정직하게 금융인으로서의 삶을 살고 있었던 것이다.

T사
P 회장

내가 P 회장을 처음 만난 건 내 인생 처음으로 S 증권에서 과장으로 근무하고 있을 때 초대 지점장으로 발탁되어 김해에 갔을 때이다.

당시 김해 지점은 구포 지점 소속 출장소로서 김해 지역에 연고가 있거나 당시 구포 지점장한테 미움을 받아 김해로 유배 아닌 유배 근무를 하던 직원들이 대다수로, 업무 직원 포함하여 7명이 근무하고 있었고, 그들이 그동안 유치해서 영업 관리하던 자산이 150억 내외에 불과한 초라한 점포였다.

그런데 회사는 전사 영업 1위를 하고 있던 나를 과장 직급에서 지점장 발탁이라는 명분하에 김해 출장소를 지점으로 승격시키면서 초대 지점장으로 발령을 냈다.

국내 최정상의 위치에 있는 S 증권의 김해 지점은 초라하기 이를 데 없었다. 지점 승격 전까지 출장 소장으로 있던 직원은 자존심 상한다고 본부장과 면담 후 지역 본부 스태프로 들어가 버리고 나머지 직원 중 차석자라는 K 과장은 당시까지 계약 직원의 신분으로 근무하면서 하필이면 직전 연도에 D 건설 주가 조작 사건에 연루되어 금융 감독원 감사를 받고 있어서 영업 전력화는 기대할 수도 없었다.

또 한 명의 직원은 B 증권 출신으로 많은 나이에 비해 대리 직급을 가지고 근무하고 있었으나 그가 관리하고 있는 금융 자산은 불과 몇천만 원밖에 되지 않아 영업 성과가 거의 제로 수준에 머물러 있었다. 결국 이 직원의 영업 지원을 위해 지점장인 내가 그동안 직접 관리해 오던 고객 계좌를 맡기는 바람에 해당 고객에게 엄청난 피해를 입히게 되고 그로 인해 영원히 그 고객과의 인연도 끊어졌으니 참으로 한심스러운 형편이었다.

지점장 발탁의 기쁨보다 앞으로 어떻게 헤쳐 나가야 하는가에 대한 걱정으로 한 달 이상을 잠을 설쳐 가며 고민했다. 참으로 난감했다.

당시 김해에는 전통적으로 J 투자신탁증권, D 증권, H 증권, DY 증권 등이 오래전에 진출하여 주 고객들을 흡수하여 갓 출범한 S 증권은 명함도 내밀 수 없는 지경이었다. 또한 직원들도 수준이 낮아 타 증권사와 경쟁 자체가 불가능하였다. 그곳에 전사 1등 영업맨인 나를 지점장으로 발령을 낸 것이었다. 자존심이 무척 상하였으나 그런 것을 생각하는 것도 사치였다. 자존심 따위를 생각할 여유가 없었다. 부하들은 오합지졸이고 심지어 업무 팀장으로 예정된 직원은 육아 휴직 중이었는데, 지점이 새로 출발하고 지점장이 부임해 왔는데도 전화 한 통 없었다. 그런 곳에 나를 보낸 것이다. 처음에는 본부장(L 상무)이 나를 아예 퇴출시키려고 작정한 것으로도 오해할 정도였다.

아직도 그의 뜻을 알 수 없지만 분명한 것은 김해 지점 지점장으로 내가 발령받은 얼마 후 동래 지점장이 개인 비리로 퇴출되었는데 그 후임으로 나보다 훨씬 업적이 저조하였던 사람이 발탁된 것을 봐서는 S 증권의 인사도 거기서 거기였다. 당시 동래 지점은 S 증권 직원이라면 누구나 가고 싶어 하는 최고로 영업이 잘되는 지점이었다.

하여튼 나는 마음의 여유가 없었다. 직원들의 뒷말과 반발, 모함 등을 무릅쓰고 강력하게 지점을 리드해 나갔다. 시장에 대한 해박한 지식과 영업력을 유감없이 발휘했다. 직원들은 마음에 안 들었지만 내가 그들에게 무언가를 해 주어야 한다는 리더로서의 무거운 책임감이 있었다. 그런 책임감 때문에 나중에 겪은 고초는 이루 말로 다 표현을 못 할 정도다.

직원들과 수시로 미팅을 하고 영업 전략을 고민하고 가르치고 함께 뛰었다. 주말에도 전 직원과 함께 인근의 대형 마트 주차장에서 리플릿과 사은품을 돌리며 지점을 알리는 데 전력을 쏟았다. 코피가 났다. 아침에 출근하여 책상에 잠시 앉아 있으면 나도 모르는 사이 코피가 입술을 타고 흘러내리는 것이 한두 번이 아니었다. 그러나 단 한 번도 직원들에게 내색하지 않았다. 약한 모습을 보이기 싫었다. 어느 날 업무에 집중하고 있는데 업무 직원이 놀라서 휴지통을 들고 뛰어왔다. 나도 모르게 얼굴에 굵은 코피가 흐르고 있었던 거였다.

직원들이 변화하기 시작했다. 지점장이 외근 나가 늦게 귀점 하면 차석자를 중심으로 한 명도 빠짐없이 퇴근해 버리고 없던 그들이 조금씩 변하기 시작한 것이었다.

나는 그들에게 그동안 내가 직접 관리하던 핵심 고객들을 1인당 1계좌씩 나누어 주었다. 그동안 내가 그 고객들에게 충분한 수익을 내드렸으므로 당분간은 직원들이 영업 전력화될 때까지는 크게 손실이 나지 않는 한 고객들의 불만도 없을 거라는 믿음이 있었다.

그러고는 지역에서 최고의 VIP 고객인 P 회장을 섭외하는 데 집중했다. P 회장은 당시 지역에서 1,000억 이상을 주식에 직접 투자하고 있는 큰손이었다. 어떻게 김해라는 중소 도시에서 이제 겨우 매출 5,000억 내외의 기업인이 그렇게 큰 투자를 할 수 있는가에 대해 나는 본격적인 스터디를 시작했다.

나는 우선 P 회장의 주변에 대해 알아보기 시작했다. 김해 상공 회의소 회장이었으므로 대략의 내용은 쉽게 알 수 있었다. 문제는 그것만으로 그의 마음을 단박에 얻기는 어렵다는 것을 나는 누구보다도 잘 알았다. 그가 자주 가는 식당은 물론 나도 자주 갔다. 그가 자주 가는 골프장도 물론 자주 갔다. 그가 자주 가는 곳은 항상 내가 먼저 갔다. 그리고 그

점주들에게 인심을 얻었다.

 그의 취미, 그의 관심사, 그의 장단점, 그의 측근들을 다 파악하기 시작한 지 2개월 후인 2001년 3월 22일, 전격적으로 그의 집무실로 직행했다. 비서실에서 약 한 시간을 기다렸다. 비서가 딱했던지 P 회장에게 S 증권 한정구 지점장이라는 사람이 회장님을 뵙겠다고 왔다고 보고하는 걸 밖에서 들었다. 심장이 뛰었다. 그동안 패기와 열정으로 똘똘 뭉쳐져 있는 나도 긴장이 되었다.

 P 회장을 만났다. 집무실에서…… 그리고 잠깐의 침묵이 흐른 후 그의 첫 한마디가 나의 뇌리를 때렸다. "지점장, 너는 나에게 뭘 해 줄 수 있노?" 딱 이 한마디였다. 그 짧은 순간 나의 머리가 마하를 넘어서 몇만 기가 수준으로 회전하기 시작했다. 나는 즉시 답했다. "회장님께서 여태까지 경험하지 못하신 진정한 증권맨의 실력을 보여 드리겠습니다. 저는 현재 대한민국에서 최고로 실력 있는 S 증권 지점장입니다."라고……. 그것으로 끝이었다.

 P 회장은 그날 다른 오찬 약속을 취소하고 나를 회사의 임원 식당으로 데리고 갔다. 그리고 오찬을 함께했다. 짧은 오찬 시간이었지만 정제된 언어로 많은 대화를 나누며 서로를 이해하는 소중한 시간이었다. P 회장은 나에게 많은 질문을 했다. 나는 내가 가지고 있는 지식을 십분 발휘하여 거침없이 답변했다. 나는 P 회장에게 간단한 선물을 했다. 흔한 골프공 세트를……. 그동안 P 회장을 지근거리에서 모시던 사람들도 정작 P

회장이 골프공을 어떤 것을 선호하는지는 모른다 했다. 그래서 나는 시중에 나와 있는 브랜드 있는 골프공은 모두 준비해 갔다. 가짓수로 5종류, 10박스를 준비했다. P 회장은 그 자리에서 주위 임원들에게 골프공을 나누어 주고는 자신이 그중 두 박스를 가졌다. 그 브랜드가 곧 P 회장이 선호하는 골프공이었다. 골프에 대하여도 대화가 있었는데 추후에 함께 골프를 하기로 약속도 했다. 짧은 시간이었지만 나에게는 참으로 의미 있는 시간이었다.

P 회장을 만난 후 다음 날 바로 현금 100억 원이 입금되었다. 그날부터 약 2주일간 총 200억이 넘는 돈이 입금되었다. 그 후 P 회장을 거의 매일 만나거나 전화 통화를 하면서 그의 신뢰를 얻게 되고, 당시 김해 지역의 VIP 고객들을 대부분 소개받거나 인연을 맺게 되면서 본격적인 영업을 하게 되었다. 지점이 출장소로 초라하게 출발하였지만 단기간에 김해 지역을 석권하는 토대를 마련하게 된 것도 이 시점이다.

회사에서는 난리가 났다. 거의 매일 거액의 자산이 유치되어 들어오고, 나중에 소상히 밝히겠지만 경쟁사에 있던 거액의 투자 자산도 전부 유치하게 되었으니 말이다. P 회장이 도대체 누구이며 앞으로 얼마나 더 금융 자산이 들어올 것인지에 대해 지역 본부장뿐만 아니라 리테일 본부장, 심지어 대표 이사까지도 궁금해했고 나는 거의 매일 이런 내용을 보고하느라 정신이 없을 지경이었다.

그런데 이상한 것은 그렇게 거액의 자산이 유치되어 들어오는데도 당시 지역 본부장이나 리테일 본부장, 심지어 대표 이사조차도 P 회장을 만나서 인사를 해야겠다고 하는 사람이 없었다. 심지어 후임으로 온 지역 본부장은 내가 지역사업부 지점장 회의 도중에 걸려 온 P 회장의 전화를 받느라 회의장 밖을 잠시 나갔다 들어오니 호통을 치면서 질책을 가했다. 본부장은 자기가 고객인 P 회장보다 더 중요하다고 생각하는 거였다. 본부장이 주재하는 회의를 P 회장 전화 받는다고 회의장을 비우는 것은 자기의 자존심을 심각하게 건드린 것이라고 여긴 것이다.

본부장이 내게 "한 지점장은 P 회장이 도대체 뭔데 본부장이 주재하는 회의석을 이탈하면서까지 집중하며 전화를 받는가? 왜 그 양반에게 집중하는가? 그냥 고객일 뿐이야."라고 호통을 치는 바람에 나는 충격을 받았다. 그래도 그는 스카이대 출신으로 당시 그룹 컨트롤 타워 주요 인사의 후배라는 배경으로 회사에서 실세로 통하던 사람이었다. 나는 그가 현장에서 금융 영업을 제대로 해 본 적이 없으므로 한편으로 이해하려 했으나 그가 다른 지점장들이 있는 자리에서 공개적으로 고객을 함부로 폄하하는 것에 대하여는 이해할 수가 없었다.

그 일이 있은 후 그와 내가 수차례 격돌한 적이 있는데…… 개인 프라이버시 문제도 있고 하니 이쯤에서 줄이기로 하겠다. 다만 P 회장이 나중에 그룹의 L 회장과도 잘 안다는 소식을 접하고는 그 본부장이 하도 인사를 하게 해 달라고 해서 P 회장 회사로 데리고 가서 인사를 시켜 드렸더니 그 자리에서 얼어서 벌벌 떨더니 심지어 말까지 더듬는 것이 아닌가. 회사 내 부하들한테는 군림하더니 정작 소셜 포지션을 보여 주어야 하는 자리에서는 벌벌 떠는 좀생이 같은 사람이었다.

　나는 그때나 지금이나 고객에 대해 항상 일관되게, 정직하게, 당당하게 임하고 있다. 그것으로 고객은 더욱 나를 신뢰한다. 고객에게 뭐를 잘못했나? 무슨 죄를 지었나? 난 항상 정직한 금융인의 자세를 견지한다. 그리고 고객은 항상 나를 필요로 한다. 그런 고객으로부터 나는 적절한 금융 영업을 한다. 고객에게 쫄릴 이유는 하나도 없다. 당당한 금융인으로, 실력 있는 증권인으로 비굴하지 말아야 한다. 본부장이라는 사람이 고객에게 쫄려서 말투까지 더듬는 걸 보고 나는 그가 참 작아 보였다. P 회장도 그 뒤로는 단 한 번도 그 본부장을 찾거나 안부조차도 묻지 않았다.

　업의 본질을 제대로 이해하지 못한 채 그냥 자신이 갖고 있는 조건으로 적당히 부하들이 올려 주는 성과와 업적을 마치 자신의 업적과 능력으로 착각하고 직장 생활 하는 사람들이 너무 많다. 적어도 목숨과도 같은 소중한 금융 자산을 다루는 증권업에서는 학벌과 출신 성분과 직위가 그렇게 중요하지 않다는 것을 말하고 싶다.

　기업 경영은 정직해야 한다. 특히 위로 올라갈수록 자기 자신에게 엄격해져야 하고 솔직해져야 한다. 부하들을 함부로 폄훼하면서 자신의 주장과 판단이 무조건 옳다고 밀어붙이는 태도는 수많은 직원들의 소중한 일터를 망칠 수 있기 때문이다.

　한 가지 덧붙여 보겠다. S 증권 전 CEO 중 S대 출신이 몇 분 계신다.

그중 한 분은 한때 완전히 홍콩에 빠졌다. 당시 홍콩 시장은 이미 M 증권이 참패를 하고 철수한 직후였다. 그곳 홍콩에 사기꾼 같은 증권인들이 남아돌았다. 마땅히 갈 데도 없었다. 그런데 그들 중 한 명이 전무로 그룹의 고위층 추천으로 S 증권에 입사를 하게 되었다. 그런데 S 증권 CEO는 그를 통하여 온통 홍콩 시장에 빠졌다. 홍콩 출장을 빈번히 다녀왔는데, 갔다 오면 국내에 있는 직원들에게 질책을 해 댔다. 국내 직원들이 무능하다는 것이었다. 홍콩 시장에 무한한 희망이 있다는 것이었다. 드디어 S 증권이 홍콩을 기반으로 글로벌화할 거라고 기회 있을 때마다 큰소리를 쳤다. 그리고 국내 직원들을 끝까지 폄훼했다. 영업 실적은 국내에서 다 올리고 있는데도 말이다.

결론적으로 말해서 홍콩 프로젝트는 폭삭 망했다. 그들에게 완전히 사기를 당한 것이다. 무려 수천억을 쏟아붓고는 한 푼도 못 건졌다. 국내에서 힘들게 영업을 해서 남긴 이익의 대부분을 홍콩 사기꾼들에게 그냥 갖다 바친 것이다. 그것은 직원들에 대한 배신이요, 주주들에 대한 배임이다. 이런 것이 학벌로 포장된 실력에 대한 위선이다.

근 20여 년을 S 그룹 일터에서 보냈지만 진정으로 무장된 실력자와 적당히 포장된 실력자의 차이는 극명했다. 자기 일을 천직으로 생각하고 오로지 일에만 몰두하는 사람은 S에서도 크게 성공하기 어렵다. 진정한 실력보다는 자신을 잘 포장해야만 성공한다. 나는 나 자신을 잘 포장하는 데는 젬병이다. 오로지 일로써 승부 보는 타입이다.

9.11 테러와
계좌 관리

우여곡절 끝에 당시 경쟁 증권사들에 파킹되어 있던 P 회장의 계좌를 1차로 이관을 완료하였다. 이관을 해서 잔고 내역을 보니 놀라지 않을 수 없었다. 수백억의 주식이 현대 전자(현 하이닉스)에 투자되어 있는 것이 아닌가? 당시 현대 전자는 반도체 업계의 치킨 게임의 희생양으로 극심한 구조 조정의 소용돌이에 휩싸여 있는 부실주의 대명사였다. 내 기본적인 투자 상식으로는 반도체의 미래를 보았다면 반드시 삼성 전자를 사야 하는 거였다. 수백억을 현대 전자에 투자한 데는 나름 이유가 있어 보였지만 말이다. 당시 P 회장의 계좌를 관리하던 사람은 H 증권에 근무하고 있는 P 회장의 손아래 동서 W였다. 당연히 그는 P 회장의 반도체 주 관심에 같은 H 그룹인 현대 전자를 추천했을 것이었다.

계좌 이관 후 나의 골머리는 더욱 아파졌다. 부실주인 현대 전자에 대한 적절한 EXIT가 곧 나의 영업의 성패를 결정짓는 것이나 다름없었기 때문이다. 그런데 현대 전자에 대한 평가손이 너무 커져 있었다. 고가에 매수를 수백억 원이나 했는데 부실로 무너지는 주가에 대해 마땅히 대응할 방법을 찾지 못했을 것이었다.

나는 매일 현대 전자에 대한 분석 보고서를 직접 작성해서 P 회장에게 보냈다. 적절한 시점에 손실을 감수하고 EXIT해야 된다는 내용과 함께 그 적절한 시점을 지속적으로 모니터해서 보고하겠다는 것과 삼성 전자 매수에 대한 대안까지 적시했다. 당시 P 회장은 굉장히 주저했다. 그는 현대 전자에 대한 미련을 버리지 않고 있었다. 현대 전자 주가가 크게 떨어질 때마다 추가 매수를 하여 물타기를 시도하려 했다. 나는 현대 전자에 대한 추가 매수를 끝까지 제지했다. 반면 그 자금으로 삼성 전자를 조금씩 매수하기 시작했다. 투자의 원칙을 철저히 지킨 것이다. 업종의 희망을 봤으면 반드시 그 업종의 대표주를 공략한다. 이 원칙은 오랜 세월이 흐른 지금도 지키고 있는 나의 투자 철칙이다.

2001년 9월 12일, 오후 전국 지점장 회의 참석차 서울 본사로 갔다. 9월 13일이 지점장 회의가 예정된 날이다. 회사가 예약해 준 명동 로얄 호텔에 동료 지점장들과 여장을 풀었다. 동료 지점장들과 저녁 식사를 하고 헤어져 호텔 룸으로 들어왔다. 동료 지점장들은 석식 후 간단히 한 잔 더 한다고 하기에 나는 몸이 피곤하다는 핑계로 호텔로 바로 들어온 것이었다. 당시 나의 몸과 마음은 지쳐 있었다. 지점장으로 초임 발령 후 약 8개월을 단 한시도 쉬지 않았기 때문이었다. 또한 당시 주식 시장도 상당히 나빴다. 따라서 온통 시장과 고객들의 계좌에 신경이 곤두서 있었다.

호텔에 들어왔으나 잠이 오지 않았다. 애써 잠을 청했다. 뒤척이다가 TV를 켰다. 당시는 미국 시장을 간단히 모니터하려면 CNN 방송이 적격이었다. CNN으로 채널을 돌렸다. 채널을 돌리자 이상한 화면이 눈에 들어왔다. 미국의 대형 건물의 중간쯤에서 검은 연기가 치솟고 있었다. CNN에서 계속 그 건물을 비추고 있었는데, 한참 동안 내용은 정확하게 전하고 있지 않았다. 잠시 후 거대한 여객기 한 대가 불타고 있는 건물로 돌진하더니 폭발했다. CNN 방송국에서 앵커가 외쳤다. "Oh My GOD! That looks like a second plane." TV에서 탄식과 울음소리도 들려왔다. 나는 처음에는 영화 장면인 줄 알았다. 잠시 후 CNN에서 보도가 쏟아지기 시작했다. 9.11 테러 장면을 CNN 화면으로 동시에 내 눈으로 본 것이었다. 나는 내 인생에서 실제로 벌어진 일 중 그렇게 큰 충격을 받은 적이 없었다. 밤을 꼬빡 새웠다. 다음 날 주식 시장은 보지 않아도 뻔한 것이었다.

아침에 지점장들에게 즉시 지점으로 복귀하라는 회사의 긴급 지시가 떨어졌다. 나는 한시도 지체할 수가 없었다. 곧바로 호텔을 뛰어나와 지점으로 복귀했다. 주가는 투매가 쏟아졌다. 고객들의 소중한 자산이 속절없이 날아가고 있었다. 달리 뾰족한 방법이 없었다. 주가가 당일 종가 기준으로 64P나 하락했고 며칠째 투매가 지속되어 463P까지 내려갔다. 불과 며칠 전 600~700P를 오르내리던 주식 시장이었다.

나는 다른 중소형 계좌들은 철저히 투자 원칙을 견지하여 계좌당 현금을 40% 내외를 유지하고 있었다. 그러나 수백억이나 되는 P 회장의 계좌는 그렇지 못했다. 대부분 타사에서 이관해 온 실물 자산이었고 보유 종목의 평가손도 컸었기 때문이거니와 P 회장 쪽에서 실무를 담당하는 L 이사, W 이사들이 그동안 나의 일부 매도 후 현금 확보 요청에 상당히 미온적이었기 때문이었다.

당시로서는 내가 직접 P 회장한테 매매 주문을 할 수 없는 구조였다. P 회장이 계좌 관리를 나에게 맡기기는 했으나 자기 회사 임원들로 하여금 2중의 안전장치를 마련한 것이었다. 이것이 오히려 걸림돌이 되었다. 그간 보유 종목에 대한 나만의 매도 신호 포착은 수차례 있었고 그때마다 그들에게 보유 종목의 매도를 허락받아 달라고 했으나 번번이 묵살되었다. 그런데 9.11 테러가 발생하여 전 세계 증시가 무너지기 시작한 것이었다. 그들 중 한 명은 H 증권 출신으로 주식 시장을 나름대로 잘 안다는 P 회장의 측근이었다. 나는 그들이 원망스러웠다.

사흘째 투매가 이어지던 날 그들로부터 연락이 왔다. P 회장이 보유 주식을 다 매도하기로 했다는 것으로, 다 팔아 달라는 거였다. 내가 분명히 전날 P 회장에게 직접 지금은 주식을 팔 때가 아니라고 설명을 했었는데도 말이다. 황당했다. 계좌를 확인하니 총 평가액이 300억이 조금 넘었다. 지금 매도하면 수백억이 그냥 사라지는 것이었다. 물론 내가 사 준 주식은 아니었다.

나는 그들에게 지금은 주식을 팔 때가 아니라고 분명히 말했다. 그들은 지금 우리나라에서 소위 전문가라는 사람들이 다 주식을 팔라고 하는

데 한 지점장은 이런 시장에서 주식을 못 팔겠다고 하는 건 이해할 수 없다고 몰아붙였다. 당시는 그런 상황이었다. 연일 투매가 이어지고 있었고 바닥을 알 수 없거니와 시장 존립 자체가 걱정스러울 정도였다. 나는 P 회장을 직접 만나서 설득하겠다고 했다. 내 고집이 워낙 세니 그들도 한발 물러섰다.

나는 P 회장 집무실로 한달음에 달려갔다. 1시간을 기다렸는데도 만나 주지 않았다. 점심시간이 다 되었다. P 회장이 집무실에서 나와서는 일부 손님들과 점심 식사를 하러 가려고 했다. 나는 대뜸 P 회장에게 다가가 인사를 드렸다. 그때 그가 나를 째려보던 눈빛은 지금도 잊을 수가 없다. 그냥 증권 회사 직원이라는 이유로 나는 그에게서 경멸스러운 눈빛을 받은 것이었다.

나는 P 회장에게 지금은 주식을 팔 때가 아니라고 분명히 말씀드렸다. P 회장은 호통을 쳤다. "그게 네 돈이냐!"라고. 나는 회장님이 잠시만 시간을 주시면 왜 지금 주식을 팔지 말아야 하는지 설명드리겠다고 했다. P 회장은 "주식을 팔라고 하면 그냥 팔면 되지 그게 네 거냐, 이제 내게 남은 300억 그게 전부다."라고 화를 버럭 냈다. 나는 절대로 내 손으로 팔 수 없다고 했다. 꼭 주식을 팔고 싶으시면 다른 증권사로 이관해 가서 거기서 주식을 파시라고 했다. 내가 계속 고집을 부리니 P 회장은 "너 회사 사장 결재 받아 와라." 하고는 일행들과 점심 식사를 하러 가 버렸다. 나는 정말 고민이 되었다. 고객의 매수 매도 요구를 제대로 이행하지 않으면 민원의 대상이 되고 그 손실은 책임을 져야 하기 때문이었다. 그러면 나는 증권인으로서의 삶은 물론이거니와 엄격한 S 그룹으로부터의 생활도 끝이었다. 나는 지옥의 시간을 보내기 시작했다. 그날 이후로 이틀 동안 더 투매가 이어졌다. 지옥의 시간이 이어졌다. 그런데 나는 나중에는 오히려 더 담담해지기 시작했다. P 회장으로부터도 더 이상 아무런 연락이 없었다.

그로부터 며칠이 지난 후 463P까지 수직 하락하던 주식 시장이 거짓말같이 솟아오르기 시작했다. 눈물이 났다. 내 증권인 인생과 S 그룹에서의 인생이 끝을 보려던 순간 시장은 기적적으로 살아나기 시작한 것이다. 시장은 단숨에 943P까지 수직 상승했다. 300억대까지 내려갔던 P 회장의 계좌도 900억대까지 올라왔다. 오히려 타사에서 이관해 왔던 시점의 평가액보다 몇백억이 더 올라 있었다. 부실의 대명사였던 현대 전자도 수직 상승했다. 물론 타사에서 매수한 단가에는 미치지 못하였지만 상당 부분 회복되었다. 순간의 선택으로 무려 600여 억 원이 새로 생긴 것이었다.

나는 P 회장을 찾아갔다. 현대 전자의 매각을 위해서였다. 당시 현대 전자 주가는 1만 원 이상으로 회복해 있었다. 매도하면 손실을 최소화할 수 있었다. 매도한 현금으로 삼성 전자 등을 집중 매수할 계획이었다. P 회장은 내게 알겠다 하면서 돌아가 있으라고 했다. 나는 기다렸다. 나는 이제야 현금화시켜서 본격적인 영업을 할 수 있겠다는 기대를 갖고 상당히 고무되어 있었다.

다음 날 P 회장 측 W 이사로부터 연락이 왔다. P 회장이 현대 전자를 매도하지 않기로 했다고 말이다. @1,000 밑으로도 팔아 치우라고 난리 칠 땐 언제고 이제 와서 팔지 말라니…… 어처구니가 없었다. 아직도 내 실력을 불신하는구나! 하는 실망이 내게 몰려왔다. 나는 그냥 고객이 시키는 대로 편하게 살아야 하나? 하는 자괴감마저 들기 시작했다.

그러나 포기할 수는 없었다. 나는 지속적으로 P 회장에게 노크를 했다. 그리고 P 회장의 측근들을 이제는 배제시켜야겠다는 생각을 하기 시작했다. 그들은 P 회장의 주변에서 당시 최고의 관심사인 주식 계좌 관련 업무를 하면서 과실만 따 먹고 있었다.

P 회장은 주식 투자에서 수백억의 손실을 보고 있었다. 그래서 그는 주식에 대해 관심이 특히 많았다. 승부욕 또한 남달랐다. 그러나 그는 시장의 중요한 변화와 보유 주식 각각의 회사에 대한 세밀한 스터디에는 별로 관심이 없었다. 다만 계좌의 관리에만 여러 사람을 참여시켰다. 특히 P 회장이 회사에 영입하는 고위 임원인 전무급은 무조건 주식 시장에 일가견이 있어야 했다.

영입된 전무들은 사사건건 P 회장 주식 계좌에 관심을 가졌다. P 회장과 그분들 간에 사전에 어떤 교감이 있었는지는 모른다. 하지만 그들은 집요하게 계좌에 관심을 가졌고 사사건건 참견을 하였다. 그들은 처음에는 P 회장으로부터 인정을 받는 듯했다. 심지어 P 회장이 나에게 거액을 보내 줄 때도 항상 의견을 개진할 정도로 집요하게 참견을 하였다. 심지어 어떤 이는 매매 수수료가 비싸다는 둥 수수료율에도 참견을 하여 나와 P 회장 간의 신뢰 관계 형성에 끼어들었다. 그러나 결국 그들은 일정 시점 이후에는 하나같이 P 회장으로부터 버림을 받았다. 내가 알기로 그 짧은 기간 동안에 네 명의 전무가 바뀌었다. 나중에는 고문이라는 사람도 영입되었는데 그도 결국 옷을 벗었다. P 회장의 깊은 뜻을 잘 헤아리지 못한 이유였다. 나는 그들의 끊임없는 참견에도 P 회장에게 단 한 번도 그들에 대해 이의를 제기하지 않았다. 결국 그들의 지나친 참견이 P 회장으로 하여금 불편함을 느끼게 했으리라 믿는다.

9.11 테러 사건 이후로 나에 대한 신뢰도는 급격히 높아졌다. P 회장과 식사를 자주 하게 되었는데 그 자리에서 나의 계좌 관리에 대한 의견을 개진했다. 사실은 주식은 마냥 보유하는 게 능사가 아니며 적절히 위험도 회피해야 하고 적절한 시점에 이익도 실현해야 한다는 말과 함께 그동안의 계좌 관리의 문제점에 대해서도 설명을 드렸다. P 회장은 단번에 알아차리는 것 같았다. 그 후부터는 계좌 관리에 그 누구도 참견하지 마라는 P 회장의 지시가 떨어졌다. 나는 훨씬 자유로워졌다. 그리고 P 회장에게 계좌 관리 방안에 대하여 보고서를 작성하여 제출하고 보고를 하였다. 한동안 계좌의 관리가 잘되었다. 수익률 관리도 좋았다. 당시 나의 컨디션은 최상이었다.

그런데 시간이 지나면서 또다시 서서히 나에게 암운이 닥치기 시작했다. 일정 기간 시간이 흐르니 그동안의 힘들었던 시기가 잊혀져 가는지 P 회장은 계좌 관리에 또다시 이 사람 저 사람을 참견시키기 시작했다.

P 회장과
L 회장

신년이 되었다. 새해 1월 3일. P 회장에게 새해 인사차 그가 좋아하는 고급 양주를 들고 집무실로 갔다. P 회장은 반갑게 맞아 주었다. P 회장을 처음 만난 후 지난 2년 동안 수많은 우여곡절을 겪으면서 그의 깊은 신뢰를 얻을 수 있었다. 이제 P 회장은 주변의 그 누구의 말보다도 더 나의 언행을 우선적으로 신뢰했다. 그리고 그의 사사로운 얘기도 스스럼없이 들을 수 있게 되었다.

P 회장은 그 자리에서 말하기를, 어제 너희 회장 가족 모임에서 P 회장 자신의 얘기가 나왔는데, L 회장께서 제일모직 2,000만 원 상당의 양복 선물을 P 회장에게 하시겠다고 하고, JY 상무도 옛날에 TV 선물한 거 너무 오래되어서 기억 못 한 거 죄송하다는 말씀과 함께 서울에 P 회장을 초대해서 극진히 접대를 한 후 그 자리에서 최신 벽걸이 TV를 선물하겠다고 전갈이 왔다고 하면서, P 회장 자신은 베트남 국가 훈장을 받게 되었는데 지난 10년간 베트남에 기여한 공로를 인정받은 것이라고

자랑하셨다.

　사실 P 회장은 L 회장과의 인연을 기회 있을 때마다 내게 말해 왔는데, 지난 십수 년간 두 사람은 재회를 하지 못하고 있던 차였다. 인연이라 함은 당시 L 회장이 S 전자 부회장으로 있을 때 불가피한 일로 지방인 부산에 내려와 있을 때의 인연이다. 당시 L 회장과 P 회장은 동래 CC에서 골프로 인연을 맺었는데 골프 실력이 아마추어로는 당대 최고 실력을 겸비한 그들이라 단번에 의기투합하여 무려 28박 30일 동안 해운대 한국콘도, 극동 호텔 등에서 숙식을 함께한 사이였다. 물론 그런 과정에서 세간에 P 회장과 L 회장의 불미스러운 소문이 퍼졌었고, 이에 대해 P 회장 본인으로부터 직접 들은 바도 있지만 언급하지 않는 게 좋을 듯하다.

　어쨌든 P 회장과 L 회장은 그런 기간에 호형호제하는 사이가 되었고 그 인연은 S 자동차 설립 때까지 간간히 이어졌다. P 회장 말로는 L 회장이 자신에게 고마움의 뜻으로 자동차 시트 사업권을 주었다고 하니 그들의 관계가 보통의 관계는 아니었다.

　P 회장은 자동차 사업에서 최고로 돈이 되는 사업이 시트 사업인데, 정작 자신은 그동안 전혀 해 보지 않은 사업이라 고민을 하고 있었다 한다. P 회장은 이후 자동차 시트 사업권을 SY 통상 회장이 하도 팔라고 해서 현금 300억에 넘겼는데 결국 SY 통상은 이후 부도가 났다고 했다. S 자동차가 어려워지고 P 회장 자신도 L 회장이 준 사업을 제3자에게 매각해 버린지라 두 사람은 그 뒤로는 한동안 소원해졌다.

그런데 거기에 내가 김해 지점장으로 부임해 간 것이다. 그리고 내가 P 회장을 영업했다.

P 회장으로부터 신뢰를 얻어 가면서 거래 규모는 커져 갔고 급기야 개인 투자자로는 S 증권에서 최고의 VIP 고객이 된 것이었다. 당연히 당시 S 증권 H 사장도 알게 되고 그 결과 L 회장의 복심이었던 SJ 회사 C 회장과도 연결이 되었다. 당시 C 회장과 P 회장은 그야말로 친동기간보다도 더 가까운 사이였다. C 회장은 S 증권 H 사장에게 P 회장과 L 회장과의 관계를 식사 자리에서 자세히 얘기해 주었고, H 사장은 곧바로 나를 통해서 P 회장과 연결되었다.

H 사장과 P 회장, 나는 그린 미팅을 하기로 하고 일정은 8월 24일 13시경 동래 CC로 잡았다. H 사장이 전국에서도 가장 작은 지점에 해당하는, 그것도 개설된 지 1년이 조금 지난 지점을 방문한 것도 이례적이었다. 나는 H 사장을 김해 안동 공단에 있는 P 회장 집무실로 모시고 갔다. P 회장과의 첫 대면이 시작된 것이다. 나는 그때의 긴장감을 아직도 잊을 수 없다. 두 사람은 집무실에서 시가를 한 대씩 나누어 피웠다. 시가를 좋아하는 H 사장의 취미를 이미 P 회장은 C 회장으로부터 전해 듣고는 준비를 해 두었던 것이다.

시가를 나누어 피우니 두 사람은 급격히 친숙해졌다. 그 자리에서 L 회장의 안부도 주고받았고 P 회장의 주력 사업체가 베트남에 있다는 내용도 오고 갔다.

대화가 친숙해질 즈음 P 회장은 난데없이 집무실에 있던 조그마한 TV를 가리키며 S 그룹 JY 상무가 자신에게 선물한 것이라 말했다. 그동안 내게도 수차례 얘기하던 그 TV였다. 그러고는 H 사장이 서울 가거든 JY 상무한테 TV 좀 바꿔 달라고 한다고 전해 달라 했다. "TV가 너무 오래되었다. JY 상무가 선물한 것이라 버릴 수도 없다."라고 하면서. H 사장은 흔쾌히 그러겠다고 답했다.

그날 우리는 동래 CC로 이동하여 골프를 쳤다. 골프 후 클럽 하우스에서 만찬을 했는데 그 비용이 자그마치 300만 원이 넘었다. 나는 영수증을 사장실에 보냈다. 당시 나는 H 사장으로부터 분에 넘치는 영업 지원을 받았다고 생각했다. 너무나 감사했다.

다음 날 P 회장으로부터 연락이 왔다. H 사장이 바쁜데도 자신에게 와서 인사까지 하고 골프 접대까지 하였으니 선물을 하겠다는 것이었다. 그러면서 S 증권의 임원들 신발 사이즈를 다 달라고 하는 것이었다. 당시 임원이 30여 명이었으니 아무리 회장이 직접 선물하는 비매품일지라도 나이키 브랜드의 러닝화의 가격을 생각하면 만만치 않은 값의 선물이었다. 나는 즉시 H 사장에게 보고하고 임원들의 신발 사이즈를 파악해서 P 회장에게 전달하였다.

어느 조직이든 이해할 수 없는 사람이 꼭 한두 명씩은 있기 마련인데 S 증권도 예외는 아니었다. 누구인지 밝히기는 그렇지만 선물 받은 신발이 조금 작다고 바꿔 달라고 내게 집요하게 전화하던 임원이 있었다. 본인이 신발 사이즈를 말해 준 것이었는데도 말이다. 나는 참으로 난감했다. P 회장이 H 사장 체면 세워 준다고 성의를 표한 건데 거기다 대고 임원이라는 사람이 신발 사이즈 작다고 자꾸만 바꿔 달라고 보채니 기가 막혔다.

어쨌든 이러저러한 과정을 거쳐 L 회장에게 P 회장의 안부가 전달되었다. 신년에 가족 모임에서 L 회장이 과거 자신의 낭인 시절을 회상하면서 그때 고마웠던 P 회장에 대한 얘기를 한 것이다.

그 얘기가 있은 며칠 후 전격적으로 L 회장과 P 회장의 만남 약속이 잡혔다. 1월 6일이었다. 그 자리에 JY 상무도 배석했다. P 회장은 베트남 사업에 대해 많은 얘기를 했다. 그리고 L 회장에게 베트남 방문을 간곡하게 요청했다. 만약 S 그룹 L 회장이 베트남을 방문하게 된다면 베트남으로서는 그야말로 국가적 경사이며 이를 주선한 P 회장은 베트남의 은인으로 다시 태어날 것은 자명했다.

그 후 실제로 L 회장을 대신해서 JY 상무는 P 회장의 김해 T사를 방문한 것은 물론이고 베트남도 전격 방문했다. 또한 P 회장 사무실 TV도 바꾸어 주었다. 지금의 베트남에 있는 S 전자 휴대폰 공장의 집중 투자는 이렇게 시작된 것이다. 이제는 L 전자도 베트남에 진출해 있지 않은가? 양질의 노동력과 베트남 정부의 전폭적인 지원이 그 바탕이다.

글로벌 기업들이 벌이는 생존과 확장 전쟁은 항상 한계를 뛰어넘는다.

반면 갈수록 악화되고 있는 사업 여건하에 있는 우리나라는 어떻게 변하고 있는가? 당시 S 전자 휴대폰 공장이 있던, 그리고 L 전자 사업장이 함께 있던 G시는 절망의 나락으로 떨어졌었다. 4~5층짜리 주상 복합 건물의 값이 반토막 나도 팔리지 않은 적이 있다. 그것이 냉엄한 현실이다.

P 회장 대선 자금
1차 조사

2002년 우리나라는 대선 정국에 휩싸였다. 1997년 수많은 선량한 국민들을 고통에 빠뜨린 IMF가 있은 후 DJ가 집권하는 동안 증시에서는 커다란 개혁 조치들이 따랐는데, 그중 하나가 음지에 있는 뭉칫돈을 끌어내기 위한 방편인 묻지 마 채권의 발행이며, 벤처 붐을 일으켜 증시를 살림으로써 경기를 회복시키는 조치였다.

이런 조치들은 일부 많은 부작용이 수반되었지만 나름대로의 성과는 확실히 있었다. 특히 묻지 마 채권의 경우 대기업 그룹과 일부 자산가들이 무차별로 사들여 나중에 불법 정치 자금으로 활용하는가 하면 부자들은 자녀들에게 상속세 한 푼 내지 않고 증여하는 수단으로 악용되었다. 뒤따른 벤처 붐은 수많은 투기 세력들이 가담하여 주식의 내재 가치와 무관하게 작전을 거듭함으로써 개인 투자자들의 피해와 후유증이 급증하는 계기가 되었다.

그러한 부작용에도 불구하고 이들의 조치는 가히 혁명적이라 할 수 있을 정도의 강력한 위력을 발휘하여 우리나라를 조기에 IMF에서 졸업하게 하는 계기가 되었다. 그 암울한 시기에 집권 세력의 시의적절한 개혁 조치들은 나락으로 떨어져 가던 우리나라를 새로운 패러다임의 도래와 함께 재도약하는 전기를 마련한 것이다.

DJ 정권의 말기에는 일부 많은 문제점들이 노출되었지만 그래도 당시 집권 여당의 차기 대선 후보 선출은 차기 대권과 직결될 수 있는 것이므로 당내 경선은 한 치 앞을 예상할 수 없을 정도로 치열하였다. 거기에 노무현 후보가 있었고 후원자 P 회장이 있었다.

당내 경선이 한창 과열되고 지방 순회 경선이 진행되던 중 긴급하게 P 회장으로부터 내가 관리하는 계좌에서 현금 몇십억을 만들어 오라는 전갈이 왔다. 나는 직감적으로 알았다. 그것이 어떤 용도로 누구에게 전달될 것인지를……. 참으로 난감한 순간이었다. 당시에는 전전임 대통령인 YS의 금융실명제가 이미 시행되고 있었거니와 특히 거액의 현금 이동은 철저히 통제되고 있던 시기였다. 또한 그러한 일이 있으면 즉시 보고를 하도록 되어 있었다.

나는 그 요구를 들어줄 수가 없었다. 급히 P 회장을 찾아갔다. P 회장은 내가 현금 몇십억을 들고 온 것으로 알고 반갑게 맞아 주었다. 그런데 빈손으로 갔다. 나는 정중하게 P 회장께 말씀드렸다. "회장님, 저는 회장님의 돈을 현금으로 만들어 드릴 수 없습니다. 현재 금융실명제가 엄격히 시행되고 있고 특히 거액의 현금은 출금 즉시 보고해야만 합니다. 그리고 제가 만약 회장님의 요구를 들어드린다면 저는 S 증권을 떠나야 합니다. 저는 S 증권에서 사장이 되고 싶습니다. 그래서 낙후된 우리나라 증권업을 국가와 사회에 진정으로 기여하는 역할을 하는 금융 산업으로 바꾸고 싶습니다. 제가 회장님 계좌에서 회장님이 주 거래하고 계시는 은행 계좌로 이체를 해 드릴 테니 은행 지점장이나 본부장에게 현금화를 요구하시면 될 듯합니다." 그랬더니 P 회장은 잠시 생각하더니 흔쾌히 이해하고 받아들였다. 그러면서 P 회장은 나에게 당연히 S에서 사장이 되어야지라며 격려도 해 주었다. 잠시 후 P 회장은 내게 "현금으로 말고 좀 더 확실한 방법이 없겠느냐?"라고 물었다. 나는 금융실명제 실시 이후 어떤 형태로든 금융 기관을 이용한 거액 자금의 조성과 전달은 현실적으로 어렵다고 말씀드렸다. 또한 거액 자금의 이동은 건건이 보고되고 포착되기 때문에 법에 정해진 합법적인 규모와 방법 외에는 언젠가는 드러나게 되어 있다고 말씀드렸다. 그랬더니 P 회장은 한참을 생각하더니 내게 "그럼 달러로 바꿔서 전달하는 것은 어떠냐?"라고 물었다. 나는 달러도 완벽하진 않지만 국내에서는 거액의 달러 교환도 불가하고 하니 차라리 해외에서 달러를 교환하거나 회사가 받을 물품대를 달러로 받아서 교환하는 방법으로 하면 아직은 우리나라의 금융 기법이 거기까지는 미치지 못할 것이므로 조금은 더 안전할 것이라고 말했다. P 회장은 그 자리에서 그게 낫겠다고 말하고는 바로 다른 약속 장소로 가셨다. 나는 무거운 짐을 내려놓은 홀가분함에 정말 뛸 듯이 기뻤다. 지점으로 돌아온 즉시 P 회장 쪽에서 알려 준 은행 계좌로 몇십억을 이체했다.

나는 이것이 후에 나를 살려 줄 것이라고는 미처 생각지 못했다. 매번 거론되는 몇백, 몇십만 달러도 충분히 이해가 가능한 부분이었다. 그 후로 여러 차례 이런 이체 출금 요청이 있었고 그때마다 거래하는 은행으로 즉시 이체해 주었다. 당시에 아마도 은행의 해당 본부장은 매번 거액을 현금으로 출금해 주느라 애를 먹었으리라 생각되었다. 누군지 모르지만 그에게 미안한 마음을 가지기도 했다.

어쨌든 집권 여당의 대권 후보 경선전이 치열해지고 있었다. 그러나 노무현 후보는 그때까지 단 한 번도 1위에 올라선 적이 없었고 매번 3~4위를 기록하고 있었다. 그런데 울산 지역 경선에서 1위를 하더니, 제주 경선에서 잠시 주춤한 후 광주에서 이변이 일어났다. 나는 광주의 이변을 이미 짐작하고 있었다. 내가 P 회장을 긴급히 찾아가서 대화한 직후였다.

우여곡절 끝에 광주를 기폭으로 하여 마지막 서울에서 노무현 후보는 집권 여당의 차기 대권 후보로 당당히 선출되었다. 집권 여당의 후보가 대권 후보로 결정된 다음 날 오전, P 회장 집무실에 잠시 들렀다. 그런데 그때 후보가 P 회장에게 전화를 한 것이다. "형님! 고맙습니다. 이 은혜 절대 잊지 않겠습니다." 하는 몹시 상기된 목소리가 옆에 있는 나에게도 쩌렁쩌렁하게 들려왔다. 후보와 통화를 끝낸 P 회장은 그만이 가지고 있는 특유의 미소를 나에게 지어 보였다.

새로운 도전

　신임 지점장으로 발탁되어 2년간 김해 지점장으로 근무하면서 당시로서는 낙후된 지역 한계를 벗어나지 못하던 김해 지역에서 T 실업 P 회장을 비롯한 김해 지역 유력 인사들의 계좌를 유치하여 당당히 지역의 리딩 점포로 성장시키면서 나의 영업력은 다시 한번 개인 PB 영업 1인자의 위상에 머무르지 않고 최고 지점장으로서의 명성을 얻게 되었다. 이것은 시장에 대한 처절하다시피 한 스터디와 피눈물 나는 노력의 결과라 할 수 있다.

　나는 김해 지점장 2년 기간 동안 창원 자택에서의 출퇴근을 포함한 자동차 이동 거리가 8만 킬로를 넘었고 숱하게 창원의 자택으로 귀가하지 못하고 김해 지점 주변에 있는 모텔에서 숙박을 했다. 내 아이들과 집사람은 완전히 내팽개친 거나 다름없었다. 아이들 양육은 집사람이 전적으로 책임을 졌다. 나는 어렵게 공부하고 어렵게 자랐으므로 누구보다도 열심히, 열정적으로 일했다. 내 주위에는 나를 도와줄 그 누구도 없었다.

오로지 나 스스로 성장해야 했다.

2년여의 김해 지점장의 생활이 끝나 갈 무렵 발령이 났다. 나는 소박하게 창원 지점장으로의 전배를 희망했다. 내가 청운의 뜻을 품고 S 증권으로 94년에 이직해 와서 대리 직급으로 S 증권에서 16번째로 지점을 개설한 곳이고, 곳곳에 나의 열정이 묻어 있는 지점이기 때문이기도 했다.

그런데 부산 범일동 지점장으로 발령이 났다. 당장 고민이 되었다. 알아보니 범일동 지점은 문제가 한두 가지가 아니었다. 우선 전에 근무하던 직원 두 명이 고객(HS방이라는 중식당 주인, 화교)의 돈을 마구 회전을 시켜서 약 8억이라는 돈을 몇십만 원까지 깡통으로 만들어 버리고 퇴사를 하여 금감원에서 집중 검사 대상이 된 지점인 데다가 전임 지점장도 그들과 불미스럽게 연결되어 있다고 했다. 한마디로 문제투성이의 지점이었다.

급히 김해 지점의 VIP 고객들에게 전배 인사를 드리고 부산 범일동 지점으로 부임을 했다. 부임하는 과정에서 특히 신경이 쓰이는 고객은 P 회장이었다. 후임 지점장을 데리고 가서 P 회장에게 인사를 시켰다. 사실 P 회장 계좌는 아무나 쉽게 관리하기가 버거운 계좌였다. 거액인 데다가 시장에 대한 피나는 스터디와 변화무쌍한 시황에 대한 적절한 대응은 물론이고 특히 P 회장의 성향과 잘 맞아야 했다.

나는 지난 2년여간 온갖 우여곡절을 겪으면서, 또 내가 아니면 도저히 유치할 수 없었던 거액 자산을 P 회장의 개인 입장과 남아 있는 지점 직원들을 위해서 흔쾌히 김해 지점에 두고 떠났다.

부산 범일동 지점으로 오자마자 금감원과 본사 감사팀 직원들이 들이닥쳤다. 전임 지점장과 전임 직원들의 불건전한 거래를 파헤치기 위해서였다. 지점 직원들은 동요하고 있었다.

부임 후 지점을 조기에 안정시키고 직원들을 독려해서 껍데기밖에 남지 않은 지점을 정상화시키려 노력했으나 점점 한계에 부닥치고 있었다. 설상가상으로 지점의 차석자가 전임 지점장이 이동한 지점으로 전배를 가겠다고 했다. 두 사람이 어떤 관계인지 일부 듣고 알고 있었으나 그의 전배로 그나마 남아 있던 일부 우수 고객이 거의 대부분 이관되었다. 나중에 그들에게 실망하여 상당 부분 되돌아왔으나 우수 고객이 떠난 그 기간은 참으로 힘들고 난감했다.

나의 자택은 창원인데 마냥 출퇴근을 할 수 없었다. 지점 인근의 모텔들을 전전했다. 추운 겨울에 힘든 시간을 보냈다. 부산으로 완전히 이주를 결심하고 가족들에게 상의를 했다. 아이들이 가장 문제였다. 아이들은 이사를 원치 않았다. 어릴 때부터 함께 자란 친구들과 헤어지기 싫었거니와 둘째는 축구 선수를 하고 싶어 했다. 초등학생이지만 전교에서 공을 제일 잘 찼다. 그런데 부산으로 이주를 한 것이다.

부산에서의 새로운 도전이 시작되었다. 비록 우수 고객이 다 떠났지만 부산은 시장이 컸다. 김해하고는 비교가 되지 않았다. 나는 약 한 달 동안 부산에 대한 스터디와 시장에 대한 준비를 철저히 했다. 고객에 대한 내 나름대로의 분석과 전략을 짰다.

그런 즈음 획기적인 상품이 등장했다. ELS였다. 당시 외국계 증권사에서 S 증권으로 스카우트되어 온 C 상무의 작품이었다. 나는 내 눈을 의심했다. 연 수익률 26%라니! 상품에 대한 집중적인 스터디가 시작되었다. 당시로는 생소한 상품이라 재경 지역에 있는 PB 그 누구도 큰 관심을 가지지 않았다. 나는 그동안 회사가 제시하던 일부 펀드 상품과 신탁 상품의 수익률에 상당히 불만을 가지고 있었다. S 증권이라는 이름에 걸맞지 않아 실망을 하고 있던 차였다. 그리고 그때까지 회사의 주 영업 형태는 주식 수수료 영업이었다. 주식 시장도 점점 한계에 봉착하고 있었다.

그런데 C 상무가 ELS를 들고 온 것이다. 그것도 당시로서는 거의 확정적으로 보이는 수익률 연 26%짜리 상품을 선보인 것이다. 그만큼 우리나라 금융 상품의 설계 능력은 낙후되어 있었다. 나는 내 눈을 의심하면서도 ELS에 대한 집중적인 스터디를 했다. 그리고 범일동 지점 직원들과 수차례 회의를 하면서 ELS 영업으로의 집중을 강조했다. 나 또한 영업의 맨 선두에 섰다. S 증권 ELS 영업의 포문을 내가 처음으로 연 것이다.

거의 다 죽어 가던 지점이 드디어 활기를 찾기 시작했다. 부산 지역에 있는 가망 고객들에게 적극적으로 ELS를 팔았다. 처음에는 다들 처음 대하는 상품이라 망설이던 고객들도 거의 확정적으로 보이는 연 26%의 목표 수익률이라는 나와 우리 지점 직원들의 적극적인 설명에 가입하지 않을 수 없었다.

부산 범일동 지점이 갑자기 회사에서 ELS를 가장 많이 파는 지점으로 돌변했다. 고객들도 환호했다. 그동안의 손실을 만회할 수 있는 길을 보았기 때문이다. 나는 전사에서 항상 ELS 영업을 주도했다. 심지어 지점에서 자체적으로 ELS를 설정하는 경우도 빈번히 생기기 시작했다. 직원들도 잘 따라 주었다. 지점장의 시장과 상품에 대한 확실한 실력이 그들에게 믿음을 주었기 때문이거니와 무엇보다 ELS 상품이 좋았다.

연 수십억 원의 적자와 고객과의 분쟁으로 문제투성이였던 지점, 그리고 지점 평가에서 항상 전사 꼴찌 수준을 맴돌던 지점이 내가 부임한 후 6개월 만에 전사 1위 지점이 되었다. 모두들 놀라워했다. 그러나 나는 아직 배가 고팠다. 그 조그마한 성취로 만족할 수 없었다.

당시에는 서민의 자금을 관리해 주던 새마을 금고들이 일부 증권 회사의 부실한 상품에 투자하여 큰 손실을 보고 있었고, 부실 새마을 금고의 통폐합이 이루어지고 있었다. 나는 새마을 금고들을 집중적으로 공략하기 시작했다. 부실 금고들을 살릴 수 있다는 믿음을 그들에게 집중적으로 설명했다. 직원들도 적극적으로 동참했다. 부실 새마을 금고의 이사장들은 사실 금융 상품에 대한 지식이 부족했다. 그들 대부분은 새마을 금고 주변에서 자영업을 하던 금고 이사진들 중에서 투표로 선출된 사람들이었다. 당연히 새마을 금고에 상근하는 전, 상무들이 대부분 투자를 결정하는 구조였다. 그들이 문제였다. 부실화될 수밖에 없는 상품들을 제대로 된 학습 없이 무분별하게 거액을 투자하여 큰 손실을 보고 있던 것이었다.

나는 고민에 빠져 있는 이사장들을 집중적으로 공략했다. 금고를 살릴 수 있다는 희망을 함께 가지고. 연 25~30%의 안정적 상품을 금고당 50억에서 100억 정도 투자한다면 연 몇십억의 수익으로 단번에 금고를 정상화시킬 수 있기 때문이었다. 실제로 범일동 지점에서 정상화시켜 준 새마을 금고가 여럿 되었다. 물론 김해 지점장으로 근무할 때 김해 상공인들이 만든 신협이 모 증권사와의 거래에서 수십억 원의 손실을 보고 있었고 그 후유증으로 당시 신협 이사장이 자신의 전 재산을 담보 잡히고 심지어 그를 이사장으로 지명한 상의회장이던 P 회장이 30억 원의 지급 보증을 해 준 상태였는데 내가 그들에게 지역 개발 공채를 투자시켜 투자 당시 금리가 12%이던 것이 이후 6%까지 채권값이 급등하면서 이익을 실현하여 그 손실의 대부분을 만회시켜 신협을 정상화시켜 준 경험이 있기도 하였다.

소문은 순식간에 퍼졌다. 소문을 듣고 새마을 금고 이사장들이 내게 찾아오기 시작했다. 나는 그들에게 최선을 다해 상품을 설정해 주었다. 서민들의 피와 땀과 눈물이 녹아 있는 자금이었기 때문이기도 했다. 그러면서 부산 지역 여러 곳의 부실 새마을 금고들이 정상화되어 갔다.

그런데 영업은 항상 예상치 못한 데서 난관을 만나는 법. 나와 우리 직원들은 우리의 노력으로 정상화된 그 금고들은 항상 우리와 함께할 줄 믿고 있었다. 순진한 생각이었다. 아니면 밑도 끝도 없이 믿으려 하는 부산, 경남 지역의 우스꽝스러운 의리! 뭐 이런 것에 너무 젖어 있었다. 믿고 있던 그들이 서서히 떠나기 시작했다. 또다시 경쟁자들의 불건전한 영업 유혹에 넘어간 것이었다.

몇 년간 신나게 영업을 했다. 대부분 ELS 영업이었다. 지점은 항상 회사의 최상위에 랭크했다.

그럴 즈음 ELS 시장이 과열되었다. 경쟁사들도 ELS를 내놓기 시작했고 어느새 전 국민이 열광하는 상품으로 성장해 있었다. S 증권 내에서도 출시되는 상품마다 항상 과수요가 몰려 아우성이었다. 자금들이 신청한 금액을 다 배정받지 못해서 쪼가리가 나기 시작했다. 고객들의 불만도 이만저만이 아니었다.

앞에서 언급했지만 나는 지점 자체적으로 단독 ELS를 만들기 시작했다. 회사에 요구했다. 지점에서 단독으로 ELS를 설계할 수 있는 프로그램을 만들어 달라고. 그 요구가 관철되었다. 나는 직원들과 매월 한 개씩 지점 단독 ELS를 만들기로 하고 시장을 철저히 스터디했다. 지점 직원들도 그간 나와의 생활로 실력이 크게 향상되어 있었다.

회사도 지점의 아우성에 어쩔 수 없어 수많은 ELS를 출시했다. 그 ELS 상품들 중에 삼성 SDI를 기초 자산으로 하는 것과 기아차를 기초 자산으로 하는 ELS가 있었다. 회사의 ELS 영업력은 최상으로 올라 있었다.

나는 매번 그랬듯이 그 종목들에 대한 주가 분석을 시작했다. 그런데 아무리 분석해도 차트 말고는 좋아 보이는 게 없었다. 특히 밸류에이션은 최악이었다. ELS는 주식을 단기간에 사고팔고 하는 단기 상품이 아니다. 적어도 1년 이상을 묶여 있어야 하는 장기 상품이다. 그런 상품은 차트보다는 무엇보다도 밸류에이션이 우선이다. 그런데 그 밸류에이션이 의심스러운 상품에 PB와 고객이 열광하고 있는 것이었다. 당시 S 증권의 리서치 센터장도 Strong Buy를 외치면서 불을 지폈다. 특히 삼성 SDI는 삼성 그룹 주력 회사이기도 했다. 당시만 해도 삼성이라는 막연한 기대도 작용하고 있었다. 그러나 금융 상품은 냉정한 것이다. 우리가 IMF라는 뼈저린 교훈을 얻었지 않은가?

나는 지점 직원들과 몇 차례 회의를 거듭했다. 논제는 이 상품을 팔아야 하는 것인가였다. 대다수 직원들은 팔자고 했다. 그런데 그들조차도 밸류에이션에 대한 나의 질문에는 제대로 답하지 못했다. 그들도 수긍한 것이다. 나는 즉각 판매하지 말 것을 지시했다. 그냥 지시만 한 것이 아니었다. 강하게 경고했다. 만약 우리 지점에서 삼성 SDI ELS를 팔면 그 직원은 타점으로 발령 내겠다는 경고와 함께였다. 일부 직원들의 불만도 있었고 고객의 불만도 있었지만 우리는 팔지 않았다.

그 후에 기아차 ELS가 또 출시되었다. 나는 똑같은 방법을 사용했다. 물론 그들 상품은 당시 너무나 많은 수요가 몰려 3,000억, 2,000억짜리 상품들이 순식간에 팔리고 그 상품을 미처 다 받지 못한 지점장, PB, 고객들의 아우성은 하늘을 찔렀다.

그런데 1년이 채 안 된 시점에 문제가 터졌다. 주가 하락으로 그들 상품이 하락 터치된 것이었다. 고객의 돈이 순식간에 60%가 날아가 버린 것이다. 내가 맡고 있던 범일동 지점은 단 한 푼도 피해가 없었다. 나와 직원들은 적어도 그 상품들 때문에 발을 못 뻗고 잠을 자는 일은 없었다.

나는 회사의 인정으로 부산 지점장과 범일동 지점장을 겸직하는 인사 발령을 받았다. 사실상 지역을 대표하는 총괄이 된 것이다. 부산 지점이 당연히 부산, 경남 지역의 모점이므로 출근은 부산 지점으로 했다. 부산 지점에 부임하니 그 큰 지점의 형편이 말이 아니었다. 당장 삼성 SDI, 기아차 ELS에 물린 고객들이 찾아왔다. 수백억이 물린 것이었다. 당시 물건이 없다고 아우성치던 지점장과 PB가 눈에 선하게 들어왔다. 걱정이었다. 특히 이들 상품을 많이 판매한 직원은 초죽음이 되어 있었다.

부산 지역은 사찰이 많은 도시다. 특히 일부 승려들이 개인 사찰을 소유하기도 하고 팔기도 하는 등 개인 소유의 사찰들이 다수 있는 도시다. 문제는 내가 부임한 부산 지점에 기아 자동차를 기초 자산으로 하는 ELS에 사찰 매각 대금 전액을 투자한 스님이 계셨다는 것이다. 물론 장성한 아들과 부인이 있는 대처승이었다.

그분이 나를 찾아왔다. 그는 자신의 처지를 비관하고 있었다. 나는 뵈

족한 방법이 없었다. 그를 수차례 달래어 돌려보냈다. 그래도 그는 계속 나를 찾아왔다. 어떤 때는 식사를 하면서 음주도 하였다. S 증권에 절판 돈 가지고 다른 절 사기 전에 잠시 맡겨 두어 은행보다 조금 높은 단기 금리 혜택을 보러 왔다가 직원의 말에 현혹되어 돈을 다 날리게 되었다고 한탄했다. 그래서 술도 마시기 시작했다고 했다. 다른 안타까운 사연들도 많았지만 특히 그는 나를 자주 찾아왔다. 다른 피해자들처럼 행패를 부리거나 욕지거리도 내뱉지 않았다. 안타까웠다. 그렇지만 그것은 사실상 원금 회복은 불가능한 상품이었다.

그런데 한참이 지난 어느 날 초췌한 모습으로 그가 나를 또 찾아왔다. 그의 속세에 있는 부인과 함께였다. 그에게 안부를 물었다. 그는 내게 자신이 암에 걸렸다고 했다. 물론 모두 자신의 잘못이지만 아마도 스트레스를 너무 많이 받은 게 화근이 아닌가라고 했다. 나도 그럴 것이라고 생각되었다. 그날도 식사를 함께했다. 그는 초밥이 먹고 싶다고 했다. 그는 지점장인 나를 만나면 어딘지 모르게 안심이 된다고 했다. 일식집으로 모셨다. 부인이 옆에서 걱정스럽게 보살폈다. 나의 우려에도 불구하고 초밥과 맥주를 맛있게 드셨다.

나는 그에게 제안을 했다. 만기가 도래해도 원금은 불가능하니 차라리 기아 자동차 주식 현물을 돈 대신 받으라고 했다. 비록 지금은 기아차가 좋지 않으나 오너인 정의선이 대표 이사 부회장으로 있으니 반드시 살아날 것이라고 설명했다. 나 또한 자동차 산업의 미래에 대해 상당한 기대를 하고 있었으므로 충분히 말이 되는 내용이었다. 그는 자신의 사후를 걱정했다. 그러고는 내게 그러겠다고 동의를 해 주었다. 나는 즉시 회사에 실물 인출에 대한 가능성을 알아봤다. 기초 자산의 급락으로 초래된 것이니 그만큼 기초 자산의 실물을 출고하여 보유하는 것은 말이 되는 내용이었다. 회사도 오랜 논의 끝에 원하는 고객들에게 실물 출고를 해 주기로 했다.

그리고 어느 정도 시간이 흘렀다. 그 스님의 부인과 장성한 아들이 찾아왔다. 아들의 눈에는 분노가 가득 차 있었다. 자신의 아버지를 그렇게 만든 S 증권 직원을 고발하겠다고 했다. 하지만 그 상품을 판매한 직원은 이미 타사로 이직을 한 지 꽤 오래되었고 당시 지점장도 명예퇴직을 하여 나와 새 담당자인 PB는 뒷수습을 하고 있는 중이었다. 결국 나의 만류에도 불구하고 그는 타사에 근무 중인 그 직원을 찾아내어 금감원에 제소했다. 나는 그날 그에게 다시 한번 만기 시 실물 보유를 설득했다.

그로부터 어느 정도 시간이 흐른 후 다시 그들 모자가 나를 찾아왔다. 그 스님의 임종 소식과 함께. 나는 참으로 마음이 아팠다. 아무리 투자의 책임은 본인이 진다는 것이지만 이것은 아니다 싶었다. 증권인으로서 부끄러움을 느꼈다. S인으로서의 자괴감이 몰려왔다. 나는 또 한 번 굳은 결심을 했다. 나와 인연을 맺는 고객은 단 한 푼도 나로 인해 손실을 보지 않게 하겠다고. 그 목숨보다도 소중한 자산을 잃지 않게 하겠다고.

그리고 얼마 지나지 않아 그 탈도 많던 ELS 상품의 만기가 돌아왔다. 나는 그들 모자에게 연락을 해서 실물 출고를 하라고 했다. 그리고 보유하라고 했다. 그래야만 증권인으로서 S인으로서 그 스님에게 마음의 부담을 어느 정도 덜 수 있을 것 같았다. 그런데 그들이 한사코 현금 출금을 하겠다고 했다. 거의 다 깨어져 불과 2억 몇천밖에 남지 않은 돈을 한사코 출금하려 했다. 설득하다 못해 결국 상속 처리와 함께 출금해 주고 말았다.

지점의 나머지 대부분 고객들은 나의 결정대로 현물 보유를 결정하고 기다려 주었다. 그런데 얼마 후 이변이 일어났다. 거의 쪼가리 수준까지 되었던 계좌들이 기아 자동차 주가의 급등으로 원금을 회수하고도 수익률이 추가로 급등하는 현상이 발생한 것이었다. 기아차 주가는 1만 원 밑으로까지 내려갔던 가격이 6만 원을 넘어갔다. 나의 의견을 믿고 따라준 고객들은 그것으로 전화위복이 되었다. 그런데 나는 기쁘지만 않았다. 스트레스 받아 암으로 임종하신 그 스님의 돈 때문이었다. 아직도 그 일을 생각하면 참으로 안타까운 일이다.

나는 2003년 초부터 2007년 초까지 ELS 영업에 주력했다. 물론 주식 시장도 놓치지 않았다. 그런데 ELS 시장이 과열되면서 ELS도 레드오션 시장이 되었다. 나는 ELS에 대한 심각한 고민을 하기 시작했다. 한계를 본 것이다. 그때 주식 시장도 한계에 도달해 있었다. 나는 대안을 찾기로 했다. 그리고 ELS는 더 이상 쳐다보지도 않았다.

금융 산업은 사람의 능력으로 성패가 결정된다. 같은 회사 같은 사무실에 근무해도 그 성과와 결과는 하늘과 땅 차이다. 아직도 우리는 그런

명백한 사실을 애써 외면한다. 단순히 S 증권이라는 이름과 대형이라는 사이즈에 너무 신뢰를 보낸다. 또 좋은 학벌에 너무 매료된다. 물론 확률은 높다. 그러나 거기까지다. 내 재산은 내가 지켜야 한다. 회사의 사이즈와 간판이 지켜 주는 것이 아니다. 자신이 실력을 기르든가 실력 있는 사람을 만나야 한다. 그런데 주위를 둘러보면 항상 깡통들이 요란스럽다. 얕은 실력으로 자신을 포장하는 기술은 세계 최고다.

회사에 출근해서 자신이 무슨 일을 하고 있는지 잘 모른다. 그냥 자리만 지키면 일을 한다고 생각한다. 그리고 늘 바쁘다. 자신의 부가 가치가 얼마인지 모르면서 일을 열심히 한다고 생각한다. 진정으로 내 고객을 위해 얼마나 진실된 노력을 하고 있는가? 사회적으로 성공한 사람이 대다수인 투자자 그들보다 훨씬 높은 지식과 혜안을 보유하고 있는가? 부족하다면 항상 채우려 행동하고 있는가? 나는 지금도 갈증에 목마르고 허기에 배고프다.

질긴 인연
P 회장 I

2003년 1월 지점장 전배 발령을 받고 부산 범일동 지점으로 왔다. 김해에서의 P 회장 계좌는 후임 지점장을 데리고 P 회장에게 가서 소개를 시켜 주고 인계를 다 끝내고 온 후라 한편으로 홀가분했다. 전임 지점장과 일부 직원들의 부적정한 행동으로 껍데기만 남은 부산 범일동 지점은 참으로 한심했다. 나의 부임 후 약 한 달간의 심사숙고 끝에 내가 내린 결론은 절망적이었다.

그래서 역발상으로 생각을 정리한 것이, '그래, 어차피 바닥이니 더 이상 나빠질 것이 없다'였다. 그리고 '내가 뛰면 뛰는 것만큼 플러스가 된다'였다. 자신감을 일부러 가지려 애썼다.

부산은 중소 도시인 김해와는 시장이 달랐다. 뛰는 만큼 성과는 나기 마련이었다. 또한 부산의 장점이 우리나라 제1의 항구도시여서인지 상당히 포용적이었다. 누구든 실력만 있으면 쉽게 안착할 수 있는 곳이 부산이었다. 우리나라의 대부분 지역이 각각의 지역색이 너무 강하지 않은가? 대부분 폐쇄적이고 배타적이다. 그런데 부산은 많이 다른 도시이다. 부산의 인구 비율 중 호남에 연고를 둔 주민만 23%를 넘는다. 물론 대구를 비롯한 경북 지역 출신과 재경 지역 출신들도 상당한 비율로 거주하고 있다. 외부에서 간단히 판단하는 것보다 훨씬 개방적이고 우호적인 도시이다. 외부인도 흔쾌히 품어 준다.

나는 어릴 때 부산에서 나고 자라지는 않아서 별 연고가 없었지만 그래도 가까운 경남 지역 출신인 데다가 나름 실력으로 무장되어 있었기에 그런 것은 문제가 되지 않았다.

지점을 살리기 위한 일에 열중했다. 하루는 오랜만에 미처 부산으로 이주하지 못한 집사람과 아이들에게 내가 근무하는 지점을 주말에 보여 주고 싶었다. 내 일터를 보여 주고 싶었던 것이다. 나는 가족들과 기분 좋게 지점의 문을 열고 들어갔다. 주말이라 지점 안은 깜깜했다. 1층을 둘러보고 2층으로 올라갔다. 먼저 올라가던 아이들이 소리를 쳤다. 놀라서 뛰어 올라가니 2층이 물바다였다. 전날 부산 지역 폭우로 노후된 건물 창틈으로 밤새 빗물이 한강처럼 쏟아져 들어왔던 것이다. 그 양이 얼마나 많았던지 아이들과 하루 종일 양동이로 물을 퍼다 날랐다. 하루를 그렇게 가족들과 지점에서 물 빼는 작업을 마치고는 집사람과 아이들을 집으로 돌려보냈다.

문제는 사무기기였다. 몇몇의 상담실은 2층인데도 침수 피해에 해당하는 피해를 입었다. 건물 관리소에 강하게 문제 제기하여 두 번 다시 그런 일이 일어나지 않도록 노후된 건물의 내부와 외부를 점검시키고 보수했다.

그때 내가 아이들에게 한 가지 가르친 것은, 자신이 일하는 일터는 단순히 출근하여 그냥 조직이 부여한 임무만 수행하다가 퇴근하는 곳이 아니라, 비록 내 직접적인 업무는 아닐지라도 내 업무와 구분 없이 내가 할 수 있는 일들은 때와 장소를 가리지 않고 해결해야 한다는 모습이었다. 아이들도 그 일이 있은 지 십수 년이 지난 어느 날 나에게 그때 그 일을 얘기하면서 느꼈던 점을 얘기했고, 나는 다시 한번 일터에 대한 나의 신념을 확인할 수 있었다.

껍데기 지점을 회사 1등 지점으로 만들기 위해 정말 한동안 일에만 몰두했다. 김해에서의 일들도 거의 잊은 채 오로지 내가 맡은 지점을 바로 세우기 위한 일념에 사로잡혀 있었다. 간간히 P 회장으로부터 전화가 오기도 하였으나 이미 P 회장의 계좌는 후임 지점장에게 넘기고 온지라 매사에 조심스러울 수밖에 없었다.

지점 일에 몰두하고 있던 어느 날 본사 H 사장님이 전화를 하셨다. 말씀인즉 오랜만에 P 회장님과 전화 통화를 했는데 한 지점장을 너무 칭찬하시더라는 말씀과 함께 회사 VIP 고객으로부터 칭찬을 들으니 기분이 너무 좋다고 하셨다. 그리고는 내년에 보자는 알 수 없는 말씀을 남기셨다.

얼마 후 베트남에서 전화가 왔다. P 회장의 전화였다. 안부 인사를 여쭈었더니 대뜸 불만을 터뜨렸다. 내가 떠난 후 너무 답답하다는 것이었다. 그러나 내가 어찌해 드릴 도리가 없었다. 또한 나는 내가 맡은 지점을 살리는 데 내 온 정력을 쏟아붓고 있을 때였다. 의례히 하는 일반적인 대화를 나누고 전화를 끝냈다.

P 회장과의 통화가 잊혀져 갈 즈음 본사 H 사장의 전화가 긴급히 걸려왔다. 사장께서는 다짜고짜 내게 김해 P 회장한테 가 보라는 것이었다. 그리고 당신의 안부도 꼭 전하라는 말씀도 덧붙였다. H 사장과의 전화를 끝내고 나서 잠시 숨을 고르고 있으니 곧바로 P 회장으로부터 전화가 왔다. 자신이 우리 회사 H 사장한테 전화를 했다는 것이다. 한 지점장을 자신에게 보내 달라고……. 자신의 계좌를 한 지점장에게 다시 맡기고 싶다 했다고 하셨다.

나는 순간 걱정이 밀려왔다. 김해 지점은, 그리고 김해 지점장은……. 그러나 망설일 일이 아니었다. 사장님이 직접 지시하신 일이다. 변명의 구실도 통할 수 없었다. 김해 P 회장에게 달려갔다. P 회장은 다짜고짜로 계좌를 부산으로 옮기라는 지시를 자기의 CFO에게 내리셨다. 나는 P 회장에게 말씀드렸다. 앞으로 제가 직접 관리해 드릴 테니 P 회장 개인 계좌만 갖고 가겠다고, 그리고 법인 계좌들과 가족 계좌들은 김해 지점에 두고 직접 챙기겠다고 했다. P 회장도 잠시 생각하더니 그렇게 하라고 허락하셨다.

나는 김해 직원들과 지점장에게 미안한 마음이었지만 내가 어찌할 도리가 없는 것이었다. 부산 범일동 지점도 P 회장 계좌와 별개로 상당 부분 정상 궤도에 올라서 있어서 P 회장의 도움이 필요 없을 때였다. 부담스러웠지만 H 사장께서 직접 챙기라고 지시하신 것이라 어쩔 도리도 없었다.

그렇게 P 회장과의 2라운드가 시작되었다. 그런데 P 회장은 내게 참으로 부담스러운 고객이었다. 정권이 바뀌고 P 회장의 위상이 한층 높아져 갔다. 서울에 있는 내로라하는 인사들이 P 회장을 만나러 문전성시를 이루고 있었다. 정치권은 내가 알 바 아니지만 금융권에 있는 거물들은 나를 아프게 했다. 그들이 한 번씩 P 회장을 방문하고 서울로 가고 나면 반드시 거액이 타사로 이탈되었다. 최소 단위가 100억이었다. 당시 S 증권은 자산 관리 영업을 회사 경영 방침으로 정하고 자산의 유치가 평가의 절대적으로 작용했다. 그런데 지점에서 한 번에 100억씩, 한두 번도 아니고 수시로 타사로 이탈하는 것은 아무리 실력으로 무장된 나로서도 버틸 재간이 없었다.

P 회장의 금융 자산의 이탈은 노무현 정권 초기 기간인 거의 2년여 동안 지속적으로 일어났다. 당시 SH 은행이 부산 서면에 PB 센터를 내었는데 N 회장의 초청으로 그 자리에서 P 회장이 테이프 커팅해 준 대가로 내게서 100억 이탈, H 투자증권 K 부회장과 정산 CC에서 골프 치고 만찬하고 가면 거액 이탈, M 증권 C 사장이 P 회장을 방문하여 골프하고 가면 거액 이탈, SY 증권 대표 이사가 P 회장을 방문해서 섭외하고

가면 자산 이탈, 매번 이런 식이었다.

 나는 참다못해 P 회장에게 달려갔다. 안 그래도 대선 자금 수사로 안 받아야 될 오해를 그룹으로부터도 받고 온갖 조사 다 받고, 온갖 수모를 다 겪었는데도 P 회장이 내게 도움을 못 줄망정 내 직장 생활을 망치려 든다고 생각하니 참을 수가 없었다.

 P 회장에게 달려가서 대뜸 회장님의 체면치레 때문에 내가 죽게 생겼으니 여태까지 빼서 옮기신 자산들 만기 돌아오는 대로 다시 내게 돌려달라고 간곡히 말씀드렸다. 그런데 P 회장은 오히려 내게 화를 내는 것이었다. 그만하면 됐지 뭐 그리 욕심이 많으냐고 호통을 치는 것이었다. 그리고 자신의 입장은 하나도 생각 안 해 주는 나쁜 놈이라고 일갈하는 것이었다.

 기실로 나는 P 회장으로부터 무슨 큰 도움을 받은 것이 없다. 내가 오히려 P 회장에게 많은 것을 해 드렸다. 9.11 테러 사건 때 다 날릴 뻔한 자산을 지키고 근 600억이나 추가 수익을 올리고 회복시켜 드렸다. 이후 노무현 정권 출범 직후 시작된 1차 대선 자금 수사 때도 내 쪽에서는 단 한 치도 P 회장에게 불리한 자료나 증거가 제출된 게 없었다. 반면 애먼 C 섬유 K 회장은 업무상 배임으로 구속되지 않았는가? 당시 K 회장은 법인의 자금과 개인의 자금에 대한 구분을 명확히 해 오지 않은 불찰이 큰 화근이었다. 그런데 P 회장은 처음부터 개인 자금만을 사용했다. 내가 이미 P 회장에게 그동안 혼용해서 사용하던 법인과 개인 자금을 엄격하게 구분토록 했다. 그때 그 많은 압수 수색 영장이 날마다 날아드는 속에서도 나는 의연했다. 회사와 그룹 컨트롤 타워에서 걱정스러운 눈초리를 보내고 있었어도 나는 금융인으로서의 정직함과 자존심을 지켰기 때문이었다.

다만 P 회장이 내게 해 준 것은 우리 회사 H 사장에게 내가 열심히 잘한다고 칭찬해 주신 것이다. 그러나 H 사장도 노무현 정권하의 L 금융위원장의 추천으로 W 금융 회장으로 자리를 옮겨 버렸다. 뒤에 몇 차례 W 금융으로 가신 H 회장과 통화할 일이 있었는데, 그때마다 진심인지 모르겠으나 S 그룹을 떠난 걸 후회하는 듯한 말씀을 하시곤 했다.

당시 P 회장은 내게 그룹 회장님을 만나고 난 후 JY 상무가 부산에 자신에게 인사하러 오기로 했는데 그때 나를 불러 JY 상무에게 인사시켜 주겠다고 내가 요청하지도 않은 말을 하더니, 후에 JY 상무가 자신에게 내려왔을 때 내게는 연락조차 주지 않았다. 물론 나는 거기에 낄 자리가 아니었으므로 굳이 큰 기대도 하지 않고 있었지만 무언가 씁쓸함을 지울 수가 없었다.

그런데 나는 당장 P 회장의 자산 이탈로 현실적인 어려움에 봉착해 있는 것이었다. 전국 최우수 지점이 전국 최하위 지점으로 곤두박질치고 있었다. P 회장 자산 이탈 때문에 P 회장한테서 욕만 실컷 먹고 지점으로 돌아오는 나는 정말 기분이 말이 아니었다. 지점 부하 직원들에게도 면목이 없었다. 이후 P 회장은 1,000억 가까이 되던 금융 자산을 거의 다 경쟁사로 빼 가고 55억 정도의 무수익 자산인 주식 지분만 내게 남겨 두었다.

질긴 인연
P 회장 II

　나는 1,000억 가까이 되던 P 회장의 금융 자산이 여기저기 경쟁사로 이탈되는 아픔을 겪으며 S 증권에서 살아남기 위해 새로운 돌파구를 마련해야 했다. 그리고 성공했다. P 회장의 금융 자산이 무수익 55억 규모로 쪼그라들고 경쟁사 누구누구가 P 회장으로부터 큰 도움을 받아서 임원으로 승진했다는 등의 소식이 간간히 들려왔지만 나는 개의치 않았다. 나는 그때도 지점장 직책이었다. 나는 그것으로 P 회장과의 인연이 끝이었다고 생각하고 있었다. 여러 가지로 아쉬움이 많았지만 나는 그것이 내 복이라고 생각했다. 내가 그렇게 정성을 쏟았지만 그 금융 자산은 내 것이 아니고 P 회장 것이었다. P 회장이 무슨 짓을 하든 나는 권리가 없었다. 한동안 잊고 지냈다. 그리고 몇 년이 훌쩍 흘렀다.

　그럼에도 나는 어느새 S 증권에서 최고의 지점장으로 성장해 있었다. 그 배경에는 지역 경제인들이신 기업 회장님들의 전폭적인 지원이 있었다. 나는 하는 일마다 잘 풀리고 있었다. 몇 년이 흘러 나는 부산 범일동 지점과 모점인 부산 지점장을 겸직하고 부산 경남 지역을 대표하는 총괄 지점장이 되어 있었다. 그리고 회사에 대한 나의 점포장으로서의 영향력도 커져 있었다.

H 회장이 W 금융으로 떠나시고 새로 오신 B 사장에게 인정받기까지도 숱한 고비가 있었다. 당시 리테일 본부장으로 있던 S 부사장도 B 사장과 함께 PK 출신이어서인지 나에게 더욱 많은 것을 기대하셨다. 그럴 때마다 나는 그들의 기대를 충족시켜 드렸다. 회사에서 여느 임원 못지않은 인정을 받고 있었다. 그렇게 바쁘고 만족스럽게 한동안을 지내고 있었다.

정권이 바뀌었다. MB가 대통령이 된 것이다. 진보에서 보수로 다시 10여 년 만에 정권이 바뀐 것이다. 그것으로 촌놈인 나에게 불어닥칠 시련은 당시에는 상상조차도 하지 못하고 있었다.

광화문에서 광우병 시위가 일어났다. 시위대의 대부분이 노란색 리본을 휘둘렀다. 노란색이 뭔가? 당시 노무현 대통령이 민주 세력을 새롭게 하자고 출발시킨 열린우리당 색깔이었다. 그 노란색이 MB에게 엄청난 일을 결심하게 한 듯했다. MB 주변의 해바라기들이 일을 꾸미기 시작한 것이다. 대표적으로 당시 국세청장이 H였다. 그동안 S 증권도 KYC의 S 비자금 사건이 터지면서 대표 이사가 바뀌어 있었다. 나는 번번이 정식 임원으로의 승진 기회가 멀어졌다. 고비마다 대표 이사가 바뀌었다. 이번에는 그룹에서 사고를 친 것이다. S 증권의 본사가 검찰의 압수 수색 대상이 되었다. 부득이하게 B 사장이 퇴진을 하게 된 것이었다. 나에게도 시련의 시간이 다가오고 있었다.

언론에서는 간간히 T사 P 회장에 대한 보도가 나오기 시작하더니 어느새 P 회장이 타깃이 되어 있었다. 퇴임한 후 고향 김해에 내려와 있던 노무현 대통령에 대한 전방위 압박이 시작되었다. 국세청장 H가 MB를 독대했다는 언론 보도가 들려왔다. 그때까지 나는 사태의 심각성을 인식하지 못하고 있었다. 그냥 남의 일인 양 생각했다. P 회장과 나와는 벌써 몇 년 전에 끝난 거나 마찬가지였으니까 나는 신경 쓰지 않고 지냈다.

국세청의 압수 수색이 P 회장의 T사에 전격 진행되었다. 난리가 난 듯했다. 내가 근무하는 지점에도 대검 중수부의 압수 수색 영장이 거의 매일 한 장씩 날아들었다. 노무현 정권 2차 대선 자금 수사가 본격적으로 시작된 것이었다. 나는 회사 법무팀에게 문의하여 법무팀의 리드에 따라 압수 수색 영장에 충실히 응했다. 주위에서 내게 걱정스럽게 질문을 해도 나는 그 사정을 자세히 알 수가 없었다. 그리고 알고 싶지도 않았다. 괜한 오해를 살 것이기 때문이었다. 나는 내 일에만 집중했다.

그런데 아주 이상한 소문이 들리기 시작했다. S 증권의 한정구 총괄이 P 회장-노무현 대선 자금에 대한 금융 기획 및 전달책이라는 말이 들리기 시작했다. 그룹에서도 내용도 모른 채 내게 상당한 우려와 의심을 하고 있는 듯했다.

당시 T사에 대한 국세청의 압수 수색에서 P 회장 비서 다이어리를 상당수 확보했는데 거기에 내 이름이 압도적으로 많이 나왔다는 것이었다. 당연히 그들의 범죄 체계도에 나는 금융 총책으로 그려진 듯했다. 몇 차례 리테일 본부장인 B 부사장(S 부사장 후임)의 걱정스러운 전화가 오더니 급기야 본사로 호출이 떨어졌다. B 부사장은 내게 진실을 얘기해 달라고 했다. 내가 P 회장과 노무현의 불법 정치 자금 전달 건에 얼마나 간여하고 있는지를 알고 싶어 했다. 그리고 그룹 컨트롤 타워에서도 심각하게 바라보고 있다고 걱정을 했다.

MB로 정권이 바뀐 후 본격적인 2차 대선 자금 수사가 막을 올렸다. 그들은 다이어리에 적혀 있는 내 이름을 정조준했다. 나를 핵심 인물로 본 것이었다. 나만 잡으면 모든 것은 실타래 풀리듯 쉽게 풀릴 것이라고 오해했다. 급기야 국세청 조사 4국 조사관 두 명이 내가 근무하는 지점에까지 내려왔다. 지점에 있는 내 집무실에서 나에게 협조를 해 달라고 간곡히 부탁을 해 왔다. 덧붙여서 초기 몇십억에 대해서는 더욱 집요하게 물어왔다. 협조하면 한 지점장은 절대로 다치지 않게 하겠다고 회유했다. 나는 어이가 없었다. 나는 그들에게 표적을 잘못 정한 것 같다고 했다. 그러고는 P 회장이 최근까지 내게 한 일들을 설명했다. 그리고 비서의 다이어리에 나오는 내 이름들은 당시 P 회장이 수시로 나를 칭찬하며 자신들의 임원들에게 나를 보고 배우라고 하신 말들일 거라고 했다. 그리고 표적을 제대로 잡으려면 현재 P 회장의 주력 금융 자산이 가 있는 곳을 철저히 조사해 보라고 했다. 그들은 큰 실망을 하는 듯했으나 한동안 내 집무실 옆 응접실에서 상의를 하고 어디론가 보고를 하더니 주력 계좌가 있는 김해 지역 금융 기관으로 떠났다. 당시 P 회장은 사실상 나와의 거래가 거의 없는 상태였다. P 회장의 외연이 확대되면서 무수히 자신을 찾아오는 경쟁사 대표들과의 관계 관리를 위해 내 쪽에 있던 금융 자산을 거의 다 빼 가고 없었기 때문이었다.

물론 P 회장은 노무현 대통령이 집권한 직후까지는 나를 수시로 불러 식사를 함께했다. 그럴 때에도 단둘이 식사는 거의 없었고 자신들의 임원들과 항상 동석했다. 당시에 그는 나를 마치 자기 회사 임원 정도로 생각하는 듯했다. 물론 몇 차례 노 대통령의 형님 내외와 함께 식사하는 자리도 불려 가기도 했다. 의례히 김해 지역에 사시는 분인 데다 P 회장이 김해 상공 회의소 회장이므로 누군들 만나서 밥 한 그릇 하는 게 뭐 문제겠나 쉽게 생각했다. 그런데 그 후 많은 일들이 있었던 것이다.

S 증권은 초긴장 상태를 유지했다. 회사의 1등 지점장의 이름이 P 게이트에 오르내렸기 때문이다. 또한 그동안 S 그룹과 노무현 정권과의 관계도 꽤 괜찮았다. 그런데 정권이 바뀐 데다가 서슬 퍼런 MB 정권의 칼날이 노무현 전 대통령을 정조준하고 있었으므로 나로 인해 그룹에 조금이라도 해가 닥칠까 봐 안절부절못함을 넘어 나를 잘라 버리라는 그룹의 압박이 내려오고 있었던 것이다.

나는 그룹의 의심을 이해할 수 없었다. 최초에 내가 매개체가 되어 P 회장이 L 회장 부자와 오랜만에 재회하여 그로 인해 베트남 프로젝트도 대성공을 거두는 계기가 되었고, 노무현 대통령도 L 회장과의 만남에서

S 그룹의 교육 시스템을 높이 평가하고 고위 공직자들을 S 그룹의 연수원에서 연수를 받게 할 정도로 상호 간에 우호적인 관계를 유지하다가, MB로 정권이 바뀌니 애먼 시골 촌놈을 희생양으로 삼으려는 것 같았다. 분노가 치밀었지만 참았다. 내가 불법을 저지른 적이 단 한 건도 없었으므로…….

P 회장이 구속되었다. 언론 보도에 의하면 홍콩에서의 페이퍼 컴퍼니를 이용한 업무상 배임이 가장 컸다. 당초 민주당 대선 후보 경선부터 시작한 정치 자금에 대한 불법성은 크게 다뤄지지 않았다. 그것 또한 지금은 고인이 되신 C 섬유 K 회장의 사례와 비교되는 부분이다. 그렇다고 내가 불법을 조장하거나 알선한 것은 티끌만큼도 없다. 조사 당국은 나를 끝까지 그러한 불법을 알선한 장본인으로 오해하고 있었다. 또다시 수십 장의 압수 수색 영장을 받았다. 나는 피치 못할 사정이라면 좀 더 합법적이고 오해의 화살에서 벗어날 수 있는 방법을 제시한 것뿐이었다. 그리고 나는 그런 편법에 직접적으로 연루되진 않았다. 수사 과정에 일부 멍청한 경쟁사 지점장이 자신의 사적 편익을 도모한 것이 적발되어 체포되기도 했지만 나는 그런 전방위 수사에도 깨끗하게 벗어났다.

질긴 인연
P 회장 Ⅲ

그 말도 많고 탈도 많던 P 회장이 구속되었다. 들리는 얘기로는 P 회장이 그토록 믿고 투자했던 측근 Z 대표가 검찰의 스모킹 건이 되어 주었다는 것이다. Z는 P 회장이 만약의 경우를 위해 자신이 수십 년 동안 키워 온 사람이었다. Z는 P 회장 밑에서 일하며 수백억 원의 재산을 모은 사람으로 P 회장은 Z의 일부 작은 부정에 대하여는 눈감아 주어 만약의 경우 자신을 대신하는 사람으로 대비해 온 사람, 즉 일명 조커였다. 그런데 믿었던 그가 배신의 칼을 등에 꽂은 것이었다.

P 회장이 구속된 후 Z는 풀려나 김해로 내려왔다. 구치소에 있는 P 회장의 지시로 Z는 즉시 쫓겨난 후 안 좋은 소문들이 돌기 시작했다. 어쩌면 어차피 표적이 P 회장이었으므로 Z도 어쩔 도리가 없었으리라. 그러나 그는 김해로 내려온 후 자신이 검찰에서 겪었던 일들을 퍼트리고 다녔다. 한 예를 들면 자신이 P 회장의 심부름으로 청와대 후문을 출입했는데 그 출입 기록을 검찰이 제시하는 걸 보니 56번이나 되었고, 자기는

그것을 보고 그렇게 많이 출입했는지 자신도 놀랐다는 등등의 얘기였다. 어쨌든 P 회장은 그의 배신에 치를 떨었다고 하니 사람은 역시 잘 써야 하는 것이었다.

나는 그동안 국세청 조사 4국 요원 2명의 방문 조사, 대검 중수부의 압수 수색 영장 수십 장을 받아 내야 하는 노무현 대통령 2차 대선 자금 수사에도 살아남았다. 뭐 내가 잘못한 게 있어야 그룹에서도 내칠 수 있는데, 그들의 생각은 굴뚝같았겠지만 나를 어쩌지를 못했다. 그런대로 나도 평상심을 되찾고 항상 그랬듯이 지점 영업에 매진했다.

한동안 열심히 일했다. 내가 맡은 지점은 전국 최고를 질주하고 있었다. 그날도 지점 업무에 정신이 없었다. 전국 1위는 한 번쯤 누구나 할 수 있으나 지속적으로 연속 1위 자리를 지키기는 정말 어렵다. S 증권은 지점의 체력과 관계없이 끊임없이 목표를 올린다. 지난번 1위 했으니 좀 쉬어도 된다, 이런 것은 꿈도 못 꾼다. 지난번에 1위 한 것은 지나간 것이다. 끊임없이 도전해야 한다. 그래야 미래가 있다. 나는 그것을 지키기 위해 내 모든 것을 걸고 있었다. 가정도, 친구도, 형제도 모두 내가 하는 회사 일 후순위였다.

그런데 P 회장 쪽에서 사람이 찾아왔다. 늘 P 회장의 금융 관련 실무 업무를 수행하던 J 팀장이었다. 나는 그에게 P 회장의 근황을 물었다. 물론 수감 중이니 근황이랄 게 별로 없겠지만 그래도 안부를 묻는 게 예의다 싶었다. 온 가족이 거기에 매달려 있다고 했다. 특히 맏사위가 구치소 관련 모든 것을 수발하고 있다고도 했다. 그러면서 맏사위에 대해 걱정을 했다.

J 팀장은 내게 할 말이 있다고 했다. 별로 할 말이 없을 텐데, 라고 하면서 무슨 말인지 말해 보라고 했다. 그는 P 회장이 법정에서 징역형과 벌금형을 받았는데 그 벌금 300억을 마련할 방법이 없다고 했다. 나는 깜짝 놀랐다. 그 많던 현금이 다 어디 갔냐고 내가 되물었다. 그는 HCS 회사 인수 자금 쓰고, 또 다른 자금 쓰고 등등 말을 얼버무렸다. HCS사는 당시 NH농협의 알짜 자회사였다. 그것을 P 회장이 당시에 인수를 했던 것이다. 당시 나는 그 인수 업무에도 참여하질 못했다.

그런데 자신이 그동안 그렇게 각별하게 여겼던 몇몇 금융 수장들로부터 냉정하게 외면당하고 난 후 P 회장은 자신에게 부과된 벌금 300억을 마련할 방법을 찾지 못하고 있었다. 그러고는 결국 P 회장은 마지막으로 한정구에게 가 보라고 했다는 것이다. 나는 어이가 없었다. 지난 몇 년간 나를 그렇게 곤경에 밀어 넣으며 돈 한 푼 안 남기고 경쟁사로 다 빼 갔던 P 회장이 나에게 구원을 요청하다니 어처구니가 없었다. 나는 대뜸 P 회장과 그동안 그렇게 친밀하던 금융인들은 다 어디 갔나? 하고 따져 물었다. J 팀장은 그동안 P 회장과 그렇게 밀착되어 있던 금융 기관들을 모두 다 찾아가서 사정했지만 그 금융 기관 수장들이 한 명 예외 없이 냉정하게 등을 다 돌렸다는 것이었다.

그들은 노무현 정권이 들어선 후 P 회장에게 조석으로 찾아가서는 골프 치고 놀고, 자기 직원들 보내서 그나마 내게 있던 금융 자산을 깡그리 다 빼 간 우리나라의 대표적인 금융 수장들이었다. P 회장이 인수한 상장 회사 HCS사 주식을 담보로 제공하겠다고 사정을 해도 모두 냉정하게 외면했다는 것이었다.

금융인의 재산은 정직과 신뢰다. 금융 기관에 근무하는 사람들이 여타 업종에 근무하는 사람들보다 좋은 처우나 사회적 인정을 더 받는 이유가 여기에 있다. 그 어떤 사회도 금융인은 사회의 공적인 역할을 하며 그 사회의 존중의 대상이 된다. 금융인이 정직하지 못하여 신뢰할 수 없다면 그 사회는 망한다. 그런데 우리 사회의 일부 금융 수장들이 보이는 행태들은 아마도 우리 사회가 아직은 한참 멀었다는 것을 반증하는 것이다. 물론 그들도 나름대로 이유가 다 있었을 것이다. 자칫 서슬 퍼런 MB 정권에 밉보이면 뼈도 못 추릴 것이라는 공포감 같은 것들 말이다. 그러나 그런 것은 우리와 같은 소시민들이나 걱정할 일이지, 자신의 양심을 버리고 정권의 눈치만 살피는 행위는 그들이 왜 그 자리에 있어야 하는지를 의심하게 한다.

나는 잠시 고민을 한 후 담보를 확실히 제공해 줄 수 있냐고 물었다. 담보는 원하는 대로 다 넣어 주겠다고 했다. J 팀장은 내게 현재 P 회장이 보유하고 있는 현금이 조금 있으니 200억만 대출해 달라고 했다. S 증권은 당시에 개인이 주식 담보 대출을 할 수 있는 최고 한도가 100억이었다. 그리고 리테일 본부장 전결 사항이었다. 나는 P 회장에게 100억, 그리고 부인인 S 사모에게 50억, 합 150억을 대출해 주겠다고 약속했다. J

팀장은 내게 너무나 감사하다는 인사를 거듭하고는 내용을 P 회장에게 보고하러 즉시 떠났다.

나는 대출 품의서를 작성해서 결재를 올렸다. 리테일 본부장(S 부사장)의 걱정스러운 전화가 곧바로 왔다. 꼭 대출을 해 주어야겠냐? 하고 거듭 물어왔다. 나는 단호히 말했다. 영업의 기회다. 어차피 P 회장은 3년 후 출감할 것이다. 정치 성향이나 이념을 떠나 P 회장, 그는 우리 회사 최고의 VIP 고객이다. 도움을 주면 앞으로 그는 우리에게 많은 보답을 할 것이다. 나는 확신한다. 꼭 대출 결재를 해 달라고 강하게 어필했다.

당시 리테일 본부장도 나에 대한 신뢰가 높아 절대로 나의 말을 간단히 듣고 흘리는 분이 아니었다. 주위의 우려도 많았다. 굳이 대출 허락을 해야 하나? 등등. 고민이 되었던지 본부장은 자신의 전결 사안인데도 대표 이사 결재까지 받아서 내게 대출 허락을 해 주었다.

P 회장은 그가 지난 몇 년간 우리나라 굴지의 금융 수장들과의 밀접한 관계에서 그렇게 믿었던 사람들로부터 외면당하고 일개 지점장의 도움으로 300억이라는 벌금을 한 번에 납부함으로써 그의 자금 동원력을 과시하여 "역시 P 회장이다."라는 언론의 주목을 받기도 하였다.

문제는 실무적으로 P 회장의 자필 대출 신청서가 있어야 했다는 것이다. 단순히 위임장만으로는 감독원의 검사 대상에서 벗어날 수 없었다. 사후에라도 감독 당국이 알면 나를 가만둘 리가 없었다. 나는 구치소에 있는 P 회장을 직접 만나기로 결심했다. 특별 면회를 신청했다. P 회장은 벌금의 납부가 무엇보다 중요했으므로 즉시 면회가 가능했다.

구치소 특별 면회실에서 기다리니 P 회장이 구치소 직원의 부축을 받으며 들어왔다. 걱정스러워 인사를 하니 그는 대뜸 나를 나무랐다. "한정구! 담보를 줘도 인마! 그것밖에 대출을 안 해 주냐? 너그 회장한테 허락을 받아서라도 다 해 줘야지!"라고 핀잔을 주었다. 나는 웃으면서 P 회장에게 "회장님! 제가 대표 이사 되면 300억 다 해 드릴게요."라고 했다. 짧은 시간이었지만 조크가 오고 갔다. 준비해 간 서류에 P 회장의 날인을 직접 다 받고 돌아오니 그동안 긴장을 했던지 몸이 녹초가 되었다.

그로부터 얼마 후 한동안 잠잠하던 P 회장 관련 금융 자료 제출 요구가 압수 수색 영장과 함께 또다시 날아오기 시작했다. P 회장의 추가 내용을 찾기 위해 강도 높은 조사가 다시 시작된 것이었다. 하루도 멀다 하고 수색 영장이 날아들었다. 지점의 업무 팀장을 비롯한 업무 직원들에게 미안한 마음을 금할 길이 없었다. 직원들은 아우성을 쳤다. 해도 해도 너무한다는 목소리가 터져 나오기 시작했다. 나도 한계를 이미 넘어서고 있었다.

급기야 새로 부임한 리테일 본부장의 호출이 왔다. 강북의 허름한 식당에서 소주잔을 놓고 단둘이 앉았다. 본부장은 내게 정말 한 총괄은 P 회장과의 관계에서 한 점도 없이 깨끗한 거냐고 물어왔다. 그러고는 그룹 미전실에서 너무 걱정을 한다는 것이었다. 끊임없이 자료가 대검에 제출되는데 이는 무언가가 있는 거라고 의심하고 있다는 것이었다. 나는 단호히 대답했다. 내 양심과 내 목숨을 걸고 한 점 부끄러움이 없다고 했다. 그리고 나는 영업하는 사람이다. 그룹 미전실에 있는 그들이 미처 알지 못하는 필드의 감각이 있다. 그리고 나는 확신한다. 세월이 지나면 이번의 선택이 얼마나 잘되었는지를…… 하고 강하게 말했다. 그리고 나는 그 자리에서 다시 한번 금융인의 자세에 대해 굳이 하지 않아도 될 말도 덧붙이며 경쟁사 수장들의 태도에 대해 말하며 우리는 달라야 하지 않겠냐고 강조했다.

그 일이 있은 후 또다시 시간은 순식간에 흘렀다. 어느 날 뉴스를 보니 P 회장이 병보석으로 풀려났다는 것이었다. 나는 보석이니 법정에서 상급심 준비가 한창이겠거니 하고만 생각하고 대수롭지 않게 여기고 있었다. 그런데 어느 날 P 회장 비서한테서 긴급한 전화가 왔다.

받아 보니 P 회장의 목소리였다. 서울 HCS 본사로 급히 올라오라고 했다. 뭔가 느낌이 왔다. 나는 황급히 서울로 갔다. P 회장은 수감 생활 때문이었는지 많이 수척해 보였다. 회장실에서 나는 P 회장, C 대표 그리고 P 회장이 영입한 감사와 마주 앉았다. P 회장은 그 자리에서 내게 HCS 자금 500억을 주겠으니 좋은 상품을 추천해 보라고 했다. 나는 이미 감을 잡고 있었으므로 즉시 몇 가지 대안을 설명했다. 문제는 함께 배석한 감사였다. 감사는 사사건건 제동을 걸었다. 심지어 수수료 문제까지 거론했다. S 증권은 수수료가 비싸다는 등 P 회장의 의도와 상관없는 발언을 계속 해 댔다. 아마도 내가 도착하기 전 C 대표와 감사가 서로 말을 맞추었나 싶었다. 바보스럽게도 감사는 C 대표의 뜻을 충실히 이행한 것이다. 그렇지만 나는 감사에게도 최선의 예의를 갖추었다.

P 회장은 내게 지난번의 대출에 대한 고마움의 표시로 조금이나마 내 영업에 도움을 주려 한 것이다. 그런데 그들은 그 뜻을 헤아리지 못했다. 그날 이후에도 감사는 사사건건 나에게 제동을 걸어왔다. 그러나 나는 P 회장에게 그런 나의 애로 사항을 단 한마디도 전달하지 않고 있었다. 그 후에 여러 번 P 회장으로부터 연락이 왔으나 실제로 P 회장 뜻대로 진행이 잘 되지 않았다. 제대로 알지도 못하면서 사사건건 개입을 하는 것을 P 회장이 그냥 보고 있을 사람이 아니었다. 결국 감사는 지난번의 여느 임원들의 경우와 같이 얼마 후 회사를 떠났다.

나는 그 500억을 K 투자 자문과 B 투자 자문에 나누어 투자했다. 당시에는 투자 자문사가 대세로 뜨고 있었다. 회사는 난리가 났다. 거액의 자금 수백억이 한꺼번에 베팅이 된 것이다. 여기저기서 전화가 오고 관심이 최고조에 다다랐다. 나는 그냥 하나의 큰 영업을 한 것뿐이었는데 남들은 엄청난 사건으로 받아들이는 것 같았다.

문제는 투자 자문사였다. 그들은 내가 투자해 주는 거액의 자금을 제대로 받아 줄 준비가 되어 있지 않았다. 나는 Net 수익률 10% 도달 시 반드시 이익 실현하는 나만의 원칙을 철저하게 유지했다. 이런 나의 원칙에 K 투자 자문은 난리가 났다. 자신들의 포트폴리오가 나 때문에 다 망가진다고 아우성이었다. 심지어 내 돈은 받지 않겠다고 자문사 대표가 회사를 찾아와 하소연까지 했다. 그러나 나는 흔들리지 않고 나의 원칙을 고수했다. 그 후로도 지속적으로 추가 투자를 투자 자문사 상품에 유치하여 수익을 거두었다. P 회장은 투자 수익을 충분히 올려서 좋았고 나는 수천억의 상품을 팔아 회사에 기여하고 나의 자존감을 높여서 좋았다.

현장에서 일을 하는 사람은 그 누구도 알지 못하는 필드 감각이 있다. 그래서 현장이 중요한 것이다.

3.1절
골프 사건

호사다마라는 말이 있다. 나는 어느덧 S 증권에서 최고의 지점장이 되어 있었다. 회사가 시행하는 프로모션마다 항상 선두에 있었고, 전임들의 숱한 사고로 껍데기만 남다시피 한 지점을 전국 최우수 지점으로 성장시킨 지점장으로 그 누구보다 회사와 경영진으로부터 두터운 신임을 받고 있었다. 이제 노무현 대통령의 대선 자금 1차 수사도 어느 정도 마무리되었고 더 이상 영업 외에 특별히 정력을 소진할 이유가 없었다. 그런데 일이 터졌다.

3.1절 골프 사건이다. 당시 국무총리인 L 총리가 3.1절에 부산을 방문하여 지역 기업인들과 아시아드 CC에서 골프를 친 것이 문제가 되었다. 그런데 L 총리와 일면식도 없는 내가 그 일 때문에 또다시 검찰로부터 시달릴 거라고는 상상도 하지 못하고 있었다.

사연은 이러했다. 당시 L 총리는 출신은 충청이지만 부산 지역과 깊은 인연이 있었다. 부산 사상 지역에 기반을 둔 모 택시 회사 등 운수업을 하는 분과 아주 가까운 친인척으로 가끔씩 부산을 방문하고 있었고 자연스럽게 지역 경제인들과 인연을 맺게 되었다.

나에게 L 총리에 대하여 자세히 설명을 해 주신 지역 핵심 경제인인 또 다른 PW 회장의 말에 따르면 L 총리는 DJ 정권 당시 교육 부총리를 역임하다가 물러난 후 그동안 그렇게 몰려들던 사람들이 일체 연락도 하지 않고 왕래가 없어지는 바람에 참으로 고립무원의 힘든 시기를 보내고 있었다 한다. 그때 PW 회장께서 지역의 모 경제인을 소개시켜 주었는데, 이때 두 사람의 인연이 시작되었고 급속히 관계가 가까워졌다고 한다. 또한 이 경제인은 한때 L 총리의 후원 회장까지도 했으니 두 사람의 정은 남달랐다고 한다.

문제는 L 총리의 후원 회장까지 지낸 이분이었다. R 회장으로 밀가루와 가축 사료를 생산하는 상장 회사 Y사를 경영하고 있었다. 나는 당시 S 증권에서 자산 증대 프로모션을 시행하고 있었는데, 그때 R 회장을 PW 회장으로부터 소개받았다.

PW 회장의 소개로 나는 R 회장과 몇 차례 오찬을 한 후 그의 상장 회사 지분의 대부분을 S 증권으로 유치할 수 있었다. 그 후 나는 가끔씩 R 회장의 집무실로 불려 가 자기 회사 주가 관리에 대해 몇 가지 곤란한 제안을 받았으나, 정직한 금융인으로서의 도리가 아닌 것 같아 일정 부분 R 회장과의 거리를 두고 있었고 R 회장의 지분만 유치한 후 더 이상의 상품 영업은 하지 않았다. 지분이야 그냥 회사에 파킹만 해 두는 것으로 크게 공수가 들어가는 것은 아니기 때문이었다.

참으로 인간사는 이해하기 힘든 것이 R 회장의 가정사이다. R 회장은 이미 지역에서 기피 인물 1호로 자리 잡고 있었다. 자신의 부인이 살인 청부죄로 무기형을 살고 있었기 때문이다. R 회장의 부인이 자신의 사위를 의심해 당시 사위의 고종사촌인 여대생을 납치하여 살인까지 저지른 흉악한 범죄에 연루되었기 때문이었다.

아직도 살인을 저지른 범인들이 자신들의 형량을 낮추기 위해 살인 청부를 받았다고 거짓 진술을 했다는 등 거기에 대한 설이 분분하지만, 어쨌든 R 회장 부인은 무기형을 선고받았고 R 회장은 지역에서 기피 인물이었다. 그래서 호방하고 외향적 성격인 그는 외로웠다. 그런 시점에 계파로부터 완전히 버림받고 낭인 생활을 하던 L 총리와 연결된 것이었다.

이후 R 회장과 L 총리는 서로의 필요에 의해 급격히 가까워졌고, 특히 당시까지 기댈 데가 없던 R 회장은 L 총리에게 모든 것을 걸 정도로 All In 했다고 한다. L 총리 또한 그러한 사실을 알았는지 몰랐는지 모르겠으나 R 회장과의 긴밀한 관계를 지속적으로 유지했다.

내가 이 말도 안 되는 3.1절 골프 사건으로 곤욕을 치른 건 R 회장과 R 회장을 소개시켜 준 PW 회장의 주식 계좌 때문이다. R 회장이야 자산 증대 프로모션 때문에 소개받은 고객이지만 PW 회장은 우리 지점의 오래된 고객이었다.

어느 날 PW 회장이 자신의 주식 계좌를 관리해 주는 지점 PB에게 Y사의 주가에 대해 문의를 했다는 것이다. 그 말을 전해 들은 나는 Y사에 대해 정밀한 분석을 실시했다. 회사가 적정한 밸류에이션을 유지하고 있고 매출 또한 꾸준하게 발생하고 있는데 주가는 @800에 불과했다. 그야말로 장기 소외주였다.

나는 지점 PB에게 Y사 주식을 베팅해도 된다고 얘기해 주었다. 그리고 PW 회장이 내 집무실을 방문하여 상담을 하였는데 그때도 충분히 투자의 가치가 있다고 설명하였다. 당시 내가 분석한 추정 적정 주가는 @2,000~3,000이었다. 자신감 있게 설명을 해 드렸고 PW 회장은 그때부터 Y사 주식을 틈틈이 매수했다.

PW 회장이 Y사의 주식을 매수한 건 3.1절 골프 사건이 터지기 1여 년 전의 일이었다. 그래서 수백만 주를 아주 저가에 매수를 해 두고 주가가 상승하기만을 기다렸다. 그 기간이 1년여가 훨씬 더 걸렸으니 사실상 유통 시장에서 주식 영업을 하는 입장에서는 투자의 성공이라고 할 수는 없었다. 주식의 매수 후 수시로 PW 회장의 꾸중과 핀잔을 들어 가며 Y사의 주가 전망을 보고하기에 바빴다. 그런데 Y사의 주식을 매수한 후 거의 1년여가 훨씬 지나가는 시점에 주가가 상승하기 시작한 것이다. 나는 너무나 기뻤다.

기실 우리 지점 고객인 PW 회장은 이미 전임 지점장들의 투자 권유에 못 이겨 거액을 투자했다가 한 번에 40억 이상을 날려 버리는 등 S 증권과 거래하여 손실을 막대하게 보고 계시던 분이었다. 그런 상황에서 나를 만났던 것이다.

나는 PW 회장이 당시 지역 경제계에서 사실상 No.1이라는 것을 알고 있었기에 그분에게 각별히 신경을 썼다. 그러나 PW 회장은 워낙 S 증권에 실망을 하고 있었으므로 쉽게 마음을 주지 않았다. 때때로 나에게 자신은 S 증권하고는 악연이라는 말을 하곤 했다. 그러고는 D 증권과의 복수 거래를 하고 있었다. 그러면서 매번 D 증권과 내가 근무하는 S 증권을 비교하기도 했다.

그런데 Y사 주식이 상승하기 시작한 것이다. 그것도 연일 급등했다. 나는 영문도 모른 채 기분이 좋았다. 단번에 PW 회장은 그동안 S 증권과의 거래에서 손실 본 것을 만회했다. @1,000대에서 시작한 주가가 몇 차례 급등락을 거듭하더니 @3,000을 넘어서고 있었다. 나는 매일 시시각각 Y사의 주가를 관찰하고 분석했다. @3,000에 도달했을 때의 나의 추가 전망치는 이미 수정되어 @6,000이 되어 있었다.

그런데 어느 날 PW 회장의 계좌 관리자인 PB가 급하게 내 방으로 달려와서는 PW 회장께서 Y사 주식을 모조리 @3,000에 매도 주문을 내라고 한다는 것이었다. 나는 어이가 없었다. 조금만 더 기다리면 주가가 더블이 되고 계좌 자산도 더블이 될 텐데 이 시점에 모두 매도하라니 도

저희 받아들이기 힘들었다. 나는 내 귀를 의심하고 PB에게 다시 질문했다. 당신의 생각은 어떠냐? 주가가 여기서 끝날 것 같으냐? PB의 대답은 나의 의견과 별 차이가 없었다. 이미 불이 붙었으므로 주가는 충분히 더 올라갈 것 같다는 의견의 일치를 봤다.

나는 PB에게 지시했다. PW 회장에게 내가 @6,000까지 상승이 예측되니 좀 더 지켜보자고 설득을 하라고 했다. 그러고는 오찬 약속이 있어 외근을 나갔다. 외근 중에 담당 PB로부터 수차례 전화가 왔다. 이유 불문하고 주식을 매도 주문 내라는 PW 회장의 엄중한 요구라는 것이었다. 나는 PB에게 지시했다. 그러면 몇십만 주만 매도하라고 하고는 나머지는 내가 직접 PW 회장에게 좀 더 보유하라고 설명드리겠다고 했다. 그러고는 그날 소액의 매도만 하고 끝을 냈다.

주가는 예측의 영역이지 확정적 영역은 아니다. 당시 주가가 @3,000에서 상승을 멈추고 다시 하락한다면 그 손실에 대한 책임을 면하기 어렵다. 더군다나 고객이 강력하게 매도를 요구할 때는 당연히 매도를 해주어야 한다. 그런데 이상하게 몇 년 전 T사의 P 회장 때와 같이 매도하기가 싫었다. 매도하기가 싫었다기보다 증권 회사에 근무하는 소위 전문가라는 사람으로서 눈앞에 확신이 보이는데 그것을 단순히 고객이 요구한다고 해서 순순히 이행할 수는 없었다. 그런 것이 남들과 차별화된 실력이고 자존심인 것이었다.

어쨌든 다음 날 난리가 났다. 나와 PB는 PW 회장의 집무실에 불려 갔다. 한 시간 이상 PW 회장으로부터 꾸중을 들었다. PW 회장의 말씀 중에 Y사의 R 회장의 말로는 한 지점장이 뭔가 자신의 이득을 몰래 챙기려고 주식을 매도하지 않은 것이라고 한다는 것이었다. 뭔가 딴 놈들과 내통이 되어 주식을 매도하지 않았고 그 대가를 뒷돈으로 받을 것이다, 라고 했다는 것이다. 거기까지 몰리니 나는 도저히 참을 수가 없었다. S 증권의 지점장인 내가 도대체 어떻게 그 매도 주문 안 낸 것 때문에 따로 사적 이익을 취할 수 있는 건지 소설도 그런 소설이 없었다.

　나중에 3.1절 골프 사건이 터지고 수사를 받으면서 알게 된 것이지만 R 회장은 자신이 작전 세력에게(교육부 산하 교원 공제회 기금) 넘겨주겠다고 약속한 일정 지분을 직접 매도하지 않고 대신 PW 회장의 주식 수백만 주를 @3,000에 시장에 주문을 내도록 요청했던 것이다.

　나는 영문도 모른 채 PW 회장에게서 너희 사장에게 전화해서 잘라 버리겠다는 등의 협박성 말까지 듣는 등 참으로 곤경에 처해 버렸다. 나는 억울하지만 연신 송구하다는 말씀을 거듭하고는 끝까지 주식 매도는 내가 책임지고 최고가에 매도해 드리겠다는 뜻을 굽히지 않았다. 그러고는 나도 자존심이 있으니 이 가격에 꼭 매도하고 싶으시면 타 증권사로 주식을 옮겨 가서 매도하라고 말씀을 드렸다. 나의 주장이 워낙 완강했던지 PW 회장도 영문을 제대로 모르는 채 단지 R 회장의 말만 듣고 나를 책망한 것에 대해 미안해하는 눈치였다. 그러고는 주식 매도는 한 지점장이 알아서 고가에 팔아 달라고 하였다. 나는 그때 고객의 이익만을 추구하는 것이 참이 아니라는 것을 다시 한번 알게 되었다.

그 후 주가는 몇 차례 더 상승과 하락을 반복하며 며칠을 잠 못 들게 하더니 드디어 @6,000을 넘어섰다. 나는 즉시 PB에게 지시하여 Y사 주식을 전량 매도해 버렸다. 내가 매도한 Y사 주가는 몇 차례 더 추가 상승을 시도하다가 속절없이 추락했다.

그 후 PW 회장은 그동안 S 증권과의 거래에서 입은 손실을 완전히 회복하고 막대한 추가 수익도 거두어 나의 든든한 후원자가 되어 주었다. 주식을 전량 매도한 후 담당 PB가 내게 보고하길 PW 회장이 이상하게 매도 수익금 중 몇 억을 R 회장에게 송금하였다는 것이다. 그리고 그 돈은 또 다른 데로 갈 것이라고 말하는 것이었다. 나는 그때 담당 PB의 의아해하는 태도에 서로 간의 단순한 금전 대차로만 여기고 우리가 신경 쓸 일이 아닌 것 같아서 무시해 버렸다. 내가 알기로 R 회장은 당시에 현금성 자산이 얼마 없었기 때문이었다.

그런데 그런 일들이 잊혀져 갈 즈음 3.1절에 L 총리가 골프를 치러 온 것이다. 당시 부산 상공 회의소 회장단을 비롯한 경제인들이 두 팀으로 아시아드 CC에서 골프를 친 것이다. 물론 그 자리엔 PW 회장과 R 회장이 참석한 것은 당연한 것이었다.

3.1절 골프 사건의 전말은 이러했다. 일제 36년의 지옥 같은 기간인 1919년 3월 1일, 맨몸으로 일제에 항거하여 그 불길이 전국에 들불처럼 번져서 우리 민족의 독립을 온몸으로 부르짖고 외치던 그날을 기념하고 독립을 위해 아까운 목숨을 초개와 같이 희생한 선각자들을 추념하기 위

해 민족의 이름으로 제정된 기념일이다.

그런데 그 중요한 날에 기념식장에 가 있어야 할 국무총리가 3.1절이 휴일이라고 지역에 골프를 치러 왔으니 문제는 문제였다.

R 회장은 자신의 존경해 마지않는 주군이신 L 총리가 공항에 도착할 무렵에 고급 리무진을 비롯한 자신의 최고급 승용차 등을 줄줄이 끌고 가서는 공항 출구에 보란 듯이 대기하고 있다가 아주 자랑스럽게 L 총리를 영접하고 아시아드 CC로 이동했다.

문제는 우연히 출장길에 올랐던 부산일보 기자가 그 광경을 목격하게 된 것이다. 기자의 본능적인 촉이 발동하기 시작한 것이다. 부산일보 기자는 곧바로 그들의 뒤를 쫓아갔다. 아니나 다를까 그들은 아시아드 CC에서 대기하고 있던 부산 상공 회의소 S 회장을 비롯한 회장단과 반갑게 인사를 하고 2개 조로 나뉘어 골프를 쳤다. 물론 PW 회장과 R 회장도 함께 골프를 쳤다.

골프 후 그들은 아시아드 CC 클럽 하우스에서 화기애애하게 만찬을 즐겼다. 이 모습을 처음부터 줄기차게 지켜보는 이가 있었으니 바로 부산일보 기자이다.

곧바로 특종 기사가 떴다. 기사는 전국으로 확산되고 중앙 언론도 특종반을 꾸리는 등 집중 포화를 퍼붓기 시작했다. 덩달아 국민들의 원성도 하늘을 찌르기 시작했다. 경건하게 보내야 할 3.1절에 국무총리가 지역 경제인들과 골프를 치고 놀았다니…… 여론은 더욱 악화되어 갔다.

우리나라는 골프에 대해 국민들의 부정적 시각이 유달리 강한 나라이다. 알고 보면 상당히 건전한 운동이지만 기득권층의 전유물로 여겨지는 운동이기에 귀족 스포츠로 인식이 굳어져 있었고, 그동안 정치권력과 경제계가 골프 운동을 이용한 불건전한 사례들이 많았던 관계로 일반 국민들의 반감은 더욱 클 수밖에 없었다. 지금에야 대중화된 스포츠거니와 이제는 골프장에서 경기를 보조하는 캐디들도 상당수가 골프를 즐기고 있으니 격세지감이 있다.

어쨌든 L 총리는 더 이상 자리에 머물 수가 없게 되었다. 대국민 사과를 하고 자리에서 물러났다. 후에 PW 회장으로부터 들은 얘기지만 그날 L 총리와 골프를 함께한 자리에서는 부산 경제인들이 한결같이 부산 지역의 인프라 투자에 정부의 적극적인 지원을 요청했고 특히 녹산 공단으로 가는 길이 낙동강을 건너가야 하는데 먼 길을 우회해야 해서 시간과 비용이 너무 낭비되므로 부산 녹산 공단행 교량을 설치하게 해 달라는 청원이 대표적이었다 한다. 그러면서 부산 지역 경제인들마저 여론의 뭇매를 맞고 마치 불건전한 거래가 있었던 것처럼 오해를 받는 것에 대해 안타까워했다.

문제는 나중에 터졌다. 여론의 악화가 검찰을 불러낸 것이었다. 검찰은 즉시 수사에 나섰다. 안 그래도 지난 여러 건의 사건으로 정권과 관계가 좋지 않았던 검찰은 적극적으로 수사하기 시작했다. 내가 알기론 이런 것의 경우 수사의 핵심은 금융 계좌를 파는 것이다.

내가 근무하는 지점에 검찰의 압수 수색 영장이 또다시 날아들기 시작했다. 불행히도 내가 그들 중 핵심인 PW 회장과 R 회장의 계좌를 관리하고 있었다. 회사와 지점 직원들은 난리가 났다. 또다시 검찰의 압수 수색 영장이 날아들기 시작하니 몸서리를 쳐 댔다.

회사와 직원들로부터 수많은 원망의 눈총을 받으면서 당당히 수색 영장의 집행에 응했다. 내가 알지 못하고 내가 개입하지도 않았던 일인데도 날마다 날아드는 검찰의 압수 수색 영장은 나를 매우 힘들게 했다. 불과 얼마 전까지 대선 자금 수사의 압수 수색 영장에 시달렸던 나와 지점 직원들이었다.

증권 계좌 거래 내역에서 R 회장 계좌는 그냥 지분만 파킹되어 있었고 다른 아무런 거래가 없었으므로 별문제가 되지 않았지만 애먼 PW 회장의 증권 거래가 문제가 되기 시작했다. PW 회장이 Y사 주식을 대량으로 매수해 뒀다가 매각하여 어마어마한 차익을 거둔 것이 의심을 샀다. 검찰과 감독원은 PW 회장의 계좌를 동원해 주가 조작에 사용한 것으로 오해했다. 위기가 온 것이었다.

PW 회장이 내게 심각하게 걱정을 하며 물어 오셨다. 어찌해야 하겠냐고…… 나는 지난번 매매 때 있었던 일을 기억했다. 정말로 그때 PW 회장의 요구대로 주식을 그 가격에 전량 매도 주문을 내었다면 문제는 걷잡을 수 없는 거였다. 그런데 내가 그러지 않았다. 그리고 그때 얼마나 PW 회장에게서 욕을 먹었던가? 기실로 PW 회장의 주식 매도 건은 주가 조작과는 거리가 멀었다.

  Y사의 주식 매수도 주식을 매각하기 1년여 전에 특별한 이유 없이 사 두었던 것이고 1년여 후 주가가 급등하니 팔아 치운 것뿐이었다. 물론 PW 회장은 Y사 R 회장으로부터 가지고 있던 그 주식 전량을 모일 모시에 일괄 얼마에 매도 주문을 내어 달라는 요구를 들었겠지만 그것은 확인할 수 없는 내용이고 나는 모르는 것이었다. 확실한 것은 명백히 주가 조작 사건과는 무관하다는 것이었다. 주식의 매도 주문은 전적으로 나의 판단으로 이루어졌으니 말이다.

  수사는 집중적으로 이루어져 당시 교원 공제회에서 자산을 운용하는 펀드 매니저들과 R 회장이 사법 처리되고 L 차관이 물러나는 선에서 마무리되었다. L 차관은 L 총리가 DJ 정부 교육부 총리로 재임 시 함께 근무한 사람이었다.

  그 후 검찰과 감독원의 집요한 수사와 증언을 기대한 회유가 나에게 있었지만 Y사 주식 매매 건은 PW 회장의 무혐의로 결론이 났다. 어떠한 부정에도 연루되지 않는 나의 정직함에 PW 회장이 위기를 모면한 것이었다.

돌이켜 보면 그것 또한 아찔한 순간이다. 단순히 고객이 요구하는 조건대로 주문을 무심코 수행했더라면 결과는 어떻게 변했을까? 생각만 해도 아찔하다. 제3자의 합리적 의심을 피할 길이 없는 것이다. 주가가 급등하고 있는데 대규모 물량을 중간에 작전 세력한테 넘긴다? 이런 방법은 그야말로 전통적인 작전 세력의 주가 조작 방법이다. 무심코 그대로 시행했더라면 거기서 빠져나올 방법이 없는 것이다. 다행히 고객으로부터 온갖 욕을 먹더라도 소신껏 고객을 위한 행동을 하여 고객에게는 더 큰 수익을 제공하고 결과적으로 사법 처리 대상에서도 빠질 수 있게 해 드렸다면 최고, 최상의 PB가 아니겠나?

G 그룹의 후예
Z 회장

Z 회장과 인연을 맺기 시작한 건 2003년 초 어느 날이다. 김해 지점장을 마무리하고 부산 범일동 지점장으로 전배 발령을 받은 후 정신없이 업무 파악을 하고 있던 차에 기존 거래 고객이던 Z 회장이 나를 방문하셨다. 지점장이 새로 부임했다고 하니 궁금하기도 했거니와 그동안의 불만도 털어놓고 마음에 들지 않으면 그동안 복수 거래를 하고 있던 D사로 자산을 이관하려던 참이었다.

Z 회장은 내게 몇 가지 질문을 하셨다. 질문 때마다 짧고 명확하게 내 의견을 말씀드렸다. 비관적인 것은 비관적으로, 낙관적인 것은 낙관적으로 내 의견을 한 점 가감 없이 정확하게 설명드렸다. 짧은 티타임 시간이었지만 비관적인 것을 비관적이라고 숨기지 않고 정직하게 설명드리는 내 태도가 몹시 마음에 들었던 것 같았다. 정작 본인의 마음에 들지 않으면 타사로 옮기려고 지점을 방문했는데 오히려 타사에 거래하는 자산을 전부 우리 지점으로 옮겨 주셨다. 짧은 만남이었지만 나의 정직함과 자

신감 있는 모습에 믿음이 생겼던 것이다.

이후 Z 회장은 가끔씩 지점을 방문하셔서 간단한 티타임을 가지신 후 돌아가셨다. 그동안의 관리자에 대한 불만도 간간히 내비치셨지만 내가 직접 간여를 하기 시작한 후부터는 관리자도 꽤 신경을 쓰면서 Z 회장의 만족도도 높아져 갔다. Z 회장의 나에 대한 신뢰가 높아지기 시작하면서 지점 방문의 빈도도 높아지고 Z 회장과 중식을 함께하는 횟수도 증가하였다. 당연히 거래 규모나 수익 기여도도 증가하면서 지점의 VIP 고객으로서의 위상이 확고해졌다. 따라서 지점에서 업무를 지원하는 업무팀 직원들과의 관계도 좋아져 지점을 방문하실 때 수시로 업무 직원들의 간식거리를 가지고 오시기도 하셨다.

Z 회장과의 관계가 깊은 신뢰로 이어지면서 나는 평소에 궁금했던 G 그룹의 몰락에 대한 비사를 들을 수 있었다. 80년대 당시 G 그룹은 삼성, 현대와 사세가 비슷한 우리나라의 재계 대표 기업의 위상으로 G 그룹 Y 회장은 전경련 회장도 맡고 있었다. 그런데 전두환 정권 들어 갑자기 몰락을 하고 말았으니 시중에 나돌던 전두환과 Y 회장과의 불화설에 대해 나는 직접 확인하고 싶었다.

Z 회장은 Y 회장의 생질이 되는 분으로 당시에 소령의 계급으로 직업 군인의 길을 걷고 계시던 중 Y 회장의 부름을 받았다. Y 회장은 기업으로 큰 재벌이 되긴 했으나 주위에 믿을 만한 사람이 별로 없었다. 슬하에 자손이 몇 안 되기도 하고, 자손들 중 자신을 이을 아들은 단 한 명에 불

과하고 그마저도 아직 어려서 공부를 하고 있을 정도였다. 사업은 국내 최대 그룹으로 자리매김하고 있었으나 막상 그룹의 살림을 Y 회장 혼자서 챙겨야 하는 상황이었으니 군에서 장교로 근무하고 있던 생질인 조카의 도움이 절실했을 것이다. Y 회장은 군에서 박봉으로 어렵게 생활하는 것보다야 좋지 않겠느냐고 하면서 Z 회장을 설득했다고 한다.

G 그룹에 합류한 Z 회장은 지금은 D 제강이 된 당시의 YH 철강의 대표 이사와 G 상사 대표 이사, G 그룹 기조실장 등 요직을 두루 거치셨다. 당시의 YH 철강은 포스코가 급성장하기 전까지 우리나라 열연 간판을 주로 생산하는 초우량 기업이었다. G 그룹의 요직을 맡으면서 Y 회장을 지근거리에서 보필한 Z 회장은 G 그룹의 흥망성쇠를 직접 지켜보고 경험하신 장본인이셨다.

Z 회장이 나에게 G 그룹의 비극을 증언하신 내용을 간략하게 설명하면 다음과 같다.

G 그룹 창업주 Y 회장.
그는 신발 사업으로 대기업 그룹을 일군 분이다. 우리가 어릴 때 신고 다니던 고무 신발은 거의 G 상사에서 생산된 것이다. 짚신의 시대를 넘어 진정한 산업화의 전환점을 신발에서 찾는다면 단연 그때 그 고무신이다. 고무신은 흰색과 검정색이 있었다. G 그룹의 창업주 Y 회장은 이 고무신 사업으로 당시 우리나라의 제1기업주가 되었다. 물론 고무신 사업뿐만 아니다. 포스코가 세계 제1위 철강 회사로 성장하기 전까지는 Y 회장이 보유한 YH 철강이 우리나라 최고의 기업이었다. 어쨌든 전두환 군부가 정권을 잡을 때까지 국내 재벌 대표는 G 그룹 Y 회장이었다. 당시에 Y 회장은 전경련 회장 자리도 맡고 있었다.

Z 회장의 말씀에 의하면 Y 회장에게 외동아들이 한 명 있었다. 그 외동아들이 Y 회장의 반대에도 불구하고 본부인의 고집으로 미국 유학을 떠났다. Y 회장은 외동아들이 혹시나 타국에서 무슨 사고나 당하지 않을까 걱정하였다 한다. 아니나 다를까 그 아들은 유학 도중 자기의 여자 친구와 고속도로에서 승용차로 드라이브를 즐기던 중 노상강도를 만나 실랑이 끝에 총탄에 숨지고 말았다. 실랑이 내용을 좀 더 살펴보면 강도들이 승용차를 강제로 세우고 돈을 요구하는 과정에서 돈을 주지 않으면 총을 쏘겠다고 위협을 했는데, 아들은 여자 친구 앞이라서인지 쓸데없는 용기로 쏠 테면 쏘아 보라고 맞불을 놓다가 강도가 쏜 총에 그만 사망했다고 한다.

미국에서 사망한 아들의 관이 김포공항에 도착하여 실제 아들의 모습을 확인한 Y 회장은 그때부터 거의 이성을 잃어버렸다고 한다. 막 글로벌 기업으로 급성장하고 있는 회사의 경영도 제대로 챙기지 않고 넋이 나간 사람처럼 되어 버렸다고 한다.

그런 즈음 지인의 소개로 부산에 한 여성을 만났는데 두 사람의 사이에서 아들이 한 명 태어나는 경사를 맞았다 한다. 물론 본처인 부인은 전혀 모르는 상태에서 아이가 태어났고 이 아이가 돌이 되었을 때도 측근들만 모아 놓고 성대하게 돌잔치를 하기도 했다고 한다. 이런 과정을 거치면서 차츰차츰 이성을 되찾아 갈 즈음 통도 컨트리클럽이 36홀 규모로 동양에서 최고로 좋은 골프장을 표방하며 만들어졌고, Y 회장은 기회 있을 때마다 부산을 찾아 부인과 아이를 만나고 가야 CC, 통도 CC에 들러 골프를 쳤다고 한다.

  그런데 전두환 정권이 들어서고 재벌들에 대한 강력한 통제가 가해질 즈음에도 전경련 회장을 맡고 있던 Y 회장은 삼성, 현대, 엘지, 대우, SK 등 여타 다른 오너들과 달리 아랑곳하지 않고 이해할 수 없을 정도로 오로지 자기 일에만 몰두했다고 한다.

  그럴 즈음 전두환 정권은 청와대에서 경제인들을 일제히 소집한 정경 확대회의를 개최하기에 이르렀고, 우리나라 모든 경제인들은 중요한 외부 일정을 모두 취소하거나 조정을 하고 그 회의 일정에 집중을 했다고 한다. 그런데 Y 회장은 회의가 있는 당일 오전에 부산에 있는 골프장에서 골프를 치고는 그 회의에 지각을 하고 말았다 한다. 당시 Y 회장의 생각은 어차피 회의는 오후 늦은 시간에(오후 4시경으로 기억) 있으니 부산서 골프를 치고 김해공항으로 가서 비행기로 이동하면 시간은 넉넉히 맞출 수 있다고 생각했다 한다. 그런데 막상 골프를 하고 김해공항에 가니 일기 관계로 비행기가 한참 늦게 출발하는 바람에, 허겁지겁 청와대에 들어가니 청와대 회의가 끝나고 막 만찬을 시작할 무렵이었다 한다. 당시 서슬이 시퍼렇던 전두환 정권에게는 좋게 보일 리가 없었다. 한참 늦게 들어온 Y 회장을 본 전두환 대통령은 Y 회장에게 딱 한마디 했는데, "Y 회장! 요새 바쁜가 보네요."였다고 한다. 회의 일정을 마치고 전두환의 일해 재단 창립 얘기가 나왔는데 재벌들이 십시일반 일해 재단에 출연을 하기로 했다고 한다. 말이 십시일반 출연이지 강제 모금인 셈이었다 한다. 그때 재벌들에게 할당된 액수가 무려 600억이었다 한다. 지금으로 쳐도 엄청난 금액인데 그때 당시를 생각하면 얼마나 큰 금액들을 거둬들여 일해 재단을 출범하려 했는지 짐작할 만하다.

이후에 전두환의 최측근인 경남 고성 출신 모 인사(모 부처 장관)가 할당된 금액들을 수금하러 다녔는데, G 그룹 Y 회장과의 만남 약속 당일 정작 Y 회장은 점심 식사를 하러 나간 뒤 약속 시간 두 시간이 지나도록 회장실에 들어오지 않았다 한다. 약속을 하고 수금을 하러 온 그 장관이 두 시간을 기다리다가 화가 머리끝까지 오른 즈음에 술기운이 반쯤 오른 Y 회장이 나타났다는 것이다. 이를 본 그 장관은 Y 회장에게 "당신 두고 봅시다."라고 면전에서 쏘아붙이고는 회장실을 나가 버렸다는 것이다. 그제야 사태의 심각성을 느낀 Y 회장은 부랴부랴 200억짜리 어음을 만들어서 그 장관의 뒤를 쫓아갔지만 전달하지 못했고 이후 수차례 그 장관에게 전화를 걸었지만 받지 않았다고 한다.

그런 일이 있은 후 G 그룹은 급속도로 해체의 길로 접어들었고 그룹의 핵심 인사들은 하나도 빠지지 않고 동빙고, 서빙고로 불려 다니며 혹독한 조사와 고문을 받았다고 한다. 당시를 회상하던 Z 회장은 도저히 Y 회장의 행동을 이해할 수 없었다 한다. 다른 그룹 회장들은 납작 엎드려서 그룹의 생존을 위해 모든 짓을 다 하는데 Y 회장은 금지옥엽 아들을 잃어서인지 도저히 이해할 수 없는 행동들을 서슴지 않아서 안타까웠다고 한다. 자신들이 빙고 호텔(보안사 조사실)에서 갖은 고초를 겪었던 것보다 더 견딜 수 없이 힘들었던 것은 당시만 해도 재계 대표 기업이었던 G 그룹이 산산이 해체되고 수많은 임직원들이 생계의 터전을 잃는 것을 보는 것이었다 한다. 이런 말을 아들과 같은 내게 하시면서 눈시울을 적시는 Z 회장을 보면서 착잡한 심정을 한없이 느끼게 되었다.

얼마 전 Z 회장의 부고를 받았다. 부랴부랴 장례식장에 달려갔지만 그분의 따뜻했던 손길은 느낄 수가 없었다. G 그룹의 흥망성쇠를 한눈으로 보고 느끼시고 한 시대를 풍미하셨던 그분이 떠나는 길은 초라해 보였다. 그분은 지난 수개월 동안 요양 병원에 계셨다. 그동안 구순이 넘은 고령에 치매 증상이 약간 있었으나 나의 방문 시에는 항상 나를 반겨 주시던 분이었다. 또한 우리 부부를 가끔씩 초대해서 자신이 좋아하시던 고깃집 여기저기에서 식사도 함께 하셨다. 그런데 정작 요양 병원에 들어가셨다는 얘기를 전해 들은 이후로는 만날 수가 없었다. 전화 통화도 불가능했다. 어렵게 수소문해서 요양 병원을 알아보았더니 자손들이 입회를 해야만 한다기에 방문을 포기했다. 여기에는 여러 가지 이유가 있다.

그분에게는 우리나라 최고의 대학인 S대를 졸업한 장남도 있다. 물론 차남과 출가한 딸들도 있고 장성한 손자 손녀들이 있다. 내가 그분에게 안타까운 것은 그들 중 단 한 명도 그분을 그냥 존경의 대상인 부모님으로 보지 않고 오로지 어떻게 하면 좀 더 많은 재산을 물려받을까 하는 대상으로만 바라보는 것 같다는 데 있다. 본인은 인생을 원도 없이 한평생을 풍미하면서 사셨지만 말년은 그리 아름답지 못했다. 수시로 출가한 나이 든 딸들이 찾아와서는 아버지한테서 수억씩 돈을 뜯어 갔다. 차남은 이미 오래전부터 처자식과 별거하면서 아버지가 물려준 재산의 상당 부분을 탕진했다. 큰아들은 재혼한 아내와 그들 사이에서 난 자식들과 살며, 전처에서 출생한 장녀는 아버지에게 어릴 때부터 맡기고는 오래전에 혼자되신 아버지와는 따로 살면서 아버지와 관련된 자산과 시내 중심가에 있는 빌딩의 관리소장이라는 자리를 지키며 아버지 재산을 축내고 있었다. 결국 그 빌딩도 몇 년 전에 팔아 치우고는 아버지에게 들어가야 할 빌딩 매각 대금 대부분을 자신 앞으로 돌려 버렸다. 출가한 딸들은 수시로 찾아와 아버지께 돈을 뜯어 가고 한마디로 자식 농사는 완전 꽝으로 끝났다.

이후 Z 회장의 차량 기사에게 전해 들은 얘기는 더 충격적이었다. 수십 년간 Z 회장을 친아버지 이상으로 모시고 다니며 일주일에 병원 두 번, 목욕탕 두세 번 등 Z 회장을 거의 수족처럼 받들던 차량 기사를 내쫓아 버리고는 본격적으로 Z 회장의 재산을 빼돌리기 시작하는데, 형제자매 간끼리 마치 무슨 경쟁이라도 붙은 듯 아귀다툼하는 것 같더라는 것이다. 심지어 출가한 딸의 자식인 손녀딸은 자기 외할아버지를 어떻게 하면 금치산자 선고를 받게 할 수 있는지 지인으로 지내던 몇몇 병원장에게 문의를 하고 다녔다 하니 이런 불효막심한 사람들을 내가 이전에는 본 적이 없었다.

장례식장을 찾아가서 영전에 절하고 잠시 아들과 손녀들을 보았으나 한시라도 그 자리에 있기가 싫었다. 얘기를 좀 하자고 붙드는 그들을 나는 출장 가는 길이라고 손사래를 치고 나와 버렸다. 전해 들은 바로는 부산 근교에 있는 기독교 공원 묘원에 모셨다 하니 이제는 제사도 안 지내려고 하나 보다라는 얄궂은 생각이 밀려왔다. 나를 이 땅에 있게 하고 우리나라 최고의 명문 대학까지 나오게 하고 지금도 남부럽지 않은 부를 물려주고 간 아버지이지만, 그들은 그런 아버지를 그냥 감사하는 아버지가 아닌 돈으로만 보는 자식들이어서 씁쓸하기만 했다.

그동안 나에게 맡겨 놓았던 수십억의 자산도 쏙쏙 다 빼어 가고 얼마 남지 않은 상태에서 Z 회장은 저세상으로 가셨다. 저세상으로 가시기 전에 좀 더 자주 찾아뵙고 안부를 여쭙고 얼마 남지 않은 나머지 자산들에 대한 처리도 상의를 하고 적절하게 조처를 취했어야 하는데 자식들의 소행에 내가 해야 할 일을 마지막에 챙기지 못한 것에 대해 아쉬움이 남는다.

몇 년 전 Z 회장이 연로하므로 혹시나 모를 불상사에 대비코자 Z 회장에게 자녀들에게 상속 작업을 하시는 게 어떻겠냐고 조심스럽게 물은 적이 있다. 그때는 Z 회장이 장남에 대한 신뢰를 갖고 있었으므로 장남과 의논해서 정리할 테니 나는 거기까지 신경을 안 써도 된다고 말씀하셨다. 그때 좀 더 강하게 말씀을 드리고 내가 역할을 했어야 했다. 명색이 자산 관리자 아닌가? 마지막까지 최선을 다해야 했다. 송구할 따름이다.

Z 회장이 세상을 떠난 후 몇 개월이 지났다. 나는 의례히 자식들이 남은 자산을 상속 절차를 통해 상속받을 것으로 생각하고 자식들이 서류를

해 오기를 기다리고 있었다. 그런데 여태까지 아무런 소식이 없어서 업무 팀장에게 혹시 Z 회장 관련 자산 상속 처리가 어찌 되었는지 물어보니 의외의 답변을 하는 게 아닌가? 얼마 전 내가 부재중에 변호사 한 분이 찾아와서 Z 회장의 유언장을 내밀면서 다짜고짜 Z 회장의 금융 자산을 자신에게 넘겨 달라고 주장하였다는 것이다.

Z 회장은 자식들의 행위가 너무나 마음에 들지 않았던지 자신이 잘 아는 변호사에게 유언장을 남겼는데, 이미 자식들에게 넘어간 자산들을 제외하고 Z 회장 명의로 남아 있는 금융 자산과 여타 자산들에 대해 변호사로 하여금 모든 상속세를 정리하게 하고 나머지 자산을 자손들에게 적절하게 배분해 주라는 유언 내용이었다. 문제는 유언장 내용이 문구대로 직역을 하면 모든 자산을 먼저 변호사에게 이전을 해야 하고 변호사에게 이전된 이후에 상속 처리를 하고 나머지를 분배해야 하는 것이었다. 이것은 문제가 있었다. 순수하게 이해를 하더라도 증여세와 상속세를 이중으로 물어야 하는 법적인 문제가 발생한다. 변호사의 저의를 의심하면 내용은 좀 더 복잡해지는데, Z 회장이 자손들에 대한 심한 배신감을 느낄 즈음에 변호사와 상의를 했고 변호사는 이참에 딴마음을 먹었을 가능성이 컸다. 일단 유언장대로 자신에게 남은 자산을 모두 끌어모은 후 자손들과 딜을 할 가능성이 농후했다.

이유야 어찌 되었건 Z 회장은 이 유언장 하나로 자손들로부터 제삿밥을 얻어먹기는 틀리게 되었다. 그동안 엄청난 재산들이 자손들에게 들어갔지만 말이다. 씁쓸하다.

새로운 기회
P사 L 회장

T사의 P 회장의 금융 자산이 큰 폭으로 이탈하기 시작하니 천신만고 끝에 살려 낸 부산 범일동 지점이 전국 최하위로 곤두박질칠 위기에 휩싸였다. 모든 것이 섣불리 받아들인 P 회장 계좌 때문이었다. 내 불찰이 컸다. P 회장이 아무리 사정해도, H 사장이 직접 지시를 했어도 적당한 핑계로 가져오지 말았어야 했다. P 계좌는 나를 끊임없이 곤경에 처박는 계륵이었다.

부임 후 한 달여의 시장 파악과 전략을 수립하고 본격적으로 나섰다. 그 첫 번째 목표가 P사 L 회장이었다. P사 L 회장은 당시 부산 지역에서 주식 투자의 큰손으로 불리고 있었다. 또한 IMF를 거치면서 그의 탁월한 경영 능력으로 회사를 급성장시키고 부산 지역에서 두 번째 가라면 서러워할 정도의 재력을 확보하고 있었다. 다행히 범일동 지점이 P사의 L 회장의 건물에 입주해 있었다. 그런데도 L 회장은 S 증권과 단 한 푼의 거래도 하지 않고 있었다. S 증권에 계좌도 없었다. L 회장은 자신의 가

신인 CFO의 추천으로 주로 D 증권사에 거액을 거래하고 있었다. 내 전임자들은 단 한 번도 L 회장을 만나거나 섭외를 시도한 적이 없었다. 그럼에도 그들은 일 잘한다는 멋진 포장으로 직장 생활을 했고 대부분 영전해 갔다. 또한 갈 때는 지점의 초우량 계좌들은 거의 다 가지고 갔다. 그러니 범일동 지점이 껍데기일 수밖에 없었다.

나는 P사 L 회장을 섭외하기로 하고 그의 최측근인 CFO S 이사를 먼저 접촉했다. S 이사는 정말 만나기가 어려웠다. 약 2주일의 기다림 끝에 방문 허락을 받았다. 나는 간단한 사은품들을 준비한 후 지점의 유능한 직원 1명을 대동하고 그에게 갔다. 회사에 도착하여 직원의 안내를 받아 그의 사무실에 들어가니 누군가와 한참 통화를 하고 있었다. 통화 시간이 점점 길어졌다. 우연히 들려오는 통화 내용이 대부분 잡담 수준이었다. 그리고 거들먹거렸다. 나는 나를 오랜 시간 기다리게 하는 것은 이해할 수 있었지만 그 긴 통화의 대부분이 잡담이라는 게 기분이 나빴다. 또한 그 긴 잡담 통화에서 그는 거의 P사의 회장 행세를 하고 있었다.

긴 통화가 끝난 후 그는 우리에게 퉁명스럽게 말을 걸어왔다. 그는 우리를 거의 잡상인 대하듯이 했다. 나는 내 부하에게 잠시 부끄러웠지만 원래 우리는 평생 을의 삶을 살기에 그 정도는 충분히 참을 수 있었다. 그의 장시간의 훈시가 끝난 후 나는 정중하게 그에게 우리와의 거래를 제안했다. 그리고 다행히 우리가 존경하는 P사의 L 회장께서 월세를 받고 계시는 그 건물에 입주해 있음을 강조했다. 순간 그의 얼굴이 일그러졌다. 그러고는 건물 임대료와 금융 자산 거래는 별개라는 말을 강하게 내뱉었다. 나는 다시 정중하게 우리는 실력으로 무장되어 있다, P사 L 회장께서 학연, 혈연, 지연 등에 얽매이지 않는 분이시면 우리와 거래를 해 주시는 게 마땅하다고 했다.

그는 돌아가 있으면 회장께 보고해서 거래를 해 주겠다고 약속을 했다. 나는 일단 성공을 예감하고 지점으로 돌아왔다. 며칠 후 계좌를 개설하러 직원을 보내라는 연락이 왔다. 그러고는 MMF로 12억이 입금되었다. 나는 다소 실망스러웠지만 이제 시작이라고 생각했다. 그런데 그게 아니었다.

S 이사는 나와 S 증권을 철저하게 배척하려 했다. 실제 그는 지역 명문 상업 고교 출신으로 D 증권사에 자신의 친구가 지점장으로 근무하고 있었다. 그 지점장은 지역의 거의 대부분 기업에 자신의 선후배가 CFO로 근무하고 있어 상당한 영업 성과를 올리고 있었다. 그런 연고로 나는 배척의 대상이었던 셈이었다. S 이사는 자신의 회장에게는 나와 거래를 하고 있다고 적당히 보고하고 실제로는 자신의 친구가 근무하는 증권사와 지속적으로 큰 거래를 유지하려는 의도였다. 그러면서 그는 자신의 회장에게 접근하는 것을 철저히 차단했다.

문제는 얼마 지나지 않아 발생했다. 그나마 입금되었던 12억이 일주일 만에 출금되어 나가 버린 것이었다. 나는 S 이사를 찾아가서 부탁했다. 원래 내가 기대한 것은 단기 자금 12억의 거래가 아니라 최소 몇백억의 금융 자산 유치였다. 그것을 도와 달라고 요청했다. 그러자 S 이사는 그 자리에서 내게 핀잔을 퍼부었다. 난데없이 날아들어 온 젊은 지점장이라는 놈이 자기더러 이래 달라 저래 달라 요구한다는 것이었다.

그러나 내가 누구인가? 나는 이미 그런 것 정도는 훈련되어 있는 상태였다. 또한 회장의 스태프들은 스태프로 끝난다는 것을 누구보다 잘 알고 있었다. 결국 회장이 중요한 것이다. 나는 모욕감을 느꼈지만 더 이상 매달리지 않고 지점으로 돌아왔다. 새로운 전략이 필요했다. 어찌해서든 P사의 L 회장을 만나야겠다는 결심을 굳혔다.

L 회장을 만나기가 쉽지 않았다. 무턱대고 회장실에 찾아가면 사전 약속 없이 찾아왔다고 문전에서 쫓겨나기 일쑤였다. 그렇다고 비서실에서 약속을 잡아 주지도 않았다. 이미 S 이사가 비서실까지 장악하고 있었다. 할 수 없이 나는 L 회장의 주변 지인들을 물색했다. 그리고 찾아냈다. 나는 그분들에게 최선을 다했다. 내가 가지고 있는 모든 것을 보여 드렸다. 그리고 그분들의 환심을 샀다. 그분들의 인정을 받는 것은 어렵지 않았다. 나는 그분들에게 특별한 부탁을 따로따로 했다. 하나는 L 회장더러 자신의 빌딩에 방문을 해 달라는 것이었고 다른 하나는 L 회장의 건물에 새로 부임한 지점장이 정말 유능한데 L 회장께 꼭 인사를 드리고 싶어 한다고 말을 전해 달라는 것이었다. 그리고 별도로 그분들에게 마음의 선물을 해 드렸다.

얼마 후 전격적으로 L 회장이 내가 근무하는 지점으로 들어오셨다. 당시 범일동 지점은 1층과 2층을 모두 사용하고 있었고 회사가 투자를 많이 하여 인테리어가 좋았다. L 회장에게 정중히 인사드리고 2층까지 안내를 해 드렸다. 지점 내부를 설명하며 나는 L 회장께 이 지점을 전국 최고의 지점으로 만들고 싶다고 말했다. 그러면서 회장님의 도움이 필요하다고 정중히 말씀드렸다. L 회장은 상당히 흡족해했다. L 회장이 지점 건물을 떠날 때 인사를 드리면서 회장실에 방문하고 싶다고 말씀을 드리니 흔쾌히 그러라고 화답했다.

그리고 며칠 후 나는 전격적으로 L 회장의 집무실을 방문했다. 물론 L 회장께서 꽃을 좋아하신다거나 최근에 골프를 시작하셔서 60대 중반이신데도 싱글 스코어를 기록하셨다는 기본적인 정보는 파악하고 갔다. 워낙 폐쇄적인 분이라 외부의 사람을 만나는 건 상당히 제한적이라 나의 방문은 비서실을 포함하여 회장이 근무하시는 건물 전체에 화제가 되었다. 그리고 단연 활기가 돌았다. 나는 L 회장과의 두 번째 만남에서 장시간의 대화를 했다. 그리고 L 회장의 제안으로 자신의 식탁에서 단둘이서 오찬을 함께했다. L 회장의 오찬 시작 시간은 항상 오후 2시 30분이었다.

문제는 항상 예상치도 못한 데서 터지는 법. L 회장을 방문하고 온 다음 날 CFO인 S 이사로부터 전화가 왔다. 그는 전화에서 대뜸 욕설을 퍼붓기 시작했다. 도대체 어디서 굴러들어 온 놈이 건방지게 자신의 허락도 없이 회장을 직접 만나느냐는 것이었다. 그리고 그런 짓은 어디서 배웠느냐고 다그쳤다. 한술 더 떠 부산에서 지점장 너 같은 놈은 발붙이지 못하도록 하겠다고 입에 담지 못할 욕설을 퍼부었다. 나는 한 20여 분 동안 그로부터 일방적인 욕설을 듣고 나니 참을 수가 없었다. 그리고 그와 전화로 정말 크게 한판 붙었다. 지점이 떠나갈 정도로 소리를 질렀다. 직원들이 걱정스럽게 내 방 주위를 서성거렸다.

나의 전략은 적중했다. S 이사가 그러거나 말거나 L 회장은 내게 200억을 보내 주었다. 첫 200억을 시작으로 자금은 계속 들어오기 시작했다. 그럴 때마다 CFO인 S 이사의 신경질적인 반응은 정말 참기 어려웠다. 그런 와중에서도 운이 좋았는지 정말 실력이 뒷받침된 것이었든지, 내가 추천해서 매입한 우리 금융과 대구 은행 주가가 급등하여 대박을 치고 있었다. 따라서 L 회장의 나에 대한 신뢰는 날로 높아져 갔다. 수시로 자신의 집무실 곁에 붙어 있는 회장 전용 식탁에서 오찬을 함께 했다. L 회장도 나를 통해 부산 지역의 정서를 알고 싶어 했다. 특히 자신이 라이벌이라 여기고 있는 경쟁사의 회장 동태와 재산 현황들 그리고 부산 지역 전체 경제인들의 사정을 궁금해했다.

그런 와중에 또다시 CFO인 S 이사의 도발이 있었다. 나는 그에게는 미안하지만 그를 배제해야겠다고 결심했다. 어느 날 여느 때와 다름없이 L 회장이 오찬을 하자고 나를 불렀다. L 회장은 당시 당뇨를 앓고 있었으므로 식단에 극히 신경을 썼다. 식단을 책임지는 전용 조리사가 따로 있을 정도로 식단을 챙겼다. 그런 자리에 나는 수시로 불려 가서 함께 오찬을 했다. 나는 L 회장에게 부산 시내의 얘기들을 전해 주면서 말미에 한 마디를 덧붙였다.

"회장님! P사는 회장님이 워낙 외부에 노출되지 않으시니까 S 이사를

P사의 오너라고 다들 알고 있습니다." 순간 L 회장의 얼굴이 아주 잠깐이지만 일그러졌다. 그러고는 내게 물었다. 부산 사람들이 정말로 그렇게 생각을 하느냐고. 나는 단호히 말했다. "지금 부산 사람들은 다는 몰라도 제가 만나는 사람들, 특히 금융권에 근무하는 사람들은 전부 다 S 이사를 오너라고 생각하고 있습니다." 실제로 당시까지 S 이사는 P사의 사실상 오너 행세를 하고 다녔다. P사와 관련된 사무는 만사 S통이었다. L 회장의 경영 스타일이 워낙 외부와 접촉을 꺼리니 자연히 회사의 실세인 S 이사가 회장 짓을 하고 다닌 것이다. 그래서 나는 팩트를 정확하게 L 회장에게 말씀드린 것뿐이었다.

몇 달 후 S 이사는 그토록 철옹성 같은 CFO 자리에서 물러나 영업 본부장으로 발령이 났다. 평생 회계 업무만 해 오다가 영업을 맡는다는 것은 퇴출이나 다름없었다. 그동안 끊임없이 역린을 건드리는 행동을 하고 회장에게 올라가는 통로까지 차단해서 거의 완벽하게 자신만의 왕국을 굳히고 있던 그가 나의 등장으로 회장이 그의 실체를 알게 된 것이었다.

그 후 나는 거칠 것이 없었다. T 실업 P 회장이 자신의 체면을 차린다고 나에게 있던 그 많은 금융 자산을 다 빼내 가도 나는 P사의 L 회장과 부산 지역 경제인들의 도움으로 P 회장이 빼내 간 자산의 거의 몇 배를 유치했다. 내가 부임했을 당시 범일동 지점의 금융 자산이 1,680억이었다. 내가 부산 총괄이 되었을 때 범일동 지점의 금융 자산이 5,000억이었으니 P 회장이 내게 입힌 데미지 정도는 훨씬 뛰어넘고도 남았다.

시간이 빠르게 흘러갔다. P사 L 회장의 자녀 혼사가 있었다. 나는 혼사일에 시간에 맞춰 동래 허심청 결혼식장으로 갔다. 넓은 혼례식장에 P사 전 임직원들과 L 회장 가족들이 도열해서 손님을 맞이하고 있었다. 그런데 놀라운 일이 내게 벌어졌다. 내가 들어서니 저 멀리서 누군가가 "한 지점장니~임!" 하면서 뛰어오는 게 아닌가! 보니 그때 나를 죽일 듯이 설쳐 대던 S 이사가 아닌가? 나는 그와 전화로 한판을 크게 하고 난 이후로는 그를 단 한 번도 만난 적도, 편하게 통화를 한 적도 없었다. 그리고 한참의 세월이 지났다. 그런데 그가 나를 알아보고 그렇게 달려와 환대를 하는 것이다. 그러고는 다짜고짜 내 팔을 이끌더니 L 회장에게 데려가 인사를 시키는 것이었다. 마치 아주 친근한 사이인 것처럼. 엉겁결에 그렇게 인사를 하고 나니 갑자기 그에게 그동안 미안한 마음이 밀려왔다. 나로 인해 또 한 사람을 비굴하게 만든 것 같아 기분이 썩 좋지 않았다.

P사 L 회장, 국내 중저가 정장 시장을 선도하고 있는 그는 경북 김천 출신이다. 그는 어렸을 때 김천 지역에서 수재였다고 한다. 가정 형편이 어려워 대학 진학을 포기하고 부산에 있는 봉재 회사에 취직했다. 그리고 그 회사의 회계 업무를 담당했다. 어릴 때부터 꼼꼼하고 정확하게 일 처리하는 것을 눈여겨본 회사 사장으로부터 상당한 신뢰를 받았다고 한다. 그렇게 어린 나이에 사회생활을 시작한 것이다.

L 회장은 군 생활을 카투사에서 했다. 카투사 근무 시에도 회계 업무를 담당했는데 틈틈이 영어를 배웠다 한다. 현재 L 회장의 영어 실력은 거의 원어민 수준이다. 자신의 아들이 미국, 캐나다 등에서 유학했는데, 아

들보다 더 발음이 정확하고 어휘력도 높다고 한다. L 회장 집무실은 항상 CNN 방송 채널이 고정되어 있다. 그만큼 고령인데도 불구하고 공부를 게을리하지 않는다.

내가 L 회장과 자주 만날 때의 일이다. P사도 중국 진출을 검토할 때였다. L 회장이 중국에 출장을 다녀와서 바로 시작한 것이 중국어 공부이다. 놀라운 것은 다른 이들은 영어, 일본어, 중국어 등 외국어를 마스터하는 데 상당한 시간이 걸리지만 L 회장은 중국어를 1년 만에 마스터했다. 중국어 수준도 상당히 높다. 그의 나이 60대 후반에 시작한 중국어 공부가 그 짧은 기간에 완성되는 걸 보고 나는 L 회장의 지적 능력과 집중력 등을 간파할 수 있었다. 어릴 때 김천에서 그냥 수재가 아니었던 것이다.

그런 분이니 당연히 사업은 성공할 수밖에 없었을 것이다. 당시 L 회장이 근무하던 봉재 회사가 경영난에 빠졌을 때 그동안 깊은 신뢰로 L 회장을 지켜봐 오던 그 회사의 오너가 L 회장에게 회사를 넘겨주었다고 한다. 당신 같으면 회사를 살릴 수 있을 거라는 믿음과 함께. L 회장은 그 길로 회사를 P사로 브랜드 네이밍을 하고는 곧바로 우리나라 중저가 정장 시장을 석권하는 기염을 토했다. 그리고 IMF 환란을 거치면서 정확한 인사이트로 투자를 단행하여 부동산, 주식 등에서 대박을 터트렸다. 현재 그의 자산은 부산 지역에서 쉽게 가늠하기 힘들 정도로 커져 있다.

L 회장이 IMF 때 집중적으로 투자한 주식은 부산 은행이다. 그는 부산 은행 주식을 600만 주 이상 사들였다. 평균 단가는 @1,200이었다. 희

한하게 곁에 있던 경남 은행은 당시에 휴지조각이 되었는데 부산 은행은 살아남아 @20,000까지 올랐다. L 회장의 혜안을 느낄 수 있는 한 대목이다. 물론 부동산은 말할 것도 없다.

나는 그를 2000년대 초에 처음 만났다. L 회장은 이미 부동산, 주식에서 큰 성공을 거두고 있었고, 자신보다 시장을 잘 판단하고 주식 하나하나를 선택하는 것에 대한 실력을 갖춘 증권맨이 없었기에 모든 것을 L 회장 혼자서 결정하고 실행하고 있었다. L 회장이 아닌 주위 사람들은 모두 Operate에 불과했다.

L 회장이 IMF를 거치면서 큰 성공을 거둔 후 여러 해 동안 정체기를 겪고 있었다. 물론 L 회장이 스스로 탁월했으므로 누구 하나 제대로 조언을 드릴 수 없었다. 그런데 내가 나타난 것이다.

나는 두려울 것이 없었다. 기본적으로 나는 시장에 대한 지식으로 무장이 되어 있었다. 그리고 내가 항상 견지하는 것은 밑져 봐야 본전이라는 것이다. 원래 나는 가진 게 아무것도 없다. 그분들도 원래 나의 고객이 아니었다. 그러므로 잃을 게 없다. 시도해 보고 안 되면 그냥 없었던 것이기에 내 손해는 아닌 것이다. 나는 항상 이런 초심을 갖고 도전했다.

L 회장은 내게 수백억의 자금을 주면서 주식 종목을 추천하라고 했다. 내가 1번으로 추천한 것이 우리 금융이다. 우리 금융은 내가 일하던 S 증권 H 회장이 당시 얼마 전에 부임한 은행이다. 내가 그분의 성향을 조금

아는데 우리 금융 주가를 @6,000~@8,000대에 두고 볼 분이 아닌 것이었다. 그리고 KB 금융과의 주가 괴리가 너무 컸다. 밸류에이션에서 약간 문제가 있었으나 나는 H 회장이 극복할 것이라는 믿음이 있었다. 두 번째로 추천한 것이 대구 은행이다. 이상하게도 대구 은행은 주가 관리에 신경을 많이 쓰고 있었다. 그리고 부경 지역은 부산 은행과 경남 은행이 시장을 양분하고 있지만 대구, 경북은 대구 은행 독점 지역이다. 물론 시중 은행들이 시장을 장악하고 있지만 그래도 지방 은행만 놓고 보면 사정은 다른 것이다. 그리고 대구 은행은 항상 지방 은행 중 밸류에이션이 최고였다. 세 번째가 삼성 전자였다. 삼성 전자는 결국 L 회장을 설득시키지 못하고 L 회장의 요구대로 LG 전자로 변경하고 말았는데 그래도 나름 약간의 성공은 거두었다.

내가 왜 은행주를 주로 L 회장에게 추천한 건지는 설명하자면 길지만 나름 이유가 있었다. 한 가지만 언급한다면 이런 거다. 보통 기업을 일구어 사업의 성공을 크게 거둔 오너들은 자신들이 직접 경험 못 했거나 잘 알지 못하는 것에는 절대로 관심을 주지 않는다는 것이다. 그런 상황에 잘 알지도 못하는 생소한 것들을 미는 것은 실패를 예약하는 것이다.

나는 L 회장의 허락을 받고 그 주식들을 매입하기 시작했다. 종목당 수백만 주씩 샀다. 평균 매입가가 우리 금융 @8,000대, 대구 은행 @12,000대였다. 이것들이 @20,000 이상까지 치고 올라간 것이다. 중간에 일부 이익 실현하고 또 베팅하고 해서 L 회장에게 550억 내외의 수익을 안겨 드렸다. 그러니 L 회장의 신뢰가 어떠했겠는가? 여태까지 증권맨들은 고객에게 손실만 입히는 존재로 알려져 왔다. 그런데 나는 P 회장에게도 L 회장에게도 각각 어마어마한 수익을 제공했다. 물론 그러한 수익들이 전적으로 내가 다 만들었다고 할 수는 없다. 그 투자금의 주인은 그분들이다. 그분들이 흔쾌히 내 의견을 존중해 주지 않았다면 그런 성공은 없었을 것이다.

나는 이후 L 회장에게 기존 보유하고 있던 부산 은행의 주식을 매도하라고 권유했다. 그래서 IMF 환란 기간 중에 매입해서 장기간 보유 중이던 부산 은행 주식을 상당 부분 처분했다. 철저하게 밸류에이션을 따져 보고 제안한 것이었다. 그리고 이미 지방 은행인 대구 은행을 많이 보유하게 된 것도 중요한 이유 중에 하나였다. 부산 은행을 법인 명의로 된 계좌 것만 남기고 다 매도하기도 했다. 그러나 L 회장은 부산 은행에 대한 애착이 남달랐다. 또한 한때 부산 지역에서 지방세를 가장 많이 내는 위치에 오른 자신이기에 지역 은행에 대한 막연한 책임감 같은 것도 느끼는 듯했다. 이후 @20,000대 이상에서 매도한 부산 은행을 @10,000대 초반에서 다시 매입해 드렸다.

L 회장의 평소 인생관은 남다르다. 그는 항상 은둔의 경영을 한다. 그의 인생철학은 남들에게 그 어떤 부담이나 피해를 입히지 않는다는 것이다. 그러므로 자신도 남들로부터 그 어떤 간섭이나 부담을 느끼지 않겠다는 것이다. 그렇다 보니 외부 활동을 자제하게 되고 자신이 경영하는 회사 일에만 집중한다. 지역에서 상당 부분 사업을 일구었고 나름의 소셜 포지션을 갖고 있지만 철저하게 외부와 경계를 둔다. 그것이 L 회장

의 인생관이다. 그렇다 보니 온갖 얘기들이 나돌기도 한다.

나는 기회 있을 때마다 L 회장의 도움을 받았다. T사 P 회장이 끊임없이 금융 자산을 빼 가는데도 내가 전국 최고의 지점장이 될 수 있었던 것은 L 회장의 도움이 컸다. L 회장도 나를 만나면서 상당히 적극적으로 변화되었다. L 회장 집무실에도 항상 결재 서류가 산더미처럼 쌓여 있었다. 한 가지 다른 것은 L 회장은 그 많은 서류를 직접 결재를 하는 것이었다. 나는 예전에 T사 P 회장에게 드렸던 말씀, 이병철 회장의 '의인불용 용인불의'를 L 회장에게도 말씀드렸다. 얼마 후 L 회장도 결재 권한을 대거 이양하셨다. 금융 회사 근무하는 사람은 고객으로부터 오퍼 하나 받는 것에 만족하면 안 된다. 자신이 듣고 보고 느끼고 배운 것을 활용할 줄 알아야 한다. 그것이 지식을 팔아 비즈니스를 하는 우리 금융인이 할 도리다. 그래야만 금융인의 역할이 공적인 역할로 승화되는 것이다.

우리 주위에는 학교에 다닐 때까지 부모님들이나 주위로부터 공부 잘하고 모범생이라고 칭찬만 듣다가 명문 대학을 졸업한 사람들이 많다. 그런데 그들 상당수가 직장 생활에서는 부진자 위치에 있다. 그냥 공부만 잘한 것이다. 인간이 살아가는 방식은 여러 수만 가지가 있고 전 세계 70억 인구가 각자 삶에 대한 가치관이 다르다. 학교 다닐 때 공부도 잘하고 모범생으로 컸으면 사회생활도 그리해야 한다. 그런데 그렇지 못한 것은 왜일까? 공부를 단순히 출세의 방편으로 생각하기 때문이다. 그래서 명문 대학을 졸업하면 그것으로 끝낸다. 새로운 공부를 하지 않기 때문이다. 명문대를 나왔으므로, 이미 출발선이 달랐으므로, 공부를 하지 않는 것이다. 실제 숫자로 측정되지 않는 스태프 업무에서는 잘 드러나지 않는다. 그러나 숫자가 바로 능력이고 성과인 증권업에서는 극명하게 차이가 난다. 평생을 공부해야 하는 곳이다. 10년, 20년 도를 닦듯이 공부를 해야 한다. 그래야만 성공할 수 있다. P사 L 회장은 중국어를 60대 중반에 시작해서 1년 만에 뗐다. 영어는 말할 것도 없다. 그가 이 연세에 그렇게 치열하게 공부를 할 이유가 있는가? 우리는 생계를 위해서도 공부를 계속해야 한다.

발령이 났다. 부산 경남 지역의 모점인 부산 지점장으로 자리를 옮기게 된 것이다. 지난 몇 년간 범일동 지점장을 겸직을 하면서 지칠 대로 지쳐 있었다. 그럼에도 내 피와 땀과 눈물이 어려 있는 범일동 지점을 후임 지점장에게 넘기고 떠나는 게 아쉬웠다. 그런데 어찌하랴. 모행인 부산 지점에만 집중하라는 회사의 명령인데.

나는 후임 지점장을 데리고 L 회장에게 갔다. 후임 지점장도 나름 증권사 경력이 오래되었고 시장에 대한 대응력도 갖추고 있었다. L 회장은 나의 발령에 많이 아쉬워하면서도 후임 지점장을 우호적으로 대해 주었다. 그리고 셋이서 L 회장 전용 식탁에서 마지막 오찬을 함께했다. 나는 깨끗하게 그 많은 금융 자산을 후임 지점장에게 인계를 해 주었다.

당시 S 증권은 끊임없이 프로모션을 했다. 고객에게 도움이 되든 안 되든 오로지 프로모션만을 해 댔다. 지난번 프로모션으로 고객들이 손실에 아우성을 치고 PB들이 힘들어해도 아랑곳하지 않고 프로모션을 해 댔다. 프로모션의 왕국 S 증권이었다. 그런 지경이니 재경 지역 직원들은 잘 움직이지 않았다. 그럴 때마다 리테일 본부나 지역 사업 부장은 항상 내게 기대를 했다. 그리고 나는 항상 총대를 메었다. S 증권이 하는 모든 프로모션은 나의 깃발로부터 시작이라고 해도 과언이 아니었다. 거의 대부분 프로모션을 주도하고 휩쓸었다. 그럴 때마다 그동안 L 회장은 나의 든든한 지원자 역할을 해 주셨던 것이다.

N 그룹
G 회장

　부산 지역으로 지점장 전배 발령을 받은 후 나는 지역의 거물 경제인들을 만나기 위해 동분서주했다. 특히 지역에서 두 번째 가라면 서러워할 정도의 경제력을 갖추고 있는 G 회장은 모든 금융 기관의 영업 1순위였다. 그리고 얼마 전까지 부산 상공 회의소 회장을 오랜 기간 역임한 분이었다. 그런 관계로 G 회장을 만나기가 쉽지 않았다. 또한 G 회장은 자신의 각 계열사에 든든한 CFO들을 포진시키고 있었다. 계열 회사 중 상장 회사가 3개나 되었으니 오랜 기간 경륜으로 무장된 CFO들이었다.

　당시 S 증권은 고객의 자산이 곧 실적이라는 전제 아래 자산 증대 프로모션을 대대적으로 실시했다. 증권 회사에서 말하는 고객의 자산은 당시까지만 해도 실제 수수료나 Fee가 발생하는 주식, 채권, 펀드 등 일반적인 금융 자산을 지칭하지 상장 회사의 대주주 지분은 고려하고 있지 않았다. 그런데 S 증권은 이런 대주주 지분도 프로모션의 대상에 포함시켜 대대적인 캠페인을 벌인 것이다. 대주주 지분도 언젠가는 돈이 된다는 전제를 한 것이었다.

나는 지역에 있는 기업들 중 상장 회사들을 서베이해서 이들 대주주들의 지분을 유치하기로 마음먹었다. 그리고 한 분 한 분 그들에게 접촉해 나갔다. 그런데 의외로 대주주 지분을 유치하기가 쉽지 않았다. 그동안 모든 증권 회사들이 소홀하게 취급하고 실제로 영업에 도움이 되지 않던 대주주 지분들이 막상 경쟁사로 움직이려 하니 기존에 보유하고 있던 증권사들의 저항이 만만치 않았다.

나는 G 회장과 밀접한 관계에 있는 다른 기업 회장들에게 부탁을 하여 골프 약속을 잡아서 나를 데리고 나가게 했다. 그리하여 지역에 있는 골프장에서 몇 차례 G 회장과 골프를 쳤다. 그럴 때마다 나는 단 한 번도 G 회장에게 영업에 대해 말하지 않았다. 그냥 G 회장이 나에 대한 관심만 가지게 노력했다. 나는 주말 골퍼답지 않게 골프를 잘 치고 있었으므로, 내가 영업에 대해 시시콜콜 말하지 않아도 내 직업이 증권 회사 지점장이고 서로가 바쁜 시간에 그 자리에서 골프를 함께 치고 있으니, 굳이 말하지 않아도 상대는 내가 무엇을 하려고 하는지 알고도 남을 것이었다.

그렇게 골프만 열심히 몇 차례 치고 눈에 보이는 소득도 없이 수차례 헤어졌지만 나는 서두르지 않았다. 그리고 대주주 지분을 유치하는 것보다 실질적으로 도움이 되는 제대로 된 금융 자산을 유치하는 것이 진정한 금융 영업이라는 사실을 잊지 않았다. 이유는 명백하지 않은가? 내가 몇 차례 K 회장과 골프를 하면서 파악한 바로는 N 그룹이 외부에 운용하는 금융 자산의 규모가 상당했기 때문이다. 그런 골프가 수차례 더 진행되는 동안 어느 홀에서 K 회장이 나에게 갑자기 고향이 어디냐고 물으시는 것이었다. 나는 고향은 경남 고성인데 학교는 진주에서 다녔다고 말씀드렸다. 그랬더니 G 회장은 너무나 반가워하시는 것이었다. 물론 나는 G 회장의 고향이 서부 경남이라는 것을 이미 알고 있던 터였다. 그리고 그 자리를 주선한 기업 회장의 고향도 서부 경남이었다. 한마디로 우리들은 서부 경남을 고향으로 둔 셈이었다. G 회장의 입장에서 보면 내가 사실상 경남 진주에서 성장하였으므로 더더욱 호감이 가는 듯했다.

우리나라에서 학연, 지연, 혈연은 무시 못 할 인연으로 작용한다. 때문에 우리나라는 이 3연이 항상 문제가 되었다. 문제는 부정직하고 무능하고 기회만 엿보는 자들인데도 이런 3연으로 하여금 물의를 일으키는 데 있다. 그런데 자신의 지역 후배가 똑똑하고 실력 있고 정직하고 나아가 스마트하기까지 한다면 얼마나 신뢰가 가겠는가? 더군다나 여러 차례 만났는데도 영업적인 말이나 행동은 아예 하지 않으니 도대체 이 친구의 됨됨이는 어떠한가? 하고 궁금해할 법도 했다. 그렇게 해서 나는 G 회장에게 강력한 인상을 남기고 헤어졌다.

그런 일이 있는지 얼마 후 나는 정식으로 G 회장과 G 회장을 연결해 준 다른 회장을 골프에 초대했다. 나의 본격적인 영업이 시작된 것이다. G 회장은 골프를 하시면서 내게 말하기를 S 증권에 자신이 아는 여자 PB가 있다는 것이었다. 이름을 물으니 기억을 하지 못했다. "거래를 하고 있는가?"라는 질문에 거래는 하지 않고 단지 자신이 가끔 나가시는 로터리 클럽에 그 직원이 회원으로 있는 것 같다고 했다. 그 여직원의 이름을 대 드렸는데도 회장은 이름을 기억하지 못할 정도로 막연하게 알고 있었다.

기실 N 그룹은 오래전부터 M 증권과 거래를 하고 있었고 각 계열사 CFO들과 M 증권과의 관계는 철옹성보다 두터웠다. 그런 관계로 회장과 타 증권사 직원들과의 연결은 쉽지가 않았다.

나는 다음 골프 회동 때 그 여직원을 데리고 나갔다. 다행히 그 여직원은 연고가 서부 경남 출신이었다. 그 여직원의 금융 관련 실력은 내가 요구하는 수준에는 한참 미치지 못했으나 성실성은 남달랐다. 그의 부족한 실력은 내가 직접 커버해 주면 별문제가 없을 거였다. 당시 지점장인 내가 잔무 처리까지 일일이 해야 한다면 나는 거의 쓰러질 수밖에 없을 정도로 업무량이 많았다. 그 여직원은 골프를 아직 하지 않았으므로 내가 직접 준비해 준 선물을 손에 들게 하고 골프장에 대기시켰다. 그리고 골프 라운딩을 마친 후 식사 자리에 참석시켜 식사를 함께했다. G 회장과 그 직원과의 첫 만남이 그렇게 시작되었다.

나는 G 회장에게 그 직원을 소개하며 정말 열심히 일하는 직원이고 고향도 우리와 비슷한 경남 사천 출신이고 또 사실상 소녀 가장 출신이므로 회장님의 각별한 도움이 필요하다고 말씀드렸다. 내 말을 들은 G 회장은 호감을 표하셨다. 그러고는 다음 주 평일 회장실 방문을 허락해 주셨다. 나는 G 회장에게 제안할 상품을 준비했다. 그런데 마땅히 내세울 상품이 없었다. 그동안 숱한 프로모션 끝에 거의 대부분 투자 상품들의 수익률이 저조했다. 그래서 나는 욕심내지 않고 차근차근 호시우행하는 마음으로 다가가기로 마음먹었다. 그렇게 준비한 것이 지역 개발 공채였다. 당시 수익률이 6~8% 내외를 오르내리고 있었다. 불과 얼마 전까지 10% 이상을 오르내리던 지역 개발 공채 금리가 급격히 내려가고 있는 중이었지만 그래도 나쁘지 않은 조건이었다. 또한 나로서는 고육지책의 방법이기도 했다.

나의 투자 설명을 들은 G 회장은 계열사 CFO에게 전화를 걸어 나와의 거래를 지시하셨다. 그래서 시작된 지역채 첫 거래가 40억이었다. 당시에 내가 한 번 움직이면 한 번의 거래 단위가 100억이 넘는데 40억은 초라했다. 그러나 나는 실망하지 않았다. 첫 출발은 40억이지만 이것이 400억, 4,000억이 될 날이 멀지 않았기 때문이었다.

G 회장은 40억의 자금을 넣어 주시면서 자신의 고민을 말씀하셨다. 자신이 어느 날 서울 청담동에 들렀을 때 시간이 남아 우연히 모 은행의 PB 센터를 방문했는데, 거기 지점장이 여성인 데다가 너무 친절해서 차를 한잔 얻어 마시면서 상품 제안을 받았다고 한다. 괜찮을 것 같아 80억을 펀드에 투자해 주었는데 지금 반토막 나 있어 회사 직원들 볼 면목이 없다는 것이었다. 그래서 자신은 이제 더 이상 직접적으로 금융 회사 상품에 투자를 지시하거나 하지 않고 CFO들에게 맡겨 외부 운용을 한다는 것이었다.

이 세상에 여성은 절반이나 차지한다. 그리고 여성의 능력은 무한대이다. 머리 또한 좋다. 남성들이 갖지 못하는 수많은 장점들을 여성이 갖추고 있다. 똑같은 조건으로 경쟁을 한다면 어떤 경우에도 남성은 여성을 이길 수 없다. 그것이 내 지론이다. 그런데 그것에도 빈틈이 있다. 여성 특유의 장점이 많은데도 대부분의 여성들은 여러 가지 개인 사정으로 한계를 뛰어넘지 못하는 경우가 많다. 그것이 여성이 유일하게 불리한 점이다. 특히 목숨보다 소중한 돈을 관리하고 증식하는 데 있어서는 남성, 여성을 떠나서 실력이 우선이다. 친절이고 이쁘고 뭐고가 아니라 실력이 우선인 것이다. 그런데 아직까지 우리나라 대부분의 금융 회사가 이를 간과하고 있다. 같은 값이면 다홍치마라고 준비도 채 안 된 사람을 여성이라는 이유만으로 중책을 맡기는 경우가 많다.

G 회장의 설명을 좀 더 들어 보니, 그 여성 지점장이 너무 친절하고 싹싹하고 겉으로는 실력이 있어 보여서 덜컥 제안하는 상품을 가입했는데 손해 본 것은 둘째 치고 자신이 부하들을 볼 면목이 없다는 것이 더 큰 문제라는 거였다. 어설픈 실력으로 제안한 상품이 오히려 회장의 입장을 난처하게 해 버린 것이었다. 나는 G 회장에게 내가 회장님의 체면을 세워 드리겠다고 장담하고 헤어졌다.

얼마 후 지역 개발채의 투자는 계속되어 어느덧 100억 원대를 넘어 200억 원대까지 이르렀다. 그런데 정말 기대하지도 않았던 일이 벌어졌다. 금리가 급격하게 하락하게 된 것이다. 덩달아 지역 개발 공채의 금리도 급격하게 떨어져 캐리 수익을 제외하고도 엄청난 평가익이 발생한 것이었다. 나는 즉시 G 회장에게 투자된 지역채의 이익 실현을 건의하고 이익 실현을 해 버렸다. 당시까지 하찮게 여겨졌던 지역 개발 공채 투자에서 단기간에 엄청난 투자 수익이 발생하였다. G 회장은 크게 기뻐했다. 이제야 자신이 직원들에게 약간의 체면이 서게 되었다는 것이다. 역시 S 증권 한 지점장과의 인연은 좋은 것 같다고도 했다. 그 후 N 그룹의 만기 자금이 도래하는 족족 나에게로 자금이 들어왔다.

이후 나는 더욱 용기를 내어 G 회장에게 브라질 국채의 투자를 제안했다. 내 설명을 직접 경청하시던 G 회장은 주력 계열사인 N사의 CFO를 연결해 주었다. 나는 N사 CFO로 하여금 브라질 국채 투자를 하게 했고 첫 투자가 200억이었다. 이제 본격적으로 N 그룹과의 거래가 시작된 것이었다. 이후 브라질 국채의 투자 규모는 지속적으로 늘어나 어느덧 700억 규모에 이르게 되었다. 브라질 국채의 투자 수익률도 10% 이상 높게 나와 안정적인 자산 운용을 할 수 있게 되었다.

그러나 문제는 항상 예상치 못한 데서 발생한다. N 그룹과의 오랜 기간의 거래에서 서로 간의 깊은 신뢰를 구축해 온 기존 거래 증권사는 S 증권으로의 지속적인 자산 이탈에 대해 가만있을 리 없었다. 대표 이사를 비롯한 본부장, 지점장 등 전방위적인 관리가 시작된 것이었다. 기존 거래증권 대표 이사 사장은 주기적으로 부산 지역을 방문하여 부산 지역 경제인들과 회동을 하며 영업 지원을 해 주고 올라갔다. 그런데 S 증권은 지역 본부장조차도 지역 경제인들을 만나는 것을 부담스러워했다. S 증권의 일개 지점장이 경쟁사의 사장, 임원, 본부장들과 치열한 경쟁을 하게 된 것이다.

 그런데 냉정하게 말하면 오히려 어설픈 실력으로 사장이니 임원이니 본부장이니 하며 금융 자산 관리를 하겠다고 하는 것보다 나 혼자서 죽이 되든 밥이 되든 붙어 보는 게 훨씬 마음이 편하기도 했다. 예산만 충분히 지원되면 큰 문제가 아니었다. 어차피 금융 영업은 수익률로 말하는 것이니까……. 경쟁사 경영진의 지원에 어느 정도의 거래는 있겠으나 실질적인 거래는 결국 수익률에서 결판나기 마련이었다. 금융 영업하는 사람이 적재적소에 맞는 상품을 적절하게 배분하여 최상의 투자 수익을 올려 주는 것이 본질인 것이었다.

 그러나 복병은 항상 있는 법, 경쟁 증권사와 오랜 기간 밀접한 관계를 유지하던 N 그룹의 모 계열사 CFO가 신경질적으로 반응하기 시작한 것이었다. G 회장의 지시로 자금의 만기가 도래하는 족족 S 증권으로 넣어 주라고 하니 불만이 폭발한 것이다. 결국 G 회장과 친인척이기도 했던 그 CFO는 넘지 말아야 할 선을 넘고 말았다. 사무실 직원들이 지켜보는 자리에서 내가 G 회장에게 연결시켜 준 그 여성 PB에게 자신의 회장에 대해 쌍욕을 섞어 가며 강한 거부감을 표시해 버린 것이었다. 그리고 그 CFO는 그 이후에도 번번이 자신의 주군을 비난하며 회장의 뜻을 따르지 않았다. 심지어 계열 회사 CFO 간담회 자리에서도 노골적으로 S 증권으로의 자산 이전에 대해 회장에게 반감을 드러냈다. 한마디로 역린을 건드린 것이었다.

이런 경우 나는 참으로 난감했다. 내가 잔무 처리로 심부름을 보낸 여성 PB는 외근을 나갔다 올 때마다 그 CFO 말을 했다. 그리고 영업의 방해가 이만저만이 아니라고 하소연을 했다. 특단의 조치가 필요한 시점이었다. 나는 여성 PB를 데리고 G 회장에게 갔다. 그리고 G 회장에게 부탁하기를, S 증권과의 거래에 좀 더 신경 쓰라는 전화 한 통을 그 CFO에게 해 달라고 했다. G 회장은 즉시 전화를 걸어 주셨다. 그러고는 문제가 없을 것으로 믿었다. 그런데 그 후 업무 처리를 하러 간 여성 PB에게 더욱 강도 높은 비판을 자신의 회장을 상대로 해 댄 것이었다. 결국 그 CFO는 해임이 되고 말았다. 자기 주군의 역린을 건드린 것이 원인이었다.

나는 한층 더 크게 N 그룹과의 거래 규모를 키웠다. 어느덧 S 증권에서 최고로 큰 거래선이 된 것이다. G 회장의 신뢰도 깊어져 기회 있을 때마다 내게 영업의 기회를 주셨다. 얼마 후 G 회장은 나를 불러 N 그룹의 주력 회사 주가가 6,000원대에 장기간 머물고 있는 데에 대해 말씀을 하셨다. 기업의 장래 가치를 봐서라도 최소한 15,000원 이상은 되어야 하는데 너무 저평가되어 있어 걱정이라는 말씀과 함께 주가를 부양하기 위해 S 증권에 거액의 자금을 상품으로 가입해 줄 테니 S 자산 운용으로 하여금 주가 상승에 관심을 가져 달라고 하셨다. 나는 회장에게 자사주 신탁 제도가 있음을 상기시켜 드리며 즉시 시장에 오해의 소지가 발생할 수 있음을 말씀드리고는 회사 경영진과 상의를 했다.

결론은 주가 상승과 거액의 금융 상품 가입이 대가성으로 오해받을 수 있다는 해석으로 그 논의는 없는 것으로 해 버렸다. 대신에 당시까지만 해도 지방의 일개 상장 회사로 치부되던 회사가 S 자산 운용의 Portfolio 구성에 편입되는 계기가 되었다.

얼마 후 G 회장은 N 그룹의 또 다른 계열사 IPO 건을 내게 주셨다. 나는 본사에 연락해 그 계열사의 IPO 추진 검토를 요청하고 제반 업무 준비를 하고 있었다. 그런데 알고 보니 이미 실무자, 즉 CFO 선에서 기존 거래증권과 상당 부분 IPO 준비가 진행된 상태였다. 회장은 단순히 자신의 결정만으로 증권 회사를 지정할 수 있는 것으로 알고 내게 선물을 주신 것이었다. 물론 감사한 일이고 중간에 뛰어들었지만 S 증권이 그 IPO를 못 할 이유가 없었다. 그런데 기존 거래증권의 저항이 만만치 않았다. 반면에 S 증권 본사의 태도는 너무나 미온적이었다. 심지어 상장에 대한 밸류에이션 검증과 상장 추정 주가도 너무나 보수적으로 잡아 이 Deal을 하자는 건지 말자는 건지 도무지 이해가 안 되는 제안서를 보내 왔다. 아무리 상장 주선 수수료가 저렴해도 그렇지 이것은 엄연한 금융 영업이고 미래의 영업 가치를 봐서도 반드시 Deal을 성사시켜야 하는 것이었다. 회장이 직접 S 증권 한 지점장에게 IPO 건을 주라고 지시했는데도 S 증권은 배가 불렀다. 현장에 있는 나만 노심초사하는 정도였다. 내가 몇 차례 본사에다 추정 밸류에이션을 높여 줄 수 없겠냐고 간곡하게 매달리고 심지어 내가 직접 계산한 숫자도 제공하면서 최소한 이 정도는 되어야 한다고 강력하게 요구하였는데도 묵살되고 말았다. 반면 기존 거래증권은 내가 직접 IPO 준비를 한다는 것을 파악하고는 대표 이사 사장까지 나서 전방위로 방어를 했다. 그러고는 추정 주가와 밸류에이션을 N 그룹이 원하는 선까지 맞추고 상장 수수료도 대폭 인하해서 제안했다. 나의 역부족이었다.

나는 G 회장에게 찾아가 깨끗하게 IPO 건을 반납했다. 그러고는 기존 거래증권의 제안이 훨씬 도움이 될 거라는 말씀을 드리고는 죄송하다는 말씀을 드렸다. G 회장도 아쉬워하면서도 실무진에서 올라온 상대적으로 월등히 조건이 좋은 기존 거래증권의 제안을 거절할 명분이 없겠다고 하셨다.

기존 거래증권은 성공적으로 회사를 상장시켰고 주가는 S 증권이 추정했던 것보다 월등히 높은 가격에 거래되었으며 이제는 밸류에이션마저도 업계 최고 수준에 도달해 있다. 배부른 자들과 배고픈 자들, 현장을 모르는 자들과 현장과 호흡을 함께하는 자들의 차이가 극명하게 증명되는 한 사례이기도 해서 씁쓸했다.

세월이 흘러 I 투자증권으로 하우스를 바꾼 후 N 그룹 G 회장을 만나 대화를 하던 중, 갑자기 G 회장이 해운대에 사옥 빌딩을 건축하였는데 임대가 잘 나가지 않고 있으니 증권 지점을 내어 달라고 제안을 하셨다. 나 또한 새로운 부가 축적되고 있는 해운대 지역에 점포를 내어야 하는가 마는가를 가지고 고민을 하던 중이었기에 G 회장의 제안은 나를 더욱 확신을 갖게 만들었다. G 회장에게 얼마 정도 말미를 주면 점포 진출 여부를 결정해 드리겠다고 말씀을 드리고 즉시 회사 내부 논의에 들어갔다.

회사는 기존에 이미 과잉 투자된 점포의 효율화를 진행 중인지라 반대

의견이 절대적이었다. 결국 모든 절차를 건너뛰어 CEO와 직접 담판을 지어 버렸다. 당시 CEO께서도 모든 부담을 감내하면서까지 내 의견을 존중해 어려운 결정을 내려 주었다. 그리하여 우여곡절 끝에 N 그룹의 사옥에 점포를 내어 진출하였지만 상황은 만만치 않았다. 점포를 내면서 새로이 영입한 지점장과 그 직원들은 한마디로 영업력이 완전히 꽝인 상태로 들어왔다. 심지어 어떤 직원은 출근도 제대로 하지 않았다. 내가 믿고 영입한 그 지점장의 거짓말에 어이없이 놀아난 꼴이 되고 말았다.

결국 내가 만든 지점이므로 내 손으로 정상화시켜야 했다. 여기저기 백방으로 뛰어다니며 영업을 했다. 내가 전 직장에서 쌓았던 신뢰 관계를 십분 발휘했다. 내가 찾아가서 만나는 VIP 고객들도 십시일반으로 거래를 해 주셨다. 근근이 지점의 면모를 갖추어 갔다. 그런 과정에서도 수시로 N 그룹의 지원을 요청했다. 지점을 내어 자기 빌딩에 들어오라고 내게 제안할 당시 G 회장의 의지는 타사에 거래하고 있는 N 그룹의 운영 자산의 상당 부분을 우리에게 이전해 줄 것처럼 보였다. 외부에 운영하는 금융 자산의 총액이 수천억에 이르고 있음을 잘 알고 있던 나였다. 그리고 전직에 근무할 당시 내가 직접 관계하고 있던 자산도 수천억에 이르렀다.

그런데 문제가 발생했다. 처음에 잔뜩 기대를 하고 지점을 내고 N 그룹의 빌딩에 입주를 하였지만 정작 N 그룹의 여타 자금은 단 한 푼도 입금되지 않고, 현금 20억이 CMA에 입금되고는 그것조차도 그 어떤 상품에도 운용을 해 주지 않았다. 지점이 입주를 했으니 그냥 단기성 자금 20

억만 입금시켜 주고 생색만 낸 것이었다. G 회장의 의사와는 달리 CFO들의 저항이 만만치 않은 결과였다. 그렇다고 내가 시시콜콜 G 회장한테 일러바칠 수도 없는 경우였다. 답답한 시간은 계속 흘러갔고 나는 발령을 받아 여의도로 가게 되었다. 여의도로 가면서 내가 직접 영입한 지점장에게 단단히 일러두고 갔는데도 N 그룹의 자금은 CMA 자금 20억이 전부였다. 내가 G 회장의 필요에 이용당한 기분이 심하게 들기 시작했다. 그 즈음 회사에서도 해운대 지점의 무용론이 고개를 들기 시작했다. 애초에 지점을 낼 당시에 기대했던 획기적인 영업 성과가 창출되지 못했던 것이 큰 이유였다. 근근이 지점의 BEP를 맞추는 정도였으니 실망이 이만저만이 아니었다. 심지어 감사원의 회사 감사에서 점포의 효율성을 추구해야 할 마당에 신규로 해운대 지점을 낸 것에 대한 지적이 나오고 말았다.

이러한 상황에서 나는 기필코 해운대 지점을 전사에서 가장 모범적이고 성과 지향적인 모델 지점으로 만들어야만 하는 절체절명의 과제를 안게 되었다. 결국 해운대 지점에 대한 관심을 늦출 수가 없었고 나와 인연이 되었던 내 개인 고객들에게 번번이 도움을 요청하게 되어 버리는 부담을 오롯이 혼자 짊어지게 되었다. 그런 과정에서도 지점의 직원들의 자체 영업은 좀처럼 정상화되지 않았다. 결국 경력 직원이라고 동시에 영입된 직원들이 성과 부진으로 하나둘 회사를 떠나게 되고 새로운 직원들이 한 명 두 명 채워지면서 진용을 갖추어 갔다.

내가 저질러 놓은 지점인지라 내 책임이 막중하였다. 결국 N 그룹의

G 회장에게 지원을 요청했다. 자칫 잘못하면 어렵게 낸 점포를 철수해야 할지 모른다는 말씀을 드렸다. 그런 후 추가로 투자된 자산이 150억 내외였다. 도합 170여억 원이 CMA 단기성 자산에 파킹되었지만 월세를 1,600만 원 이상을 받아가는 상황에서 그 자금으로 나오는 보수는 지점의 월세에는 턱도 없는 수치였다. 오로지 내가 개인적인 인연으로 유치한 고객들의 투자 자산 운용으로 지점의 경영을 유지해야만 했다. 정작 금융 회사 점포를 유치하고 타사와만 수천억을 거래하면서 어마어마한 수수료를 제공해 주면서도, 정작 자신들의 사옥에 어렵게 입주한 우리에 대한 배려는 손톱만큼도 없었다.

G 회장을 몇 번 만나 지원을 요청했지만 G 회장은 번번이 CFO들 얘기만 했다. 우리의 상품이 그들과 맞지 않는다고만 한다는 것이었다. CFO들의 기존 거래선과의 밀접한 관계를 인정하더라도 이건 너무한다 싶었다. 모든 것이 상도의라는 상식이 있는 인간 세상이다. 상도의를 모르는 것은 아닐진대 그들은 너무 밀착되어 있는 것 같았다. 고객과 금융 회사 직원과의 관계는 불가근불가원이라는 말이 있다. 너무 가까워도 안 되고 너무 멀어도 안 된다는 말이다. 너무 가까우면 반드시 사고가 생기고 부정이 생기게 되어 있다. 그런 관점에서 그들 CFO들은 기존 거래선과 너무 밀착되어 있었다.

세월이 몇 년이 금방 지나갔다. 해운대 지점도 어느새 회사의 중요한 지점으로 거듭나고 회사가 진행하는 모든 신규 상품에 적극적으로 대응하면서 회사 리테일 영업을 선도해 나가는 지점으로 성장했다. 나의 피눈물 나는 노력의 대가였다. 그러나 개인적으로는 일부 손실을 보고 있는 고객들에게 씻을 수 없는 빚을 지고 말았다.

나는 모행인 I 은행과 새로운 비즈니스 모델을 만들어 은행, 증권 복합 점포를 론칭했다. 우선적으로 재경 지역에 4개 점포를 시범적으로 운영한 후 전국적으로 복합 점포를 확대해 나갔다. 그런 과정에서 회사와 은행의 검토 끝에 해운대 지점이 은행 융복합 점포 대상으로 선정되었다. 부산 지역에 새로운 형태의 복합 점포가 생기게 된 것이었다. 그런데 예상치도 못하는 문제가 발생했다. 해운대 지점이 있는 N 그룹의 사옥에 H 은행 지점이 유치되었는데 그들의 계약서에 H 은행 외에 타 은행을 빌딩에 입주시키지 않겠다는 약정이 되어 있다는 것이었다. 복합 점포를 함께 내기로 한 은행에서 이 문제를 집중 거론하면서 다른 빌딩으로 이전을 요구해 왔다. 나중에 알고 보니 은행 측 센터장으로 내정된 직원의 지인 빌딩이었다.

은행, 증권과의 복합 점포는 일반 은행 점포가 업무하는 여수신 행위 자체가 일어나지 않는 비즈니스를 하는 점포임에도 모행 쪽의 요구는 집요했다. 결국 빌딩 주인 N 그룹의 양해 확인서가 필요하게 되었다. 그런데 N 그룹 측의 반응도 냉담했다. 내가 볼 땐 별문제가 되지 않는 양해 문서이고 법에도 강제력이 없는, 심지어 H 은행 쪽에서도 문서는 해 줄 수 없지만 충분히 양해를 하겠다고 했다는데도 서로가 막무가내로 주장을 굽히지 않았다. 결국 내가 G 회장에게 직접 전화를 걸어 문제 해결을 부탁했다. 간단한 양해 문서 하나 정도 해 주십사 하고 부탁을 드렸고 G

회장도 알아보고 연락을 주기로 하였다. 그런데 얼마 후 G 회장으로부터의 연락은 의외였다. CFO가 만에 하나 문제가 될 수가 있으므로 양해 문서를 해 주어서는 안 된다고 한다는 것이었다. 그러고는 나에게 수백억의 투자 자산을 보내 주겠다는 제안을 했다. 지난 몇 년간 그렇게 힘들어할 때 CFO들이 나 몰라라 하더니 정작 점포를 빼야 한다니까 이제 와서 금융 자산을 늘려 주겠다니 안타깝게도 때늦은 감이 많은 제안이었다.

나는 이제 곧 경영진에서 물러나서 내 손을 떠난 사안인지라 내가 가부에 대한 의사 결정을 내리는 위치에 있지를 않다고 정중히 말씀을 드리니, G 회장은 그럼 은행장한테 얘기를 하면 되겠냐고 내게 되묻기에 나는 그리하시면 충분히 가능하실 것이라고 말씀을 드렸다. 얼마 후 G 회장은 은행장과 얘기가 잘되었다고 내게 전화를 주셨다. 나는 책임 있는 분들의 얘기인지라 이제 더 이상 점포를 옮기느니 마느니 할 필요가 없다고 생각하고 잊어버렸다. 그랬더니 얼마 후 느닷없이 회사는 은행 측에서 집요하게 요구하던 그 빌딩으로 점포를 이전하고 말았다. 참으로 어처구니가 없었다. 그러고는 지난 20여 년간 쌓아 온 G 회장과의 인연도 소원해져 버렸다. 내가 철저히 배제된 상태에서 내려진 결정이지만 G 회장께는 개인적으로 송구한 마음을 지울 수가 없었다.

무엇보다 증권 영업의 큰 기회와 시장을 단번에 잃어버리는 우를 범하고 말았다. 금융 영업, 특히 증권 영업의 ABC도 모르는 자들이 책상머리에 앉아서 내린 결정이 영업 현장에 엄청난 부담을 주는 결과를 만들어 버린 것이다.

기존 지점을 증권, 은행 복합 점포로 바꾸며 N 그룹의 사옥에서 빼면서 지역의 중요한 영업 기반 하나를 잃어버린 것뿐만 아니라 이전한 점포는 아직도 적자를 못 벗어나고 있다. 증권 회사 리테일 영업의 기본조차도 모르는 경영진이 내려 버린 결정은 이후 두고두고 부담으로 작용하고 있다.

D 개발
J 회장

　내가 D 개발 J 회장을 만난 건 2000년대 초였다. 부산 지역 지점장으로 전배되어 막 영업을 새로이 시작할 즈음 회사는 자산 증대 프로모션을 대규모로 시작했다. 자산 증대 프로모션의 대상 중 그동안 금융 자산으로 인정도 해 주지 않던 상장 회사 대주주 지분도 평가 대상에 포함시켜서 프로모션에 대한 드라이브를 걸었다.

　당시 회사가 하는 대부분의 프로모션이 심각한 부작용을 초래하곤 하지만 일단 안 할 수 없는 프로모션이고, 말이 되는 프로모션이면 나는 누구보다 더 열정적으로 영업을 했고 항상 선두를 지켰다. 이번에 하는 자산 증대 프로모션도 그런 맥락에서 당연히 전사 1위를 목표로 뛰어야만 했고 회사도 내심 프로모션을 성공적으로 끝내기 위해서 내게 큰 기대를 걸고 있었다. 나는 당시 지역에 몇 안 되는 상장 회사 대주주 자산을 유치하기 위한 내 나름의 계획을 수립하고 뛰었다.

그런데 우리 지점의 바로 맞은편 건물에 상장 회사 D 개발의 본사가 있는데도 D 개발의 대주주 지분 전체와 투자금은 인근 지역에 있는 D 증권사와 거래를 하고 있었다. 알아보니 D 증권사의 지점장이 D 개발의 CFO와 상업고교 동문이고 대주주 회장의 장남과도 호형호제하는 관계로 그 누구도 그 틈을 비집고 들어갈 수 없을 정도로 밀접하게 거래를 하고 있었다. 그래서 기존의 지점장들이나 PB들은 아예 엄두도 못 내었던 것이었다.

그런데 나는 생각이 달랐다. 내 코앞에서 부산 지역의 최대 상장 회사가 다른 증권사와 거래를 한다는 것을 도저히 받아들일 수가 없었고 내 자존심이 허락하지를 않았다. 기존의 지점장들과 PB들은 지레 포기를 하였지만 나는 포기해야 할 아무런 이유가 없었다.

공략 목표를 정하고 늘 하던 방식대로 대주주 회장에 대한 정보 조사를 했다. 회장이 주로 어느 식당에서 중식을 하시고, 골프장은 주로 어디를 가시고, 최근의 주요 관심사는 무엇이며, 특히 주변에 누구를 자주 만나시며 누구를 신뢰를 하는지까지 정보 수집을 하였다. 쉽지 않은 일이었지만 차근차근 접근을 해 들어갔다. 결국 궁즉통, 궁하면 반드시 통한다는 진리는 여기서도 입증되었다. 나는 이후에 D 개발 회장을 움직일 수 있는 키맨을 알게 되었고 그 키맨인 PW 회장에게 부탁하여 D 개발 J 회장과 셋이서 중식을 함께하기에 이르렀다.

처음 만난 자리였지만 J 회장과 나의 고향이 비슷한 지역이라 대화는 쉽게 연결되었다. J 회장은 그동안 자신이 금융 시장의 메커니즘에 대한 궁금증이 많았던 모양이었다. 또한 명색이 상장 회사라는 타이틀을 가지고 있는 D 개발이지만 거래량이나 주가의 지지부진에 대한 불만과 의문점을 항상 갖고 있는 듯했다. 나는 중식 시간이라는 짧은 만남이었지만 최대한 알고 있는 범위 내에서 축약하여 설명을 드렸다. 그것이 J 회장의 마음에 쏙 들었던지 그 후 나는 수시로 J 회장의 집무실에 초대를 받았다. 그러고는 J 회장의 궁금증을 해소해 드리는 데 하루에 몇 시간씩, 그리고 장장 몇 년의 시간을 보냈다.

J 회장과 알게 되면서 J 회장은 그동안 타 증권사에 거래하던 기존의 규모를 줄이면서 내가 있는 지점으로 거래를 늘려 주었다. 기실 CFO와 기존 거래선과의 밀접한 관계가 서서히 허물어져 가는 계기가 된 것이었다. 물론 기존의 거래 관계는 쉽게 허물어지지 않았고 경쟁사의 집요한 방어 노력도 배가되었다. 심지어 어느 날 내가 D 증권사에 파킹되어 있는 지분을 옮기려는 것에 대해 J 회장의 장남으로부터 강한 거부 의사를 듣기도 하였다. 정작 그 지분은 거의 대부분 장남의 명의로 된 것이었다. 자신의 허락도 없이 마음대로 지분을 옮기니 마니 한다고 쓴소리를 한 것이다. 물론 경쟁사의 점포장이 장남에게 SOS를 친 것이 분명했다. 그런데 J 회장의 생각은 아예 달랐다. 기존 거래선인 D 증권사와 점포장에 대한 불신을 수시로 내게 표명하고 있었던 것이다. J 회장의 말은 이러했다. 그동안 오랜 기간 D 증권사의 점포장과 거래를 해 왔지만 단 한 번도 만족스런 투자를 해 보지를 못했고 번번이 손실을 봐 왔는데, 심지어 한동안 찾아오던 그 지점장도 이제는 코빼기도 보이지 않는다는 것이었다.

아마도 그 지점장은 그동안의 투자 손실로 J 회장을 뵐 면목이 없었던 모양이었다. 그래서 J 회장은 이번 기회에 모든 투자 자산을 내게로 옮기려고 했다.

그러던 어느 날 D 증권사의 문제의 지점장이 나를 찾아왔다. 지점장은 내게 대뜸 "같이 먹고 삽시다."라고 일갈했다. 순간 나는 정말 황당했다. 경쟁사의 지점장이 초면인 내게 묻지도 따지지도 않고 대뜸 같이 먹고 살자고 하니 황당하지 않을 수 없었다. 지금도 그러하지만 당시에는 경쟁사 금융 자산을 빼내 오는 피 터지는 무한 경쟁을 벌이고 있던 시대였다. 뺏지 못하면 성공하지 못하고, 빼앗기면 망하는 그런 시대였다.

황당한 순간이 지나고 나는 불현듯 나의 영업 형태에 대한 생각을 하기에 이르렀다. 정말 지금의 영업 형태는 정도인가? 남이 애써 관리하는 금융 자산을 뺏어 와야만 하는 영업만이 살길인가? 다른 길은 없는가? 온갖 생각이 나를 괴롭혔다. 며칠을 잠 못 이루는 괴로움은 어느덧 나로 인해 선량한 다른 사람의 인생을 망치는 영업이 될 것 같다는 생각에까지 이르게 되었다. 그동안 나의 영업은 같은 증권업에 종사하는 타인, 즉 경쟁자에 대한 배려는 전혀 없었다. 오로지 실력과 노력의 결과로 쟁취하는 것이 전부라고 생각하고 있었던 것이다. 나의 무리한 영업이 타인의 인생에 어떤 부담을 주는지에 대한 생각은 전혀 못 하고 있었던 것이다. 그동안 나에게 빼앗긴 고객 자산들 때문에 그들이 받았을 고통과 나에 대한 원망, 적개심을 생각하니 미안한 마음이 밀려왔다.

그 후 나는 경쟁사에 거래하는 고객들의 거액 자산을 옮기는 데 상당히 신중을 기하였다. 그런 과정에서 옮기려고 하는 대상 자산들의 관리 수익을 먼저 체크했고 기존 경쟁자가 무리 없이 잘 관리하고 있다고 판단되는 자산에 대해서는 고객을 설득하여 가급적 기존의 거래선과 계속 거래를 하게 하였다. 그렇게 함으로써 기존의 경쟁자도 더욱더 노력을 하게 되고 나 또한 대상 고객을 지속적으로 관리해 줌으로써 선의의 경쟁과 함께 고객의 더 큰 만족을 추구했다. 결국 언젠가는 나의 진성 고객이 될 것이기에 무리하게 영업을 하지 않았고 경쟁사 영업 직원도 더욱 분발하게 함으로써 증권업에 대한 고객 신뢰도를 함께 높이려 했다.

어떤 기업의 회장은 이미 나에게 1,000억이 넘는 금융 자산을 파킹하여 거래를 하고 있음에도 타사에 있는 금융 자산 300억을 내게 넘기려 했다. 증권업에서 금융 자산 300억은 작은 금액이 아니다. 그러나 나는 그 회장에게 정중하게 사양의 뜻을 전했다. 이유는 간단했다. 그 자산을 관리하고 있는 경쟁사의 담당 직원은 상당한 어려움에 직면할 것이고 오로지 나에게 그 회장의 금융 자산이 집중됨으로써 내가 감당해야 할 부담이 너무 컸기 때문이다. 그 후 수차례 그 회장의 요청이 있었으나 요청이 있을 때마다 나는 시간을 끌면서 차일피일 미루었다.

또 하나의 경우는 부산의 대표 기업인 회장이 이미 내게 엄청난 금액을 거래하고 있으면서 다른 곳에 파킹해 둔 상장 회사 지분을 전부 나에게 옮기려고 했다. 여기저기 흩어져 있는 증권 관련 자산을 한곳에 모아 나의 집중적인 관리를 받고자 했다. 옮기려는 지분과 금융 자산이 5,000

억이 넘었다. 이것 또한 차일피일 시간을 끌었다. 나에게 집중되는 부담을 피할 수 없었기 때문이다. 치열하게 일하고 경쟁을 피하지 않았지만 선의의 경쟁자들과 더불어 살아가야 한다는 대의를 항상 염두에 두고 영업을 했고, 나아가 우리나라 최첨단 금융인으로서의 자긍심과 자부심을 잃지 않는 노력을 게을리하지 않았다.

그 후 어느 날 J 회장으로부터 다급한 전화 한 통이 걸려 왔다. 내용인즉, 일명 라자드 펀드의 공격을 받았다는 것이다. 당시 고려대 Z 교수는 우리나라의 재벌 지배 구조를 개선한다는 명목하에 미국의 라자드 펀드와 합작으로 일명 라자드 지배 구조 펀드를 출범시키고 있었다. 그러던 중 부산 지역에 기반을 둔 D 개발이 그 표적이 된 것이었다. 라자드 펀드에 대해 아무런 정보가 없던 D 개발 J 회장으로서는 당황할 수밖에 없었다. 또한 당시 라자드 펀드는 약 3% 정도의 작은 지분 참여로 기업 경영에 직접 참여하려 시도했다. 우리나라 상법에 적시된 대주주 지분의 3% 이상은 감사 선임에 제한을 받도록 한 법을 적극 활용했다. 이미 공격받은 일부 기업들은 어쩔 수 없이 라자드 펀드 측에서 제안한 감사 선임안을 받아들이고 있었다. 창사 이래 수십 년 동안 단 한 번도 외부로부터 경영 간섭을 받아 본 적이 없는 J 회장으로서는 실로 난감하기 그지없는 지경이었다.

나는 흥분해 있는 J 회장을 찬찬히 진정시켜 드리고 라자드 펀드의 성향과 이를 역이용한 향후 기업의 도약 기회를 삼을 것을 제안해 드렸다. 직전까지만 해도 외부로부터 일방적인 공격을 받았다고만 생각하고 길

길이 흥분했던 J 회장이 내 설명을 찬찬히 듣더니 금세 얼굴이 밝아지기 시작했다. 당시만 해도 D 개발은 기업의 가치나 성장성에 비해 주가는 너무나 저평가되어 있어 J 회장의 실망이 이만저만이 아니었기도 했다. 그래서 나는 오히려 더 큰 기회가 있을 것이라고 자신 있게 말씀드렸다. 무조건적인 적대감의 표현보다는 이를 역이용한 전략이 빛을 발할 수 있음을 재차 강조해 드리면서 J 회장의 불안감은 누그러들었다.

그 후 우여곡절 끝에 라자드 펀드는 D 개발에 자신들의 사람을 감사로 선임을 해 줄 것을 요구해 왔고, 이를 주주 총회에서 정식 안건으로 상정되어 감사 선임을 성공시켰다. 그런 과정에서도 수시로 J 회장에게 불려 가서는 내 생각을 말씀드렸다. 또한 법으로 정해져 있는 감사 선임에서의 대주주 지분의 제한 규정은 선의로 받아들여야 함을 수차례 강조해서 말씀드린 결과였다.

당시까지만 해도 지방의 일개 주택 건설 회사에 불과하던 D 개발이 이 일로 인해 제2의 도약기를 맞이한 것은 자명한 사실이다. 또한 액면가를 한참 밑돌던 주가도 급등하여 귀족주의 반열에 올라 있다. 만약 이 일에 오너가 감정적으로 대응하고 기업 경영의 투명성을 높이지 않고 더욱더 폐쇄적으로 기업을 경영했더라면 아마도 지금까지 지방 중소 건설 업체 수준을 벗어나지 못했을 것이다.

지역 초거액 자산가 K 회장

　PK 지역에서 최고의 자산가는 누구인가? 금융 영업을 하는 사람들이면 반드시 인지해야 하는 내용이다. 내가 2000년대 초 이분을 만날 때만 해도 PK 지역에서 최고 부자는 아니었다. 당시까지만 해도 김해 지역에 기반을 둔 P 회장, 양산 지역에 기반을 둔 G 회장, 부산 지역의 J 회장, L 회장, PW 회장 등 이런 분들이 PK 지역 경제계를 대표하고 있었다.

　원래 K 회장은 서부 경남 출신으로 어릴 때부터 부산 지역으로 들어와 밑바닥에서 산전수전을 다 겪은 백전노장 출신의 경제인이다. K 회장이 처음부터 주택 건설업을 시작한 것은 아니었다. 초창기에는 D 개발의 J 회장과 협업을 하며 사업을 키웠다. 이후 D 주택이라는 회사를 차리고 본격적인 주택 사업에 뛰어들면서 당시까지 부산 지역에 오래전부터 뿌리를 내리고 있던 D 개발과 사실상 경쟁 관계에 돌입하게 되었다. 물론 부산 지역에는 D 개발과 D 주택 말고도 주택 사업으로 큰돈을 번 기업인들이 많다. 대한 건설협회장까지 역임하면서 일찌감치 전국구가 된 BD 건설의 KH 회장과 그의 동생이 경영하는 ISD의 KY 회장, LG와 GS처럼 거대한 협업과 아름다운 이별 정도는 아니지만 그래도 부산 지역에서 꼽을 만한 SJ 주택의 LK 회장과 PJ 회장, HS 건설의 JC 회장 등 부산 지역에 기반을 두고 주택 건설업으로 크게 성공한 기업가들이다. 그런데 그런 분들보다도 확실히 차별화된 행보를 보이고 누가 보더라도 상상을 초월하는 결단력으로 부산 지역에서 어느새 최고의 현금 동원력을 보유한 지위까지 올라온 데는 K 회장의 남다른 면이 확실히 있다.

K 회장은 주택 건설업에서 마이다스의 손으로 일컬어진다. 손을 대기만 하면 대박을 터트리는 것이다. K 회장이 주택 건설 시장에서 돌풍을 일으킨 것은 한두 번이 아니다. 지난 20여 년간 우리나라 주택 산업이 수차례 침체기를 겪었는데 모두가 예상하지 못한 시점에 아파트 분양을 시작하여 대박을 터트리는 바람에 부산 지역의 아파트 투자 바람이 수도권으로 확산된 것이 한두 번이 아니었다. 그야말로 부동산 시장에서 동남풍을 일으키는 주역인 것이다. 지방으로부터 재경 지역으로 불어 가는 동남풍의 중심에는 항상 K 회장이 있었다. 침체된 주택 경기에 K 회장의 마이다스 손이 작용하여 훈풍을 일으키면 우리나라는 몇 년간의 침체기를 벗어나 부동산 시장이 활기를 띠곤 했다.

몇 가지 사례를 들면 이러하다. 당시 부산은 정관 산업 단지에 신도시를 건설하려는 야심찬 계획으로 공단 인근에 배후 도시를 건설하려 했다. 그런데 한창 건설 중이던 수천 세대의 아파트가 미분양되면서 흉물로 오랜 기간 방치되어 있었다. 그냥 오랜 기간 정도가 아니라 수년째 흉물로 방치되어 마치 유령도시로 여겨질 정도였다. 간간히 도로변에 데스크를 설치하고 영업 사원들이 초저가에 미분양 물건들을 팔아 보려고 안간힘을 쓰고 있었지만 지나가는 모두가 냉담하게 반응했다. 그런데 어느 날 예상치도 않은 일이 벌어졌다. K 회장이 흉물로 방치된 건축물들을 저가에 인수하여 재분양을 실시했는데 한마디로 대박을 친 것이다. 분양 현장이 TV 화면에 전국에 생중계되고 이를 계기로 K 회장은 수천억을 손에 쥐었다. 다른 건설사가 거의 다 지어 놓았으나 분양이 안 되어 포기했던 그 건축 현장을 헐값에 사들여 재분양을 성공했으니 투자 대비 성과는 이루 말할 수 없이 컸다. 그런 성공이 몇 차례 반복되었다. 그럴 때마다 동남풍이 불었고 침체된 주택 경기는 살아났다.

부산역 부근에 정말로 오래된 흉물이 몇 개 서 있었다. 그 흉물도 K 회장이 헐값에 사들인 후 새롭게 단장하여 재분양을 하여 성공하였다. 단순히 K 회장의 성공 이전에, 부산의 관문인 부산역에 10여 년 이상 짓다가 만 흉물이 방치되어 있었으니 한마디로 부산의 얼굴을 해치는 건물이었다. 그런데 그런 흉물을 깨끗이 정비하여 해결하였으니 K 회장은 부산시에 큰 선물을 준 셈이다. 또 하나 더 있다. 부산의 조방 앞에 JYJ 빌딩이라는 것이 있었다. 부지만 해도 수천 평에 이르는 초대형 단일 빌딩이다. 이 건물을 거의 다 지은 시점에 IMF 여파로 부도가 난 것이었다. 부산에 오는 외지인들은 이 짓다가 만 건물이 하도 커서 반드시 이 흉물을 보게 되어 있었다. 부산의 이미지가 확 나빠지는 원인을 제공하는 그야말로 골칫덩어리 건축물이었다. 부산 시장이 몇 번 바뀌고 구청장이 수십 번 바뀌어도 이 건물은 해결을 보지 못했다. 하도 덩치가 크고 얽힌 문제들이 많아 아무도 쳐다보지 않았다. 더 중요한 것은 부산의 조방 앞은 이제 잊혀져 가는 지역으로 분양의 성공을 장담할 수 없었다. 그러다 보니 매머드급 흉물이 근 20여 년째 방치되어 있었다. K 회장은 용기를 내어 그 물건을 250여 억에 인수를 했다. 그러고는 대대적인 보수 공사와 리뉴얼을 한 후 재분양했다. 20여 년 부산의 대표 흉물로 자리 잡았던 물건이 K 회장의 손을 거치면서 하루아침에 백조로 거듭난 것이다. K 회장의 탁월한 판단력과 실행력으로 이제 부산 지역에는 흉물이 사라졌다. 오랜 기간 방치되었던 부산의 대표적인 흉물들을 말끔히 정리해 도시의 미관을 살려 준 K 회장에게 부산 시민들은 시민상이라도 주어야 할 정도다.

어쨌든 K 회장은 남다른 판단력과 결단력을 겸비한 경제인이다. 노령에도 불구하고 두뇌 또한 뛰어난 분이다. 그렇다 보니 모든 일을 본인이 직접 결정한다. K 회장의 결정이 여태까지 단 한 번도 잘못된 적이 없다. T 컨트리클럽을 인수할 때도 주변의 여러 사람들이 우려를 했다. 그러나 62만여 평이나 되는 T 컨트리클럽을 인수한 후 흉물로 방치되고 있던 리조트 부지에 콘도를 짓고 워터 파크를 설치하여 재개장함으로써 부산과 양산, 울산 지역 젊은 가족들이 즐겨 찾는 대표적인 위락 시설로 탈바꿈시켰다.

그러나 한편으로 K 회장의 탁월한 능력이 조직의 경쟁력에는 오히려 부담으로 작용하고 있다. 매사에 K 회장의 참견이 뒤따르고 임직원들은 K 회장의 지시 사항만을 해결하는 데 여념이 없다. K 회장 회사에는 우수한 능력을 갖춘 사람들이 많다. 하지만 그들은 K 회장을 오래토록 보필하면서 수동적으로 변하고 말았다. K 회장의 탁월한 판단력과 만기친람이 그들의 자생력을 잃게 해 버린 것이 아닌가 싶다. K 회장은 팔순이 넘은 고령인데도 기업 경영을 왕성하게 수행하신다. 이제는 평일에도 하루 정도는 건강을 위해서라도 골프를 하고, 사무실을 비워 주라고 권유해도 평일에는 일을 해야 한다며 꼭 주말에만 골프를 한다. 그렇다고 주말에 일을 안 하는 것도 아니다. 항상 일을 챙긴다. K 회장은 고령임에도 일을 열정적으로 하는 것이 건강을 유지하는 비결이라고 확신하는 것 같다.

기업은 한 사람만의 능력으로 장기간 생존하기 어렵다. 기업의 진정한 힘은 바로 우수한 인재들이 함께 모여서 표출해 내는 시너지에 있다. 그리고 그런 훌륭한 시너지들이 지속적으로 발휘되는 기업이야말로 100년, 200년의 장구한 역사를 가지고 성장하며 인류 사회에 양질의 일터를 제공하는 인류 공동선의 역할을 하는 것이다.

원래 아파트 건설업은 경기가 좋을 때는 현금이 쏟아져 들어오는 황금 사업이지만 막상 침체기에 들어서면 거의 대부분 건설 회사들이 망해 버리는, 한마디로 High Risk High Return 사업이다. 그 어떤 사업보다도 Risk가 크다. 한동안 승승장구 하던 회사들도 단 한 번의 분양 실패에 문을 닫아야 한다. 그만큼 매 순간순간마다 결단을 내려야 하고 그 결단은 정확하게 맞아 떨어져야 한다. 특히 지방에 기반을 두고 사업을 벌이는 건설 회사의 Risk는 이루 말로 다 표현을 못 한다. 그래서 사업은 경영자의 자질과 능력이 무엇보다 중요하다. 한 번의 착오로 그동안의 모든 것을 잃을 수 있기 때문이다. 그런 면에서 K 회장은 내가 아는 한 최고의 주택 건설 사업가다.

　당시에 부산 지역의 주택 건설 회사들은 수시로 1차 협력 회사들이 부도가 난다고 소문이 날 정도로 원가 관리를 철저하게 했다. 본사 건물에는 수시로 근로자들이 찾아와 자신들이 협력 회사에서 떼인 임금을 직접 해결해 줄 것을 요구하는 농성이 벌어졌다. 또한 협력 회사 대표들은 수시로 회장과의 직접 면담을 요구하며 그들의 애로 사항을 들어줄 것을 간청했다. 당시에 내가 방문하던 건설 회사들의 회장 집무실에는 반드시 회장만 따로 이용하는 뒷문이 있었다. 내가 만나는 거의 모든 회장들이 이 뒷문을 애용했다. 수시로 본사 사무실에 쳐들어와 농성과 회장 면담을 요구하는 그들의 욕구를 다 채울 수 없었기에 부득이한 방법이라 여겨졌지만 그것을 보는 내 마음은 항상 무거웠다.

　당시 K 회장은 지점에 조그마한 주식 계좌를 갖고 있었다. 주식 매매도 자주 하지 않는 편이라 그렇게 지점에 도움이 되는 고객은 아니었다. 그런데 어느 날 지점에 상주하고 있던 고객이 K 회장과의 오찬을 주선했다. 만나 보니 이분이 상당한 재력을 소유하고 있음이 느껴졌다. 그러나 원래 건설업을 하는 사람들은 현금 하나하나가 소중하게 여겨지는 사람들이라 증권 회사에 거액을 거래하거나 주식 투자를 잘 하지 않는 경향이 있다. 즉, 현금이 있으면 즉시 땅을 보러 다니고 그리고 아파트를 짓는다. 아파트 사업은 주식 투자하는 것보다도 몇 배로 수익률이 높고 안정적이고 재미가 있었다. 그런 이유로 증권 회사에 거액을 거래한다는 것은 꿈도 꾸지 못할 일이다. 그래서 나도 그 첫 만남 이후로 K 회장에 대해 적극적으로 섭외를 하지 않았다. 그런 반면에 K 회장은 의외로 내게 적극적으로 다가왔다. 같은 서부 경남 출신이라서인지 아니면 또 다른 이유에선지 알 수 없었으나 수시로 전화를 해서 나를 불러내셨다. 그러고는 자신이 궁금한 내용들을 묻곤 했는데 그럴 때마다 K 회장은 이미 자신의 생각을 다 굳히고 난 후에 내게 질문을 던지는 정도였다. 그만큼 다른 회장들과의 행동이 달랐고 특유의 고집이 있었고 자신만의 주장이 너무 강했다. 도무지 남의 말을 잘 경청하지 않고 오로지 자신의 결정을 밀어붙였다. 그래서 K 회장을 아는 거의 대부분 사람들이 K 회장을 부담스러워했다. 그리고 K 회장도 그런 걸 인지하고서도 별로 개의치 않는 것 같았다. 그러나 나는 조금 달랐던 모양이다. K 회장 앞에서 기죽지 않고 당당하게 얘기하고 증권 전문가로서의 자부심 또한 남달라 보였기 때문에 특히 나를 좋게 생각하는 것 같았다.

어쨌든 나와의 관계는 나쁘지 않았다. 나는 K 회장의 계좌 규모를 키우기 시작했다. 당시에 10억 원도 되지 않던 계좌가 어느덧 50억 이상으로 커지고 있었다. K 회장도 수시로 내게 주식에 대해 이것저것 물었다. 나는 그럴 때마다 성실히 임해 주었고 삼성 증권, 부산 은행 등 주식을 매매케 하여 짭짤한 수익을 제공해 주었다. 그런데 어느 날 K 회장은 내게 한국우사회 주식을 장외에서 대규모로 매수해 달라고 요청을 했다. 나는 K 회장에게 내가 파악하고 분석한 한국우사회의 재무제표에 대해 말을 하지 않을 수 없었다. 그러나 나의 만류에도 불구하고 K 회장은 내게 한국우사회의 주식 매수를 강하게 요구했다. 나는 하는 수 없이 장외 시장에서 한국우사회 주식을 수십억 원어치 사 주었다. 당시까지 한국우사회 주식을 보유하고 있던 주주들 중 사업이 지연되면서 불안감에 휩싸여 있던 사람들이 있었는데 그들의 주식을 대규모로 매수해 주었으니 사실상 그들의 EXIT를 돕는 역할을 톡톡히 했다.

한국우사회 주식을 대량으로 매수한 후 어느 정도 시간이 흐른 후 그때까지 2대 주주로 있던 SJ 건설의 PJ 회장이 주식 추가 매수에 나선 것이다. PJ 회장이 주식을 추가 매수하여 2대 주주의 지위를 확고히 하고 K 회장 등 주변의 지인들을 규합하여 한국우사회의 경영권을 확보하려 나섰다. 그런데 기존의 1대 주주인 DS 건설 KH 회장의 저항이 만만치 않았다. 결국 서로의 소송과 고발이 난무하였고 파국으로 치닫고 말았다. 1대 주주인 DS 건설 KH 회장은 구속되어 영어의 몸이 되었고, 한국우사회는 그 길로 마지막 남은 희망마저 사그러들었다.

그럴 즈음 대구 지역의 유력한 재력가가 한국우사회의 경영권에 관심을 가지게 되었다. 그리고 PJ 회장을 비롯한 2대 주주들의 지분은 대구지역 유력 재력가에게로 넘어갔다. 그동안 대량으로 매수 보유하고 있던 K 회장 지분 대부분도 무난히 함께 넘기게 되었다. 불행 중 다행으로 적당한 선에서 무사히 EXIT가 된 셈이었다.

그런 일이 있은 후 K 회장은 나의 말은 무조건 신뢰했다. 어느 날 부산 은행 주식에 대해 문의해 왔다. 나는 당시 부산 은행 주가가 @6,000대에 머물고 있었으므로 가치 대비 너무 저평가되어 있다고 판단했다. 나는 K 회장에게 100억 원어치의 부산 은행 주식 매수를 권유했다. 그리고 본격적으로 기회 있을 때마다 장중 저점을 이용하여 부산 은행 주식을 매수하기 시작했다. 그런데 나의 순진한 판단과는 달리 부산 은행 내부에 문제가 많은 듯했다. 대량으로 주식을 매수한 후에도 한동안 부산 은행의 주가는 지지부진했다. P 랜드 L 회장도 이미 엄청난 규모의 부산 은행 주식을 보유하고 있었으므로 나의 책무감은 날로 커졌다. 하루하루 부산 은행의 일거수일투족을 살피게 되었고 급기야 부산 은행의 최고위층과의 친분도 쌓게 되었다. 일개 증권사 지점장이었지만 부산 은행의 회장과도 골프를 쳤고 심지어 다른 임원과는 골프 서클을 함께 만들어 매월 라운딩을 했다. 의도적이지는 않았지만 궁하면 통한다고 나의 갈증이 그들과의 인연을 만들게 된 것이다.

부산 은행의 주식을 대량 보유하게 된 K 회장과 부산 은행 고위 임원과의 네 명으로 단출하게 꾸려진 골프 서클은 나를 더욱 피곤하게 했다. 매월 몇 차례 반복되는 라운딩과 음주는 나의 몸을 지치게 하고, 서로 간에 일정 부분 회비를 각출하였지만 영업을 하는 지점장과 아울러 총무를 맡은 나로서는 지출도 만만치 않게 부담이었다. K 회장은 자신의 곁에 S 증권의 잘나가는 지점장과 부산 은행의 부행장이 있으니 몹시 뿌듯해했다. 그런 이유로 골프 서클 후 K 회장의 별장에 초대되어 부인이 직접 준비해 주시는 만찬을 즐기기도 했다.

주식을 대량 보유한 후에도 부산 은행 주가는 오랜 기간 요지부동이었다. 급기야 K 회장은 나를 다그치기 시작했다. 수시로 내게 책임을 지라는 말씀과 함께 심지어 주식 매매 수수료까지 비싸다고 깎아 달라고 요구했다. 아마도 다른 증권사에서 K 회장에게 주식 수수료를 거의 ZERO 수준까지 해 줄 테니 자산을 넘겨 달라고 부탁한 것 같았다. 그러나 나는 주식 매매 수수료를 단 0.1%도 깎아 드리지 않았다. S 증권의 1등 지점장이 고객의 수수료까지 깎아 드리면서까지 영업을 하고 싶지는 않았다. 그리고 그것이 증권 회사의 PB로서 실력으로 검증받으려는 최소한의 내 자존심이었다. PB는 실력으로 무장되어 양질의 서비스를 제공하고 그에 대한 대가를 당당하게 받을 수 있어야 한다. 주식 투자를 하는 사람이 수수료가 아깝다면 주식 투자를 하지 말아야 한다. 주식 수수료, 그것 아끼려고 주식 거래를 하는 것은 아니지 않은가? 나는 그런 확고한 신념을 가지고 있었다. 수수료를 할인해 주고 고객의 만족을 얻겠다는 것은 주식 투자의 본질을 제대로 깨닫지 못한 것이다. 우리 주변에 주식 수수료를 너무 많이 내서 망했다는 사람이 있는가? 결국 종목과 시장 투자를 잘못해서 망한 것이다. 수수료가 본질이 아닌 것이다.

그 후에도 나는 연일 K 회장으로부터 수수료 할인에 대한 요구를 받다가 결국 계좌를 타 증권사로 넘겨주고 말았다. 그러고는 몇 년간 유지하던 골프 서클도 부산 은행의 임원이 퇴임하는 등 몇 가지 일들이 함께 일어나는 바람에 내가 회장께 말씀드려서 정리해 버렸다.

금융 회사에 근무하며 100억대가 넘는 개인 금융 자산을 경쟁사에 넘겨주는 것은 쉬운 일이 아니다. 회사의 평가와 주위의 평판 등을 고려했을 때 쉽게 내릴 수 있는 판단이 아니다. 그런데 나는 과감하게 정리를 했다. 일정 부분 시원섭섭했지만 오히려 여유가 더 생겼다. 그리고 남는 여력을 다른 곳에 썼고 훨씬 높은 영업 성과를 창출할 수 있었다.

그러나 인연은 쉽게 끊기는 것이 아니다. 계좌를 옮겨 간 후 K 회장은 여러 가지로 불편해했다. 수수료가 본질이 아니었던 것이었다. 가끔씩 K 회장의 연락이 왔고 그럴 때마다 나는 K 회장에게 주위의 어른을 대하듯 성심껏 응해 주었다. 내가 사 준 부산 은행 주식도 어느새 오르기 시작하여 @20,000을 넘어갔다. 주식을 매수한 직후 주가가 부진하여 실망을 하였지만 그 주식이 무려 3배 이상 올라 버린 것이다. K 회장은 부산 은행 주식 투자에서 거액의 차익을 거두었다. 결국 주식 매매 수수료가 본질이 아니었고, 끝까지 자존심을 지킨 나를 K 회장은 잊지 못하는 듯했다.

K 회장도 보기보다 자존감이 강하고 고집 또한 남다른지라 다시 내게 돌아오는 것은 쉽지 않은 듯했다. 나 또한 K 회장을 더 이상 영업 목적으로 만나지를 않았다. 간간히 안부를 묻고 하는 기간이 길어져 어느새 7~8년이 흘렀고 나는 S 증권을 떠나 I 투자증권으로 자리를 옮기게 되었다. 회사를 옮기면서 K 회장을 찾아가 다시 만났다. 차를 한잔 나누어 마시고 불가피하게 회사를 옮기게 되었음을 말씀드렸다. 그리고 그것으로 끝이었다.

I 투자증권으로 자리를 옮긴 후 내가 맡은 WM 사업 부문의 대규모 적자를 극복하기 위해 나는 나의 모든 것을 쏟아붓고 있었다. I 투자증권은 회사 창립 후 무분별한 투자로 아직까지 제대로 자리를 잡지 못하고 있

었고 특히 지점 사업을 총괄하는 WM 사업 부문의 적자 규모가 200억에 달해 회사에 크게 부담을 주고 있었다. 전임 부문장들이 여러 명 거쳐 갔지만 WM 사업부의 근본 문제를 해결하지 못하고 대규모 적자가 누적되면서 임직원들 간의 갈등도 최고조에 이르고 있었다. 그런 지경에 내가 구원 투수로 나선 것이다.

나는 내가 가진 모든 것을 쏟아부었다. 비록 회사는 작지만 대형 회사 지점장, 임원일 때보다 사업부문장의 자리라서인지 할 수 있는 게 많았다. 천신만고의 노력 끝에 대규모 적자 행진을 끝내고 이제는 회사의 주력 사업부로 거듭날 즈음 K 회장으로부터 연락이 왔다. K 회장은 내게 대뜸 자신이 거래하고 있는 증권사에 대해 불만을 토로했다. 한마디로 실력이 너무 없다는 것이었다. 그러나 나는 K 회장에게 맞장구를 칠 수 없었다. 내가 적극적으로 동조를 하면 아마도 내가 직접 회장 계좌를 케어해 드려야 할 것이기 때문이었다. 나는 K 회장을 달래어 드렸다. 그리고 다음에 좋은 상품이 있으면 반드시 연락드리겠다고 하고 대화를 종료했다.

그런데 일은 희한하게 반전되었다. 그 말 많고 탈 많은 BNK 금융지주에서 대규모 후순위채 발행을 추진하였다. BNK 금융지주는 겉으로는 평온했지만 내부적으로는 경영 위기에 몰리고 있었다. 몇 해 전 경남 은행을 자회사로 편입한 데다가 무엇보다 해운대에 건립 중인 LCT에 대한 타격이 컸다. 전전임 회장 때부터 진행된 LCT 상대 대규모 대출이 문제가 되어 출자로 전환되고 또다시 전임 회장의 주도로 추가 대출이 이루어져 LCT에 물린 돈이 1조 1,500억이나 되었다. 이런 피 같은 영업 자금이 대규모로 물리면서 BNK는 한마디로 풍전등화 위기로 치닫고 있었다. 심지어 전임 회장은 떨어지는 주가를 방어하기 위해 무모하게도 주가 조작 사건에 가담하여 구속되어 버리는 등 최고 경영진의 도덕적 해이가 극에 달하고 있었다. 그런 즈음 BNK 금융은 후순위채를 발행하여 돌파구를 마련하려 했다. 그러나 BNK에 대한 여의도의 반응은 실로 냉담했다. 실무를 추진하던 BNK의 자금 담당 부행장과 부장, 팀장들은 Deal이 실패로 끝날까 봐 전전긍긍해했다.

나의 산하에 있는 리테일 채권팀 J팀장으로부터 그 사실을 인지한 나는 BNK 금융의 후순위채 발행에 대해 관심을 가지게 되었고 조건만 맞으면 발행에 참여하겠다는 의사를 J팀장을 통해 전달하였다. 그때까지 불안해하던 BNK 측 인사들은 당연히 나에게 SOS를 보내왔다. 여러 번 만남이 이어지면서 나는 부산 지역에 무언가 해야겠다는 의무감 같은 것이 생겼다. 또한 내가 만나고 존경하는 대부분의 고객들이 부산에 연고를 두고 BNK와 거래를 하고 있지 않은가? 생각이 거기까지 미치니 망설일 이유가 없었다. 비록 전임 최고 경영진들의 사고로 LCT에 거액이 물렸지만 은행의 밸류에이션은 좋게 유지하고 있었다. 후순위채 발행 조건만 맞으면 참여하지 않을 이유가 없었다. 나는 BNK CFO와 자금 담당 부장들을 수시로 만나면서 조율을 해 나갔다. 한편으로는 나의 주요 고객들에게 후순위채 발행에의 참여를 요청했다.

그런데 그동안 별 관심을 보이지 않던 K 회장이 내게 연락이 왔다. 시간 나면 부산으로 내려와서 설명을 해 보라는 것이었다. 물론 내게 연락한 뜻은 다른 데 있었다. 그러나 나는 만반의 준비를 하고 부산으로 내려가 K 회장을 설득했다. 당시에 K 회장은 엄청난 현금을 보유하고 있었는데 아파트를 짓기 위한 부동산을 찾고 있으면서 새로운 투자처를 물색하고 있었다. 물론 부동산 투자를 하고도 여유 자금은 충분했다. 그런 즈음에 내가 BNK 후순위채 발행에 대한 말씀을 드린 것이었다. K 회장은 이미 오래전에 나로 인해 부산 은행 주식 투자로 큰 수익을 거둔 경험이 있어서 BNK에 대한 좋은 기억을 갖고 있었다.

나의 적극적인 설명과 설득으로 BNK 후순위채 1차 발행에 선뜻 300억 투자를 약속해 주었다. 나와 J팀장은 그 300억을 포함하여 BNK의 후순위채 1,500억 발행에 1,100억의 자금을 모아 참여하여 BNK 후순위채 발행을 주도했고 BNK 측에서도 예상 경쟁률을 크게 뛰어넘는 성황을 이루어 서로가 win-win하게 되었다. 그 후에도 BNK의 사정은 쉽사리 개선되지 않았다. 따라서 추가로 발행된 BNK 경남 은행 후순위채에도 K 회장의 자금 400억을 참여시켜 성공적으로 Deal을 마무리 지어 주었다.

BNK 후순위채 발행에 K 회장의 자금 700억을 투자시키니 경쟁 증권사에서 공격적으로 K 회장에 접근해 왔다. 심지어 어떤 여성 지점장은 금융인으로서는 도저히 하여서는 안 되는 천박한 행동과 지키지도 못할 약속까지 하면서 K 회장에게 매달렸다. 같은 값이면 다홍치마라고 젊은 여성 지점장이 실력을 제대로 갖추지 않은 채 K 회장에게 접근해서는 막무가내로 영업을 해 대는 바람에 나의 업무에 상당한 차질을 빚고 말았다. 이런 극소수 준비되지 못한 몇몇 여성 PB 때문에 선량하게 실력으로 승부하는 다수의 여성 PB들이 폄하되고, 증권 회사에 수십 년 동안 근무하고 주변으로부터 모범적인 증권인으로 인정을 받게 된 나로서도 참으로 난감하였다. 어쩌다 우리 증권인들이 이렇게까지 되어 버렸나 하는 심한 자괴감에도 빠지고 말았다.

당시에 증권 회사 임직원들을 출혈 경쟁 시키고 수수료나 금리 등을 최고로 유리하게 적용받는 것이 당연한 것일 수도 있었겠지만, 당사자인 나는 증권인으로서 심한 자괴감에 빠져들 정도였으니 심적으로 느끼는 부담감은 참으로 컸다. 그러고는 한동안 연락을 드리지 않았다. 그런데 잊을 만하면 K 회장이 내게 전화를 하시고는 우리나라 주식 시장과 경제 상황 등 제반 궁금하신 것들을 물으셨다. 내가 직접 연락을 하지는 않지만 당신이 직접 나에게 연락을 해서 물으시는 데에 대해서는 내가 알고 있는 범위 안에서는 항상 최선을 다해 응해 드렸다.

글을 쓰고 있는 오늘도 K 회장이 내게 전화를 하셨다. 이번 주말에 골프를 함께 하자고 하신다. 최근 몇 차례의 초대에 응하지 못했다. 이유는 간단하다. 이미 다른 약속이 있었다.

나는 K 회장의 탁월한 경영 능력을 높이 평가하고 그 부분에 있어서는 존경해 마지않는다. 또한 고령인데도 체력과 총기는 남다르시다. 요새는 수시로 만나서 점심 식사를 함께 하고 골프 라운딩도 자주 한다. 이제 나도 K 회장을 알게 된 것이 근 20여 년이 넘게 되었다.

S 유통
L 회장

  S 유통은 부산 경남 지역에서 중, 소형 마트 사업으로 연 1조 5천억 이상의 매출을 올리는 우량 기업이다. 내가 S 유통의 창업주이자 회장인 L 회장을 처음 만난 건 2003년 초이다. 당시 나는 부산 지역 지점장으로 처음 부임 후 당시 폐쇄 위기까지 몰려 있던 지점을 정상화시키느라 눈코 뜰 새 없이 바빴었고, 심지어 창원에 있는 본가에 귀가를 제대로 하지 못해 수시로 지점의 인근 모텔을 전전하던 때였다.

  나의 그런 열정적인 모습을 지켜보던 인근 부산 은행의 부행장이신 KCG 님께서 조심스럽게 L 회장을 소개시켜 주었다. L 회장은 평생토록 증권 회사와의 거래가 전무한 분이었다. 오로지 사업과 관련된 은행과의 거래 관계가 전부였고 자신이 이루어 놓은 금융 자산의 운용을 증권사나 타 운용사에 맡기는 걸 해 본 적이 없는 분이었다. 그런 분이 이제야 리스크를 테이킹하는 증권 회사와의 거래를 나를 통해 처음 시작한 것이었다.

처음 거래액은 40억이었다. 당시에 40억이라는 금액은 적은 금액이 아니었지만 실제 내가 운영하는 Size에 비해 그리 큰 금액은 아니었다. 그러나 나는 L 회장 일생의 첫 증권사 거래였으므로 최선을 다해 관리했다. 금융 상품보다는 주식을 직접 사고 싶어 해서 자신이 주거래 은행으로 이용하고 있는 부산 은행 주식을 전량 매수해 드렸다. 물론 당시에 부산 은행 주가는 내가 분석해 본 결과 밸류에이션 대비 약 40%가 저평가되어 있었다. 아니나 다를까 부산 은행 주식을 매수(평균 매수 단가 @8,000)한 후 주가는 @10,000을 넘어 @12,000까지 올라가 버렸다. 단번에 수익률이 50%가 난 것이었다. 그럼에도 불구하고 나는 교만하지 않고 그 모든 투자 성공이 오로지 L 회장님의 탁월하신 선택 때문이었다고 공을 돌려 드렸다. 사실 내가 투자 추천을 하였더라도 정작 계좌주 본인이 거절하면 어쩔 수 없는 게 투자 원칙 아니던가? 이런 면이 L 회장으로부터 깊은 인상과 함께 신뢰를 쌓는 계기가 되었던 것 같다.

이후 L 회장은 자신이 경영하는 회사에서 배당금을 받든가 여유 자금이 생기면 반드시 나에게로 보내 주었다. 그러는 동안 어느새 그동안 투자했던 주식의 상승과 추가 입금액 등이 합해져 투자 자산이 수백억대에 이르게 되었다. 계좌의 Size가 커지면서 나의 집중도는 더욱 높아졌고 L 회장과의 만남도 잦아졌다.

사람들과의 관계에서 만남이 잦아지면 자연스레 친근감이 높아지면서 서로 간에 친밀감이 높아지기 마련이다. 하지만 L 회장과의 만남은 항상 긴장감의 연속이었다. 이분이 원래 까칠한 성품의 소유자이신 데다가 내가 종사하는 업종이 평생 을의 위치에만 서야 하는 증권업이 아니던가? 나는 그동안 그 어떤 쟁쟁한 회장들을 만날 때도 기죽지 않고 당당하게 영업을 해 왔는데 L 회장을 만날 때만큼은 긴장감을 늦출 수가 없었다. 서울의 명문 사립 대학을 졸업하고 당시만 해도 만만찮은 마트업을 해 오면서 본인도 모르게 엄격함이 몸에 밴 듯했다. 수많은 만남에서 단 한 번의 따뜻한 격려의 말씀이 없고 항상 추궁하다시피 말씀을 하시는 통에 등에서는 긴장으로 인한 식은땀이 흘러내리기 일쑤였다.

작은 마트 사업에서 시작하여 매출 1.5조 원이 넘는 초대형 기업으로 키우기까지 L 회장의 일생은 긴장의 연속이었음을 짐작하고 남았다. 또한 PK 지역에도 롯데나 신세계 이마트, 홈플러스 등 국내의 초대형 마트들의 시장 공략이 만만치 않은 상황에서 틈새시장을 발굴하여 외형을 1.5조 원 이상의 대기업으로 키우는 것은 거의 불가능에 가까운 상황이었다. 그런 상황에서 L 회장은 자신만의 특별한 능력으로 매출 1.5조 원 이상의 마트 사업을 키우신 분이었다.

당연히 이분의 T 마트 운영 철학은 정말 특이하며 여타 기업을 경영하는 분들이 당연히 본받아 마땅한 철학을 가지고 있었다. 매출 1조 원 이상의 큰 기업을 갖고 있으면 수많은 투자 기회를 만날 수 있고 유혹도 만만치 않은 게 사실이다. 그럼에도 불구하고 L 회장은 평생 한 우물만 파고 있고 그로 인해 수많은 위협과 도전에도 굴하지 않고 이제 매출 2조 원대를 바라보고 있다.

이유는 간단하다. L 회장은 자신이 알고 있는 분야에 집중적으로 투자하고 관리하고 개발하여 사세를 키워 왔다. 타 대형 마트들이 수많은 공산품으로 구색을 갖추어 마치 백화점 아닌 백화점 형태의 마트로 대형화시켰으나 L 회장은 오로지 시민들의 먹는 분야에만 집중해 왔다. 그럼으로써 특히 신선식품 분야는 국내에서 그 어떤 대형 마트들이 넘볼 수 없을 정도로 그 퀄리티가 최상급을 유지하고 있고 가격 경쟁력 또한 국내 최고이다. 즉, 대형 마트들이 무분별하게 몇 개 층을 옷가지나 가구 등 공산품으로 매장을 갖출 때 L 회장의 T 마트는 오로지 신선식품과 함께 식료품으로만 매장을 갖추었고 이를 특화함으로써 마트 경쟁력을 국내 최상급으로 끌어올렸다.

그뿐만 아니라 마트의 계산원 직원들을 상당수 장애인으로 채용하여 그들에게 양질의 일자리를 선도적으로 제공함으로써 기업의 사회적 책임을 다하는 지역의 대표 기업으로 면모를 갖추고도 있다. 장애인의 집단 채용은 당시만 해도 여타 기업들이 생각지도 않던 사건인지라 지역에 신선한 충격을 주기도 했다. 누구도 생각지 않던 자리에 장애인들을 집단 채용하여 일을 할 수 있도록 배려를 한다는 것은 평소에 인간에 대한 깊은 성찰과 애정, 관심이 없으면 행할 수 없는 결단이다. 나는 그래서 겉으로만 까칠한 그분 L 회장을 마음속 깊이 존경한다.

한 가지 일화를 더하면, 열심히 회사 일에 몰두하고 있던 어느 날 갑자기 L 회장으로부터 잠시 만나자는 연락이 왔다. 나는 잔뜩 긴장을 한 채 L 회장의 회사로 달려갔다. 그런데 L 회장은 뜻밖의 말씀을 하시면서 나의 의견을 구하셨다. 내용인즉 국세청에서 감사를 나왔는데 감사 기간이 무려 2개월짜리라는 것이었다. 당시만 해도 국세청 조사 4국과 연결된 지방 국세청 감사는 기업 하나 정도는 생사여탈을 좌지우지할 정도로 두려운 것이었다. L 회장 자신이 수십 년 기업을 키워 왔지만 이런 국세청 감사는 처음이었다. 잔뜩 긴장하고 있는 모습이 역력했다.

나는 L 회장께 국세청 감사에 대해 그동안 책잡힐 만한 일을 하신 적 있는지 자세히 여쭈었다. 그러나 기업의 외형을 1조 원대 이상까지 키우시면서 자신의 급여마저도 최저로 받아 가고 심지어 이익에 대한 배당금도 최근 몇 년에 걸쳐서야 최소한으로 수령하시는 분이 국세청에게 표적이 될 만한 특별한 이유가 있을 수가 없었다.

그렇다 보니 국세청에서 볼 때는 문제가 있을 것이라고 본 듯했다. 외형 1조 원대 대기업이 L 회장 본인은 물론이고 회사조차도 그동안 납세를 한 금액이 미미한 것이 의심을 키울 수밖에 없었던 것이다. 국세청 조사 4국은 재벌을 잡는 저승사자로 불릴 정도로 악명이 높은 집단이다. 여태까지 국세청 조사 4국에 걸렸던 기업들이 온전하게 살아남은 적이 없었다. 그런데 이제 갓 1조 클럽에 가입한 지역의 기업에 지방 국세청이 조사 4국과 협동하여 L 회장의 회사를 들여다보기 시작한 것이다. 마치 무슨 엄청난 탈세를 저지른 것처럼 무려 2개월이라는 장기간의 감사 기간을 잡으면서 말이다.

나는 L 회장에게 질문하기를 일생 동안 국가에 납부한 세금이 얼마나 되는지를 여쭈었다. 그랬더니 아니나 다를까 L 회장이 그동안 납부한 세금은 얼마 되지 않았다. 다른 기업인들과 달리 그동안 기업을 키우면서 단 한 번도 개인 치부를 하거나 개인 자산을 늘리려 하지 않았기에 회사로부터 자산을 자신에게 이전시킬 이유가 없었다. 당연히 납세액은 자신이 받은 급여액에 대한 갑근세가 전부였다. 외형 1조 원대 기업 회장이 일개 월급쟁이 정도만 납세를 해 왔으니 과세 당국의 의심을 사기에 충분한 이유가 되었다.

기업은 털면 털리게 되어 있다. 미처 깨닫지도 못하고 처리했던 곳에서 의외로 탈세 혐의가 드러나기도 한다. 의도했든 의도하지 않았든 탈세는 탈세다. 외형 1조 원대의 기업을 두 달간 털면 어찌 되겠는가? 기업 활동은 완전히 멈출 수밖에 없고 자칫 잘못하면 부정한 기업으로 낙인찍혀 수많은 종업원이 길거리에 나앉을 수도 있는 것이 현실이다.

그러나 일단 들이닥친 국세청 직원들을 물리력으로 어쩔 방도가 없었다. 나는 L 회장의 진정성을 잘 알고 있었으므로 국세청이 아무리 털어도 별로 나올 것이 없을 것이라는 확신을 갖고 있었다. 그래서 L 회장께 조언을 드렸다.

제가 판단하는 국세청의 조사는 그동안 회장님의 외형에 비해 납부한 세금액이 너무 적은 관계로 충분히 의심을 살 만하다, 이번에는 어차피 조사를 나왔으니 조사를 성실히 받아야겠지만 앞으로는 회장님 개인이나 법인으로라도 적절하게 납세를 하시는 방법을 강구하셔야 한다, 정뾰족한 방법이 없으면 회사 대규모 유보 이익 중에서 상당액을 배당하여 배당세만이라도 납세하셔야 한다고 조언을 드렸다. 또 한 가지, 국세청 직원들이 들이닥친 이상 그들은 반드시 성과를 가지고 돌아가야 한다. 무려 2개월이나 특정 기업을 털었는데 아무런 전리품이 없다면 그들이 기간을 연장해서라도 기업을 옥죌 것이다. 그런데 회장님의 회사는 한 달 이상 털어도 나올 것이 없기 때문에 초조해질 것이다. 그즈음에 그동안 회사가 성장하면서 국가의 도움을 받았다는 의미로 그들에게 약간의 선물을 드리는 게 좋겠다고 조언을 해 드렸다. L 회장도 그렇게 해야겠다고 흔쾌히 내 의견을 받아들이셨다. 그러고는 약 한 달이 지나갈 즈음에 좋은 소식을 알려 오셨다. 국세청과 얘기가 잘 되어 적절한 납세 조건으로 조사를 끝내기로 했다는 소식이었다. 이후 L 회장께서는 이번에 큰 공부를 하셨다며 회사의 성장과 함께 납세 레코드도 적절하게 관리하는 게 참으로 중요하다는 말씀도 덧붙이셨다.

과유불급, 검찰이든 국세청이든 그들이 가진 조사 권력은 부정이 있는 곳에 휘두르면 정의가 실현되지만 막연한 의심으로 무고한 곳에 휘두르면 반드시 엄청난 부작용이 생기게 된다. 그런 의미에서 L 회장이 내 의견을 무시하지 않고 흔쾌히 받아 주시어 실제로 적절하게 대응을 잘하신 것은 그분이 기업 경영자로서의 탁월한 능력의 소유자이기 때문이다.

그런 일이 있은 지 얼마 후 나는 20여 년간 열정을 불태웠던 S 그룹을 떠나게 되었을 때 L 회장을 찾아뵙고 자초지종을 말씀드릴 기회가 있었다. 내 인생에서 두 번 다시 돌이켜 보고 싶지 않은 순간들이었지만 그래도 그동안 나를 지켜봐 주신 그분들의 따뜻한 격려의 말씀들을 잊을 수가 없다. 특히 L 회장은 나에게 자신의 인생 과거의 거의 전부를 말씀해 주시면서 나에게 힘과 용기를 심어 주셨다. 그동안 업무차 만날 때마다 까칠하게만 대하시던 모습은 찾을 데가 없고 오로지 나의 미래를 축복해 주셨다. 그리고 격려해 주셨다. 마지막으로 자네가 도저히 오갈 데가 없으면 자신을 찾아오라시며 마지막 자리를 보장해 주셨다. 그런데 그분이 나를 너무나 잘 아셨는지 나는 그분을 마지막으로 찾아갈 일이 없어졌다. 그분의 축복대로 나는 S 그룹에 있을 때보다 훨씬 더 성장했고 훨씬 더 인생의 참맛을 느끼며 지내고 있다.

얼마 전 골프장에서 오랜만에 L 회장을 조우했다. 최근 건강이 악화되어 그 좋아하던 골프도 못 하신다더니 건강이 호전되어 골프를 하러 오신 것이다. 나는 반갑게 인사를 드렸고 L 회장도 나를 반갑게 맞아 주셨다. 세월은 어쩔 수 없으나 나이는 그냥 숫자에 불과하다는 것을 증명해 주실 것을 L 회장께 말씀드렸다. 팔순이 넘은 연세에도 건강하게 기업을 경영하시고 골프도 즐겁게 할 수 있으면 이 세상 오신 충분한 이유는 되고도 남으니…….

K 전자
K 회장

K 전자 K 회장은 3개 고등학교를 다닌 특이한 경력의 소유자다. 부산의 명문고인 경남고와 부산고를 모두 모교로 두고 있기도 하다. 부득이한 사정으로 잠시 울산의 모 고교를 다니신 것까지 하면 3개교를 모교로 두고 계신다. 시절이 수상한 시대였으니 그럴 만도 하지만 그렇다고 쳐도 부산의 두 명문고를 다닌 것은 독특하다.

또 다른 이력은 우리나라 역사의 한 페이지를 장식한 6.3 사태의 주역이라는 것이다. 당시 우리나라 사학의 명문 K대 총학생회장을 역임할 때 1965년 박정희 대통령과 JP가 주도한 한일 협정에 반기를 들어 전국적으로 학생 저항 운동을 일으킨 장본인이다. 6.3 사태를 일으킬 당시에 박정희 대통령을 두 번이나 만나 굴욕적인 한일 협정의 파기를 요구했지만 박정희 대통령의 "헐벗고 굶주린 민족을 살리려면 우리가 이럴 수밖에 없다."라며 간곡히 만류를 할 때도 서로의 의견과 주장이 평행선을 긋던 일화를 직접 전해 들을 때는 그분들 각자의 명분과 소신에 경외감을 느끼곤 한다.

그 후로 내란 음모와 국가 전복 시도 혐의로 서대문 형무소에 MB와 함께 투옥되어 110일간 옥살이를 경험한 분이다. 내란 음모와 국가 전복 시도죄는 당시 형법상 사형에 해당하는 중죄이다. 다행히 6.3 사태가 전국적으로 확산되면서 정권에서도 큰 부담을 느낀 나머지 이분들을 석방하는 바람에 아슬아슬하게 살아 나왔다.

MB와의 관계를 설명 들으니, 당시 MB는 K대의 단과 대학인 상대 학생회장으로 있었다. K 회장이 K대 총학생회장 후보로 출마하여 선거 운동을 하던 중 K대 상대 학생회장이 필요하여 주경야독하던 MB를 도서관으로 찾아가 설득하여 아무 조건 없이 상대 학생회장에 출마케 했다 한다. 그것이 서로가 운명이 되어 MB는 대통령까지 되었다.

K 회장은 K대를 졸업하고 조부와 부친의 완고한 반대로 정계나 관으로 진출하지 못하고 SS 그룹에 평범한 사원으로 입사를 하였다. 그런데 운명이란 어쩔 수 없는 게 SS 그룹의 총수가 당시 박정희 대통령의 오른팔 JP, 왼팔 SS 그룹 창업주 KSG 국회 부의장이었다. 당시 SS 그룹에서는 K 본인에게 물어보지도 않고 그룹 비서실로 발령을 내어 버렸다. 그렇게 해서 KSG 씨가 당시 항명 사태로 부득이 미국으로 망명길을 갈 때까지 장장 8년이라는 세월을 비서관으로 정치에 발을 디디고 있었다. 항명 사태로 KSG 회장의 비서관으로 일하던 관계로 서빙고에 끌려가 갖은 고초를 다 겪은 일화도 있다. 어쨌든 이 일로 완전히 정치와는 연을

끊게 되었고 사업으로 새로운 인생을 시작하였다 한다.

　SS 그룹을 나와 처음에는 오퍼상(무역업)을 하였다. 국내의 철강 회사에서 고철을 수입하거나 국내에서 확보하여 공급해 주는 사업이었다. 그런데 이 사업이 크게 돈은 되었지만 위법의 경계선을 넘나들어야 하는 위험한 사업이어서 결국 법을 위반하는 일은 할 수 없다는 결심하에 사업권을 처분하고 LG 그룹과의 OEM식 사업을 새로 시작하였다.

　당시에 LG 전자에서는 기존 사내에서 하던 밥솥 사업을 외부에 아웃소싱을 계획하고 있었다. 이 사실을 인지한 K 회장이 집안의 먼 형님이신 LG 전자 일가 K 회장을 찾아가 설득하여 사업권을 따내었다. 사업권을 확보한 후 OEM으로 제품을 한동안 LG 전자에 납품을 하였다.

　그런데 호사다마라고 할까, 삼성 전자가 밥솥 사업에 진출하면서 LG 전자도 자체 밥솥 사업을 다시 시작하게 되면서 K 전자는 최대의 위기를 맞게 되었다. 당시 삼성 전자와 LG 전자는 밥솥 사업을 대대적으로 광고했다. TV와 일간지에 하루도 멀지 않게 광고가 나왔다. 당시까지만 해도 LG에 OEM으로 납품만 하던 K 전자는 거래처가 끊기면서 회사는 존폐의 위기로 내몰렸다.

　회사가 위기에 몰리자 몇 달을 고민하던 K 회장은 회사를 완전히 독립된 회사로 거듭나기로 하고 회사명을 SG 전자에서 K 전자로 네이밍을 새롭게 하고 브랜드명도 바꿨다. 그렇게 해서 현재 우리나라의 밥솥 시장의 70~80% 이상을 점유하고 중국 등 동남아에서 최고의 명품 쇼핑 대상 품목이 된 밥솥이 탄생하게 된 것이다. K 전자가 탄생하기 전에 우리 부모님들께는 일본의 코끼리 밥솥이 최고의 명품 밥솥이었다. 일본이 자랑하고 세계 시장을 점령하고 있던 이 코끼리 밥솥을 K 회장은 순수 우리만의 기술로 극복을 하여 세계 최고의 압력 밥솥 회사를 만든 것이다.

이후에 삼성과 LG의 공격적인 키친 시장 쟁탈전이 벌어지면서 밥솥 시장도 과열되기 시작했고 당시까지만 해도 내실과 기술력만으로 버티던 K 전자에게는 하루하루가 전쟁과 같은 시간이었다 한다. 신생 브랜드로 삼성과 LG를 상대하기란 쉬운 것이 아니었다. 그러던 중 기회는 느닷없이 찾아왔다. LG 전자의 밥솥이 어느 가정에서 밥을 짓던 중 폭발해 버린 것이다. 그 폭발 사고가 있은 후 여기저기서 폭발 소식이 들렸고 급기야 TV 화면에 밥솥이 폭발하여 젊은 주부가 흰 밥알을 뒤집어쓰고 있는 화면이 그대로 보도되었다. 연이어 삼성의 밥솥도 폭발해 버렸다. 결국 삼성과 LG는 밥솥 사업에서 철수를 결정하게 되고 그때까지 오로지 내실과 기술력으로 힘들게 버티던 K 전자에게는 엄청난 기회가 찾아왔다.

K 전자의 놀라운 점은 시장의 절대적인 지배자임에도 불구하고 끊임없는 연구 개발로 제품의 품질을 세계 최고의 수준으로 유지하면서 기술 혁신을 멈추지 않음에 있고, 가격의 결정도 소비자 중심으로 합리적으로 이루어지고 있음이다.

언젠가 WJ의 Y 회장이 압력 밥솥 시장에 진출하기 위해 당시에 우리나라 밥솥의 대명사로 군림하던 마마 밥솥을 인수하여 K 전자의 사명과 비슷한 K첸으로 사명을 바꾸고 밥솥 시장에 진출하였다. K 전자로서는 또다시 위기가 찾아온 것이었다. K 전자 회장은 몇 달을 고민 끝에 WJ 의 주력 사업인 정수기와 공기청정기 사업에 맞불을 놓기로 결심했다. 자신의 주력 사업을 침범하는 상대방 회사에 대한 일종의 경고성 의미가 컸다. 회사의 연구소에 은밀하게 지시를 하여 정수기와 공기청정기에 대한 자체 기술을 개발케 했다. 약 1년여의 연구 끝에 WJ의 제품에 버금가는 신기술을 개발하게 되었고 무엇보다 제품에 대한 원가 경쟁력이 탁월하게 높게 개발된 것이었다.

획기적인 기술을 개발하고도 실제 제품 출시는 1년여를 미루고 있었다. 혁신적인 기술로 개발한 제품을 제때에 출시를 하지 않고 시간을 보내고 있는 이유를 아무도 몰랐다. 심지어 개발을 진두지휘한 K 사장도 그 이유를 몰라 어느 날 회장께 여쭈어보게 되었다. 남들보다 더 혁신적이고 더 원가 경쟁력이 있는 신기술을 그냥 썩히는 것이 안타까웠고 장기간의 연구 끝에 힘들게 탄생한 제품을 출시도 하지 않고 썩히는 게 답답했던 것이다. 그러나 제품 출시를 미루고 있는 K 전자 회장의 생각은 정말 놀라운 것이었다.

K 전자 회장의 지론은 이러했다. 아무리 뛰어난 기술과 경쟁력을 갖춘 제품이라도 그 제품이 탄생하게 된 동기가 진정 회사의 필요에 의해서가 아니라 경쟁자의 도발에 화가 난 나머지 일종의 보복의 심리로 개발한 제품 기술이기 때문에 이것을 쉽게 시장에 내어놓을 수는 없다는 것이었

다. 무릇 기업 경영은 어떠한 경우에도 감정이 섞여서는 안 된다는 K 전자 회장의 경영 철학이 그대로 투영되고 있었던 것이다.

K 회장은 젊은 시절 목숨이 걸린 대정부 투쟁에서 극심한 옥고를 치루기도 하였을 뿐만 아니라 다양한 인생의 경험을 거치면서 인간에 대한 깊은 이해를 갖게 됨으로써 자신이 확립한 가치관을 기업 경영에 그대로 적용하고 있는 실로 보기 드문 인물이다.

한 가지 일화를 덧붙이면 MB가 대통령으로 당선된 후 5년의 재임 기간 중 단 한 번도 MB와 연락을 하거나 만나지를 않고 기업 경영에만 전념하였다는 것이다. 주변에서 K 회장의 MB와의 관계를 알고 끊임없이 찾아오고 줄을 대었지만 일언지하에 거절하고 심지어 MB의 정중한 초대에도 응하지 않은 진정한 기업인이다. 우리나라와 같은 정치 경제 환경에서 대통령과 무슨 관계만 있다고 소문만 나도 주가가 요동치고, 심지어 대통령과의 특수 관계를 이용하여 기업의 급성장을 도모한 기업인들이 얼마나 많았는가를 알게 되면 K 전자 회장이 어떠한 인물인지 알 수 있다.

나는 그분을 요새 일주일에 거의 두세 번 이상을 만나고 있다. 그것도 골프와 식사와 음주를 함께하는 일상을 보내고 있다. 여든에 접어든 K 전자 회장의 체력은 19세나 젊은 나보다도 월등히 좋다. 나는 고작 일주일에 3번의 음주로 곧장 앓아눕지만 K 전자 회장은 일주일에 5일 이상의 음주에도 끄떡없다. 남다른 체력의 소유자이며 단 하루도 운동을 거르지 않는다. 체력뿐만 아니라 열정과 승부욕은 그 가늠이 어렵다.

  내가 S 증권에서 아주 잘나가는 총괄 지점장을 할 때의 일이다. K 전자 회장에게서 큰 영업을 하고 싶어서 K 전자의 IPO를 제안했다. IPO의 제안에 대해 처음에는 눈도 끔벅하지 않았다. 나는 내 주위에 그렇게 우량한 회사가 왜 IPO를 하지 않고 있는지 도무지 이해가 되지 않았다. 그래서 기회 있을 때마다 K 전자 회장에게 IPO를 권유했다. 그럴 때마다 K 전자 회장은 듣는 둥 마는 둥 했다. 고민 끝에 IPO라면 일가견이 있고 또 IPO로 큰 성공을 거둔 N 타이어의 G 회장에게 부탁을 드렸다. N 타이어의 G 회장과 K 전자 회장은 남다른 친분이 있었기 때문이고 그분들은 수시로 만나고 전화 통화도 하고 있었다. N의 G 회장은 흔쾌히 내 부탁을 들어주시기로 하였다. 그러고는 G 회장도 수시로 K 전자 회장에게 기업의 IPO가 어떤 유익한 점이 있는지 설명을 하시고 강권하다시피 했다. 어느 정도 시간이 흘러 K 전자 회장도 회사의 IPO에 대해 진지하게 고민을 하시기 시작했다. 물론 내가 도중에 부득이하게 S 증권을 떠나게 되면서 IPO의 주선은 한투와 NH가 주관을 하게 되었지만 K 전자는 당시 우리나라의 최대어급 IPO로서 시장에 성공적으로 진입을 하였고 K 전자는 제2의 도약기를 맞이하였다. 결국 기업의 IPO로 회사를 누구에게 뺏기게 되는 것 아닌가 하는 막연한 우려에서 벗어나 새로운 도약기를 맞을 수 있다는 시그널을 확인한 것이다. 어쨌든 그동안 감취져 있는 K 전자가 IPO를 성공시키면서 새로운 도약기를 맞이함과 동시에 글로벌 기업으로의 포지셔닝을 단단히 하는 계기가 되었다.

나는 꾸준히 K 전자 회장과의 인연을 지속했다. 좋은 일이든 나쁜 일이든 K 전자 회장에게 상의하고 K 전자 회장에게 조언을 구했다. K 전자 회장은 항상 나에게 좋은 길을 제시해 주는, 따르고 싶은 고향의 선배 같은 분이다. 이후 회사 일로 타 지역으로 근무지를 옮겼을 때도 주기적으로 안부를 묻거나 시간을 내서 방문했다. 그리고 틈틈이 골프도 함께 했다. 그러다 보니 어느덧 20여 년이라는 세월이 지났다. 10년이면 강산도 변한다는데 벌써 20여 년째 인연을 이어오고 있다. 20여 년이 지난 지금도 나는 봉급쟁이를 벗어나지 못하고 있지만 K 전자 회장은 밥솥 분야에서 어느덧 글로벌 1위 기업인으로 우뚝 서 있다.

S 증권을 떠나 I 증권으로 직장을 옮긴 후 회사의 부름을 받고 여의도로 올라가야 할 불가피한 사정이 생겼다. 고민 끝에 K 회장의 자산 관리를 나 대신 맡아서 할 부하 지점장을 데리고 가서 K 전자 회장과 CFO에게 인사를 시켰다. 불안해하는 K 전자 회장을 안심시키며 부하 지점장을 소개하고는 본인이 본사에 들어가 있지만 수시로 계좌를 확인하여 계좌 관리에 소홀함이 없게 하겠다는 약속을 드렸다. 그러고는 부하 지점장에게 계좌 관리에 한 치의 소홀함이 없도록 단단히 다짐을 받고 여의도로 올라갔다. 한동안 별문제 없이 계좌 관리는 잘 되고 있는 것 같았다.

그런 후 나는 망해 가는 회사를 살리기 위해 밤잠을 설쳐 가며 회사 일에 매달리면서 K 전자 회장 관련 계좌는 자연스레 부하 지점장에게 거의 의존을 하게 되고 틈틈이 계좌 내용만 확인하는 상황이 되었다. 그러고는 1년여의 시간이 훌쩍 지나가 버렸다. 그러던 중 어느 날 갑자기 K

전자 CFO로부터 직접 전화가 왔다. 내용인즉 투자 자문사에 운용을 맡긴 주식 관련 상품이 손실이 크게 나 있는데 대책이 시급하다는 것이었다. 부랴부랴 확인해 보니 중국 관련 사업을 하는 코스닥 특정 종목에 계좌의 80%에 가까운 돈을 몰빵 투자하고서는 주가 하락으로 반토막이 나 있는 것이었다. 투자의 기본 원칙도 모르는 자들이 무모하게 투자하여 큰 폭의 평가 손실이 나니 어찌할 줄을 모르고 있는 것이었다. 도대체 계좌 관리를 어찌 하고 있었는지 관리자인 부하 지점장도 문제의 해결을 할 생각은 하지 않고 방치하고 있었다.

  투자 자문사에 직접 알아보니 계좌 관리자인 부하 지점장의 무리한 요구를 들어주려다 보니 어쩔 수 없이 큰 평가 손실을 내게 되었다고 서로에게 책임을 떠넘기고 있었다. K 전자 CFO는 나에게 직접 K 전자 회장에게 와서 손실에 대한 대책을 보고해 달라고 했다. 그동안 계좌 관리자인 부하 지점장의 거짓과 변명만으로 더 이상 해결 방안이 없으니 나에게 문제 해결을 해 달라는 것이었다. 물론 나도 도의적으로 책임을 벗어날 수 없는 문제였다. 무능한 부하 지점장을 추천한 것도 나였고 차후 계좌 관리에 만전을 기하겠다고 약속한 것도 나였다. 하는 수 없이 K 전자 회장을 방문하여 대책을 보고했다. 투자 자문사를 교체하여 반드시 원금을 회복시키겠다는 약속으로 급한 불은 껐다. 이후 3년여의 시간만 주면 반드시 투자 원금까지 원상 복구시키겠다는 약속을 해 드렸다. 그러고는 새로운 투자 자문사를 선정하여 운영을 맡긴 지 꽤 시간이 지났지만 일단 깨어진 원금의 회복은 참으로 쉽지 않았다. 결국 지난해 다시 한번 투자 자문사를 교체하고 나서야 투자 원금을 회복시켰다.

늘 그래 왔듯이 문제에 대해 책임지는 모습을 본 K 전자 회장은 지속적으로 나에 대한 신뢰를 보냈다. 부하의 잘못을 본인이 떠안고 해결하려는 내 모습에 거래 규모는 더 커졌다.

발생한 문제를 해결하고 나는 다시금 회사 일에 집중했다. 당시에 I 투자증권은 최악의 국면을 지나고 있었다. 나의 피눈물 나는 노력으로 연간 200억 내외의 적자를 안겨 주던 리테일 사업 부문이 흑자로 돌아서고 있었다. 덩달아 회사의 전체 순익 규모도 급증하기 시작했다. 리테일이 정상화되니 회사도 급격하게 정상화되어 갔다. 출자를 하여 회사를 출범시킨 모행이 가장 부담스럽게 여기던 자회사가 살아난 것이다. 내가 부임하여 인사차 들린 모행의 부행장과 부장들이 이구동성으로 최고의 실책이 I 증권사를 설립한 것이라고 하면서 하루빨리 청산을 하든지 매각을 해야만 할 것 같다고 했던 말들이 귀에 생생한데 이제 I 은행의 주요 계열사임과 아울러 그 어떤 계열사보다도 더 공동의 비즈니스를 할 수 있는 자회사로 포지셔닝 하게 된 것이었다. 당시 부임 인사차 들린 그 자리에서 나는 그들에게 말했다. I 투자증권은 내가 살리지 못하면 우리나라 그 누구도 살리지 못한다, 나는 살릴 자신이 있다, 나를 믿고 지켜봐 달라, 반드시 살려 낼 것이다, 하고 약속을 했다. CEO도 아닌 내가 그렇게 말했으니 그들에게는 내가 그냥 하는 소리 정도로 들렸을 것으로 생각한다. 의례히 일개 사업 부문장의 각오 정도라고나 할까……. 크게 의미를 두는 것 같아 보이지 않았지만 나는 자신이 있었다. 리테일에서만 평생을 지내 온 내가 아니던가? 일시적으로 출세를 위해 잠깐씩 리테일에 들렀다가는, 마치 리테일을 아주 잘 아는 것처럼 자신을 포장해 대는 여느 리더들하고는 차원이 다른 나였다. 문제는 내 눈에 다 보였고 해결의 방법도 다 보였다.

리테일의 정상화가 곧 회사의 정상화임을 의미하기에 나는 나의 모든 역량을 집중했다. 회사는 급속도로 정상화되어 가고 있었다. 그러던 중 어느 날 내가 계좌 관리를 맡기고 온 현장의 지점장 쪽에서 완전히 새로운 비즈니스를 추진하겠다는 보고가 스태프진을 통해 올라왔다. 보고를 받아 보니 영화 사업이었다. 나는 기본적으로 증권 회사의 비즈니스는 영역의 제한이 없다고 생각하는 사람이다. 따라서 비즈니스가 될 수만 있다면, 그리고 상식적으로 공연히 펀딩이 가능하다면 별문제가 없다고 생각하고 있었다.

문제는 아직까지 증권업에서 단 한 번도 영화 사업을 직접 시도해 본 적이 없다는 것이었고 영화 제작에 대한 노하우도 거의 전무한 상태였다. 그런 상태에서 현장에 있는 지점장이 투자자 펀딩을 완료했다고 하고 실제 영화 제작에 대한 실무진도 다 구성되었다고 하면서 나에게 허락을 요구하고 있었다. 항상 새로운 비즈니스를 추구하던 나에게는 눈과 귀가 번쩍 뜨이는 제안 보고였다. 나는 적극적으로 검토를 하라고 지시를 하였다. 몇 주의 시간이 지나고 영화 제작과 관련된 회의를 본부 회의실에서 개최하는데 나는 처음으로 회의에 참여하게 되었다.

회의에는 실제로 영화 제작에 열의를 보이는 영화감독과 시나리오 작가도 함께 참석하고 펀드와 관련된 신탁사와 회계사 변호사 등이 망라하여 참석하였다. 그리고 향후에 진행될 타임 스케줄을 내게 보고를 했다. 보고를 받아 보니 그동안 나름 열심히 준비한 흔적이 보이고 열의도 대단해 보였다. 영화는 김수환 추기경의 일대기를 그리는 내용이었고 일견 참신해 보였다. 영화가 성공적으로 제작이 되면 우리나라 천주교 신자만 500만 명이 넘으므로 그들만 다 보아도 손익 분기점인 250만 명은 거뜬히 넘길 수 있다는 내용도 포함해서 나에게 보고를 했다. 그리고 천주교 교단으로부터도 김수환 추기경의 일대기에 대한 영화 제작에 양해도 받았다고 했다. 한마디로 고정적인 시장이 확보되어 있다는 것이었다. 누가 봐도 성공할 수밖에 없어 보이는 비즈니스로 보였다.

그런데 최종 결정을 해 주어야 하는 나는 그것만으로는 부족함을 느꼈다. 그래서 먼저 감독에 대한 퀄리티를 점검했다. 한국 영화인 협회 사무총장이라는 명함을 가지고 있던 그 감독은 그동안 몇 차례 영화를 제작한 경력은 있으나 대부분 실패를 본 전력의 소유자였다. 다음으로 시나리오를 자세히 점검을 해 보았다. 몇몇 부분에서 감동은 있으나 그 정도면 내가 시나리오를 구상해도 될 정도의 수준으로만 보였다. 영화에 문외한인 나이지만 지난 수십 년간 영화를 즐겨 봐 온 나로서는 시나리오와 감독이 영화에서 차지하는 비중이 얼마나 절대적인가 정도는 알고 있었다. 그래서 감독과 시나리오 작가에게 몇 가지의 질문을 하고 난 후 나는 그 회의를 접고 말았다. 영화 사업의 재검토를 지시하고 굳이 영화 사업을 하고 싶으면 감독을 교체하고 시나리오도 내가 만족할 수준으로 작성해 오라고 했다. 그 후 몇 차례 새로운 시나리오가 오고 감독도 교체를 하고 하였으나 결국 나는 그 사업을 허락하지 않았다. 고객의 귀중한 금융 자산을 가져다가 생소한 사업에 뛰어들면서 단순히 열의 하나만으로는 성공을 장담할 수 없기 때문이었다.

그런 일이 있은 지 두어 달이 지난 어느 날 스태프로부터 또다시 생뚱맞은 보고가 올라왔다. 이제는 그 지점장이 여름 휴가철과 어린이들의 방학을 맞아 동물 박제물의 전시회를 열겠다는 것이었다. 설명을 들어보니 언젠가 히트를 친 '인체의 신비전'과 같은 콘셉트로 동물들의 신체 내부를 박제하여 전시하는 행사로 이미 호주 등에서 공전의 히트를 친 전시회이고 이를 우리나라에서 처음으로 시도하겠다는 것이었다. 설명을 들어 보니 기본적으로 전시회에 유료 입장객이 23만 명 정도면 충분히 BEP를 달성할 수 있다고 하고, 전시장을 돔 형식으로 설치하고 홀로그램도 상영하여 전시회의 품격을 높이겠다고 하였다. 무엇보다 전시회 장소가 부산의 벡스코 야외 전시장이다 보니 외관상 실패를 하려야 할 수 없는 비즈니스로 보였다. 투자 규모도 21억으로 큰 금액이 아니었다. 나는 스태프들의 강력한 자신감과 현장 지점장의 의지를 믿고 지난번 영화 프로젝트를 허락하지 않은 것도 있고 해서 그냥 허락을 해 주었다.

그 후 문제가 있다는 것은 전시회 개장 첫날 테이프 커팅 행사장에 가서야 알았다. 사업을 점검하고 진행을 체크해야 하는 본부 스태프의 안일함과 현장 지점장의 부도덕한 행위, 허위 보고를 그들이 전시회를 준비하는 동안 나는 까마득히 모르고 있었다. 지점장이라고 그냥 믿었고, 투자액이 21억으로 소액이라 철저히 점검하는 것을 소홀히 한 큰 잘못을 저지르고 만 것이다.

당일 오후에 전국 점포장 회의가 경기 지역에 예정되어 있음에도 불구하고 나는 승용차로 부산으로 내려와 전시회의 테이프 커팅식에 참석을 하였다. 그러고는 점포장 회의에 참석차 즉시 승용차로 귀경길에 오르는 살인적인 스케줄을 소화했다. 테이프 커팅식에 참석하여 점검을 해 보니 곳곳에서 문제점이 발견되었다. 이렇게 해서 전시회가 성공할 것 같지가 않아 보였다. 나는 지점장, 담당 스태프, 기획사 대표 등과 즉석 미팅을 가졌다. 그러고는 내가 우려하는 것들을 나열하고 보완을 지시했다. 무엇보다 시설도 시설이거니와 전시회장이 냉방 시설이 부족하여 내부가 너무 후덥지근하였다. 여름 휴가철에 적어도 전시회장 안에서는 시원함과 상쾌함을 느껴야 하는데 그런 기본적인 것조차도 부실했다. 중점 개선 사항 네 가지를 지시하고 그들로부터 즉시 시정하겠다는 약속을 받고 급히 전국 점포장 회의장으로 귀경길에 올랐다. 귀경길에 올라가는 중에도 불안하여 현장에 남겨 두고 온 본사 담당 스태프와 지점장에게 수시로 전화하여 단단히 보완을 당부하고 그들로부터 다짐을 재차 받았다. 그래도 내 마음은 내내 불편했다.

전시회가 시작되고 매일매일 유료 관람객을 체크해서 보고를 받았다. 그런데 그들이 주장했던 대로 관람객이 들어오지를 않고 있었다. 불안하여 현장 지점장에게 전화를 하여 물어보니 아직 여름방학 전이라 곧 방학이 시작되면 본격적으로 관람객이 늘어날 것이라고 장담을 하면서 걱정하지 말라고 큰소리를 쳤다. 또한 신세계 키자니아와 중국인 관광객이 하루에 6,000여 명이 들어오는데 여행사와 계약을 해서 그들이 전부 전시회장을 방문하기로 되어 있다고 거짓 보고를 했다. 거짓말이 그런 거짓말이 없었고 사기가 그런 사기가 없었다. 바보같이 순진하게 믿고만 있었다.

　내가 현장의 그 지점장이 하는 말들이 전부 거짓이고 사기라는 것을 알게 된 시점은 그로부터 얼마 후 개인적으로 내가 주말을 이용하여 부산에 자택을 내려갔던 날이다. 그동안의 일이 불안하기도 하고 궁금하기도 해서 전시회장을 아무런 통보도 없이 불시에 개인적으로 방문을 해 보았다. 그런데 방학을 맞아 벡스코에 수만여 명의 학생들과 일반인들이 붐비고 있었는데도 전시회장은 관람객 한 명 없이 파리만 날리고 있는 것이었다. 나는 그 자리에서 그냥 주저앉고 말았다. 도대체 있을 수가 없는 장면이 내 눈앞에 벌어지고 있는 것이었다. 수많은 학생들이 벡스코에서 북적이는데 전시회장은 파리만 날리고 있다니 말이 안 되는 장면이었다.

　전시회장에 들어가서 전시회를 주관하는 기획사 관계자를 찾으니 본부장이라는 사람이 내게 와서 인사를 하였다. 나는 그에게 도대체 어찌된 거냐고 물으니 그는 끊임없이 변명만 늘어놓았다. 참다못해 지점장에게 전화를 하니 그는 주말 낮 시간이라고 자신의 집에서 꿀잠을 자고 있었다. 일은 저질러 놓고 수시로 허위 보고를 해 대면서도 일면의 양심의 가책이나 금융인으로서의 책임을 전혀 느끼지 못하고 있는 것이었다. 전화로 심하게 질책을 하고는 즉시 귀경을 하여 스태프 회의를 열어 폭삭 망하게 된 전시회를 어떻게 처리할 것인가를 논의를 했다. 확인하니 신탁 자금도 일시에 거액이 전부 인출되어 나가 버렸고 본사에서 더 이상

손쓸 방법이 없어 보였다.

　본사 스태프를 질책하고 팀장과 함께 현장에 급히 내려 보내 사태 수습을 지시했지만 이미 예정된 3개월의 전시 기간 중 한 달여가 지나간 시점이고, 자금은 이미 인출이 다 되어 버린 상황이라 어찌 되었건 현장에서 유료 관람객 수를 끌어 올릴 수밖에 없는 구조가 되어 버렸다. 믿지는 않았지만 그 후로도 현장 지점장의 끊임없는 허위 보고와 거짓말이 올라왔고, 결국 사태를 반전시키지 못하고 망하는 것으로 끝나고 말았다.

　문제는 투자자들이었다. 21억의 투자자 중에 모 저축 은행이 포함되어 있었고, 특히 내가 계좌 관리를 위임해 주고 간 K 전자가 있었다. 지점장이 K 전자에다 나를 팔면서 투자를 권유해 투자를 받아 낸 것이었다. 참으로 어이가 없는 거짓으로 나를 팔아먹은 것이었다. 물론 K 전자에서는 당연히 나를 보고 투자를 했을 것이라 믿을 수밖에 없었다. 그만큼 K 전자와 나의 신뢰 관계는 각별하였다. 그것을 그 지점장이 악용한 것이었다.

　투자를 하면 실패도 따르기 마련이다. 모든 투자가 성공을 거둔다면 이 세상의 모든 재화가 자기 것이 될 수 있다. 그러나 그렇지 못한 것이 투자의 원칙이고 환경이다. 다만 투자 행위에서 실패할 확률을 최대한 줄이고 리스크를 최소화하려는 것이 곧 성공 투자를 이끄는 지름길이기에 우리는 코피 흘려 가며 최선을 다하는 것이다.

　그런데 이 건은 잘못되어도 한참 잘못된 투자였다. 처음부터 이런 사업을 추진한 영업 지점장이나 딜을 직접 수행한 기획사의 사기성 혐의가 짙은 투자였다. 그런데 사업을 진행한 영업 지점장과 행사를 주관한 기획사와의 내밀한 거래와 사기성 행각 등, 그런 은밀한 내막도 모르고 그냥 신사업이라는 말과 허위 보고에 휘둘린 스태프들과 나의 안이한 판단이 투자 실패로 이어진 원인이었다. 애초에 검토하던 영화 딜처럼 좀 더 신중하게 접근하고 판단했더라면 영업 지점장의 부도덕과 스태프의 안이함을 사전에 차단할 수 있었는데 그러지를 못한 나의 책임이 컸다.

문제는 투자금을 거의 전부 날려 버린 데 대한 책임 있는 수습이었다. 투자자 중에 전문 투자자로 인정되는 저축 은행은 별개로 하더라도 개인 투자자는 하루아침에 피 같은 거액을 거의 전부를 날려 버린 터였다. 무엇보다 나와 직접적인 관계가 있는 K 전자 회장의 돈이 컸다. 영업 지점장이 내 이름을 팔아 투자를 권유했던 것이었다. 더 큰 문제는 K 전자 회장이 영업 지점장은 아예 안중에도 없고 나를 보고 투자를 했으니 내가 책임을 지라는 거였다. 사실 K 전자 회장은 나와의 인연이 없었으면 내가 자리를 옮긴 증권 회사와 아예 거래를 하지 않았을 것임은 자명한 터였다. 나도 K 전자 회장의 투자 사실을 나중에 알았지만 내가 직접 관여하지 않았다고 해서 도의적인 책임을 벗어날 수는 없었다. 또한 내가 채용한 영업 지점장이 아니던가? 나의 사람을 보는 눈이 참으로 한심스러운 수준이었던 것이다.

영업 지점장에게 수차례 질책을 하면서 문제 해결을 요구하니 기획사에서 원리금 전부를 변상하겠다 했다고 거듭 허위 보고가 올라왔다. 나는 믿을 수는 없었지만 영업 지점장은 끝까지 자신의 양심까지 속여 가며 원금 배상 약속을 받았다고 거짓말을 했다. 영업 지점장의 거짓말이 지속되면서 더 이상 시간을 보낼 수 없기에 스태프를 내려 보내 기획사 대표와 본부장이라는 자들을 직접 면담하니, 그동안의 모든 설명과 보고가 새빨간 거짓으로 드러났다.

결국 펀드를 완전히 사고 처리를 하고 내가 직접 나서서 수습을 해야 했다. 법적 도의적 책임 여부를 떠나 내 증권인 인생에서 이렇게 참담하게 고객에게 큰 피해를 입게 한 것은 도저히 용서가 되지를 않았다. 그 즈음에서 사고를 친 영업 지점장은 자신만이 살기 위해 나를 음해하기 시작했다. 전 직장에서도 쓰레기 짓을 하는 직원이 있었지만 인간이 그렇게 더러운 짓을 할 수 있는지 도저히 이해가 되지 않았다. 자신의 사기성 행각으로 발생한 투자 실패를 자신이 직접 수습하려 하지 않고 거짓으로 일관하더니 급기야 오늘까지 자신의 영달을 있게 한 자기 상관을 음해하기 시작한 것이었다. 억울하고 분통이 터지는 일이지만 모두 내가 사람을 잘못 본 데서 출발한 것이기에 변명의 여지가 없었다.

나는 K 전자 회장을 방문하여 모든 것이 나로 인해 발생한 투자 실패이므로 모든 것은 내가 책임지고 해결해 보겠다고 말씀드렸다. 당시 나는 회사가 사람을 잘못 써서 그리된 것이니 사용자 책임이 반드시 있다고 판단하고 있었다. 당시 K 전자 회장은 그 자리에서 나의 직접적인 관계는 없으나 어쨌든 나와의 인연으로 인해 I 증권과 거래를 하게 되었고, 내 부하 지점장이 일으킨 일이므로 내가 문제 해결을 해야 한다고 하였다.

나는 사람을 잘못 쓴 책임으로 자리에서 물러났다. 그 이후 회사는 내게 인사 책임을 물은 것 말고는 고객의 피해에 대해서는 외면을 해 버리고 말았다. 잘못된 투자, 잘못된 직원의 권유 등으로 인한 고객의 피해에 대해 회사가 책임을 지지 않으면 직원 개인으로라도 책임을 져야 한다는 나의 신념에는 변화가 없다. 그렇기에 회사가 그냥 던져 주는 상품을 무분별하고 쉽게 고객에게 판매하여서는 안 된다는 것이다. 그것이 고객이 나를 믿고 투자를 하는 이유이기도 하다. 나 또한 나를 믿고 따라 움직여 주는 고객이 있기에 이 험난한 업종에서 행복한 인생을 살고 있는 것이다. 고객의 자산은 곧 나의 삶을 영위하는 터전이기 때문이다. 결국 나는 그 망해 버린 투자금의 손실 만회를 위해 두 개의 투자 플랜을 시도하여 완벽하게 손실을 회복시켜 주었고, 큰 폭의 추가 수익도 창출해 주었다. 한편으로 고객이 주도적으로 투자 의사 결정을 하고 투자하였던 상품이 문제가 되었을 경우는 물론 전적으로 고객의 책임임은 분명하다.

골프 게임에서의
1만 원

골프를 할 때, 게임의 즐거움을 배가하기 위해 대부분 내기를 한다. 작게는 @1,000 단위에서 @5,000~@10,000이 주류를 이룬다. 도박을 하는 꾼들은 수십만, 수백만, 수천만, 수억 원을 넘기지만 건전한 게임을 즐기는 일반 골퍼들은 그날의 그늘집 값이나 캐디 Fee 정도를 내기의 Max로 정하고 한다.

그런데 이상한 것은 내기 게임만 하면 이 작은 돈 때문에 서로간의 감정이 상하고 싸움까지 일어나 수십 년 우정이 하루아침에 끝나는 경우가 허다하다. 그래서 더욱 골프는 오묘한 운동이다.

나는 부산 지역에서 고령으로 분류되는 기업 회장들과 가끔씩 골프를 하곤 했다. 부산의 인구가 340만 명 정도로 큰 도시지만 그래도 그분들은 상공 회의소를 중심으로 서로가 연결되어 각자 소통이 잘되고 있었고 그들 나름대로의 그룹으로 각각 친분 또한 대체로 잘 유지되고 있었다.

나는 그러한 내용을 이미 잘 파악하고 있었으므로 그분들과의 친밀도를 고려하여 골프조를 편성하여 수시로 골프 운동을 함께했다. 나는 아마추어치고는 골프가 수준급(싱글)이었으므로 그분들이 특히 좋아했다. 그러다 보니 지점의 PB들조차도 그들이 직접 계좌를 관리해 드리는 고객들과의 동반 라운딩 요청도 빈번했다.

그러나 주말에만 골프를 하는 것을 원칙으로 하는 나로서는 그 요구를 다 들어줄 수가 없었다. 따라서 매번 주말에 나만의 개인 시간은 가질 수가 없었다. 그러나 골프든 회사 일이든 정말 즐겁게 일했다. 무엇이든 할 수 있다는 자신감이 항상 충만해 있었다.

어느 주말에 부산 지역 원로 경제인들과 동래 베네스트 CC에서 골프를 했다. 멤버로는 부산 지역 중견 건설 업체를 경영하시는 M 회장, 다른 한 분은 제강업을 하시는 O 회장 등등이었다. 클럽하우스에서 오찬을 하고 라운딩을 시작했다. 처음의 출발은 정말 화기애애했다.

그런데 1번 홀이 끝난 후 O 회장이 갑자기 내기 게임을 하자고 제안을 했다. 다른 회장들도 다 게임을 하자고 동의를 했다. 그러나 나는 그분들과의 라운딩은 처음이라 망설여졌다. 그리고 내가 나이도 훨씬 젊고 무엇보다 내 골프 실력이 최고로 괜찮을 때였다. 괜히 나로 인해 분위기를 망칠 수 있기에 회장님들 세 분만 게임을 하시라고 사양했다. 그런데 O 회장님은 거의 화를 내시면서 게임을 하자고 하시는 게 아닌가? 아마도 금융 회사 지점장이 골프를 치면 얼마나 잘 치겠나? 하는 자신감이 있으셨던 모양이었다.

할 수 없이 각 홀당 1타씩 핸디를 드리고 게임을 시작했다. 그리고 1타당 1만 원의 내기를 했다. 회장님들과의 피 터지는, 아니 긴장감이 백 프로인 게임이 시작되었다. 아무리 연세가 들었어도 골프장에서 보낸 관록이 만만찮은 분들인 데다가 매홀 1타씩 핸디를 드렸으니 내가 Par를 해야 비기는 게임이었다. 쉽지 않은 게임을 한 것이었다.

그런데 그날따라 이상하게 평소보다 더 골프가 잘되었다. 나는 거의 매 홀 Par 플레이를 하고 있었다. 여섯 홀이 지났을 때까지 나는 Par 플레이를 하고 있었다. 매 홀 게임 정산이었으므로 회장님들로부터 게임비를 좀 따고 있었다. 그런데 내기 게임을 하자고 강력하게 주장하셨던 O 회장이 7번 홀에서 트리플 Par를 하고 만 것이다. 7번 홀이 끝나고 다른 회장들과는 정산을 하시더니 정작 나에게는 정산을 하지 않는 것이 아닌가? 그렇다고 한참 어른인 O 회장에게 돈 달라고 할 수도 없고……. 그렇게 몇 홀을 더 지나갔다.

홀이 계속되어도 O 회장은 내게는 게임비 정산을 하지 않으셨다. 잊었을 리는 없을 테고 느낌이 별로 안 좋았다. 몇 홀 후 그늘집에 도착하여 시원한 막걸리를 마시는데 옆에 계시는 M 회장께서 말씀을 드디어 꺼내셨다. "아, 그런데 O 회장은 왜 한 지점장한테는 계산을 안 해 줘요? 돈이 제법 될 텐데……."라고 하는 것이다. 나는 그냥 아무 말 안 하고 가만히 듣고만 있었다.

그런데 그 말을 들은 O 회장의 반응은 정말 동반자들을 박장대소케 했다. "골프장에서 골프를 이리 잘 치는 지점장은 난생처음 봤다. 내가 여태까지 금융 기관의 지점장 포함 본부장, 사장, 은행장들까지 다 쳐 봤는데, 잘 친다 해도 내 앞에서는 보기 플레이 정도였다. 근데 이 친구 한 지점장은 완전 사기 골프다. 내 그래서 돈 안 준다. 그리고 골프장에서의 1만 원은 사회에서 수백만 원의 가치가 있다. 절대로 못 준다."라고 딱 잘라 버리는 것이었다. 우리 일행은 거기서 한바탕 웃고 난리가 났다. 옆에 M 회장은 "사기 골프는 원래 O 회장이 전문인데 오랜만에 임자 만났다."라는 둥 핀잔을 쏟아 내었다.

나는 그날 결국 공적이 아닌 공적이 되어 버렸다. 그러고는 노인들을 스트레스 받게 해 드린 대가를 벌주로 충분히 치렀다.

역시 골프는 민감한 운동이다. 남들은 그게 무슨 운동이 되겠냐고들 하는데, 정말로 피지컬과 멘탈이 함께 단련되는 운동은 골프밖에 없는 것 같다.

나는 골프로 내 성격도 많이 고쳤다. 원래는 승부사의 삶을 사는 증권인으로서 매사에 날카로웠다. 그런데 골프를 100타에서 90타, 85타, 80타, 77타, 75타, 72타, 70타, 69타까지 치면서 내 성격은 남들이 신기해할 정도로 너그러워져 있었다. 그런 과정에서 나 스스로를 채찍질하고 단련시키는 데 얼마나 많은 고통들이 있었겠는가? O 회장이 내게 한 말, "골프장에서의 1만 원은 사회에서 수백만 원의 가치가 있다."라는 그

말 한마디가 내게는 정말 중요하고 큰 의미로 다가왔다.

 그래서 나는 요즈음도 골프를 하러 나가면 동반자들에게는 상당히 너그러워지려 한다. 퍼트에서 OK도 자주 드리고 멀리건도 때때로 준다. 골프의 진짜 매력은 스코어에 있는 것이 아님을 내가 언더파에 도달해 본 후 알았으니 늦은 감이 없지 않다. 그러나 요즘의 골프는 훨씬 수준이 높다. 그늘집에서 즐기는 한잔의 막걸리도 나를 행복하게 해 주고 골프장 주변에 피어 있는 작은 들꽃을 보고도 인생의 의미를 느낀다.

 최근에 지역에서 재산이 조 단위를 넘어가는 기업 회장과 골프를 했다. 나는 골프를 하던 중 그늘집에서 그 회장에게 질문을 했다. "회장님! 회장님은 여태까지 80 평생을 살아오셨는데, 회장님이 생각하실 때 인생의 진정한 낭만은 무엇이라 생각하십니까?"라고……. 그 회장은 난데없는 나의 엉뚱한 질문에 잠시 생각하시더니 이렇게 대답했다. "뭐 인생이 별거 있나! 좋은 사람들과 골프 치고 이렇게 즐겁게 식사하고 기분 좋으면 저녁에 노래방 가서 노래 몇 곡 부르는 거지 뭐."라고 하시는 것이었다.

 나는 참으로 공감했다. 나 또한 월급쟁이로, 금융인으로, 증권인으로 거의 평생을 PB를 천직으로 여기며 살아왔다. 처음 PB 영업을 시작했을 때는 주로 소액의 개인 투자자들의 자산 관리를 했다. 우리나라 최고의 PB가 되기 위해 골프를 배우고 금융 시장을 스터디하고 외연을 넓혀가는 과정에서 나 스스로도 놀라울 정도로 성장했다.

그런 과정에서 수많은 VIP들을 만났고 그때마다 내가 가지고 있는 모든 것을 쏟아부었다. 그러고는 남들이 도저히 흉내조차도 못 내는 PB 영업의 경지에 도달했다.

내가 만났던 VIP들의 삶이라고 내가 먹고 자고 즐기고 하는 범주에서 크게 벗어나지 않았다. 재산이 조 단위를 넘어서는 회장도 스포츠는 골프를 주로 하셨고 골프장 그늘집에서 나눠 먹는 술과 음식도 같았다. 심지어 골프를 보조하는 캐디도 같은 사람이었다. 운동 후 식당에 가서 먹는 음식도 내가 먹는 거와 같았고 이후 흥이 나서 즐기러 가는 노래방도 같았다. 성공한 월급쟁이가 살아가는 방식과 내용이 크게 차이가 나지 않는 그런 삶을 다들 살고 있었다.
그러면 그렇게 쓰고 남는 그 많은 재산은 어찌해야 하는가?

나는 그 자리에서 그 회장의 말씀에 완전히 공감을 표했다. 나는 "회장님, 저도 그리 생각합니다. 제가 인생을 회장님보다 한참 못 살았지만 생각해 보니 주위의 좋은 분들과 좋아하는 골프를 치고 그리고 이렇게 그늘집에서 맛 좋은 막걸리를 나누어 마시고 그리고 운동 마치고 기분 좋게 샤워를 하고 식당에서 좋은 음식을 함께하고 그리고 흥이 나면 저녁에 노래방 가서 즐겁게 노래 몇 곡 부르고 그런 게 인생의 낭만이 아니겠습니까?"라고 말했더니 그 회장은 나를 정말로 칭찬해 주셨다. 당신이 인생의 참맛을 아는 것 같다고…….

물론 이 세상을 살아가는 모든 사람들에게 이 한 가지가 인생을 즐겁게 사는 의미라는 것은 아니다. 이 세상 70억의 사람들이 각자 자신들의 가치관과 삶의 인생관이 다르기 때문이다. 내가 말하고 싶은 것은 수천, 수조 원의 재산을 가진 그분들도 내가 하루하루를 살아가면서 삶의 여유를 즐기는 방식과 크게 차이가 나지 않는다는 것이다. 그러면 그분들이 충분히 쓰고 남은 재산은 어찌해야 하는가? 물론 나는 그분 회장께 당당히 말씀드렸다. "인류 사회의 발전에 사용해야 하는 것이다."라고……. 그러고는 물론 기업을 더욱 성장시키고 발전시키는 것도 인류 사회 공헌에 크게 기여하는 것이다, 라고 덧붙여 말씀을 드렸더니 더욱 좋아하시며 공감하셨다.

새로운 상품에 대한
목마름

　새로운 상품에 대한 목마름은 내 나름의 절박함이 있었기 때문이다. ELS 영업으로 회사에서 최고로 달리고, 연이어 삼성 카드채로 기염을 토하고 난 후 ELS와 지역 개발 공채를 주력 상품으로 영업을 하고 있었지만 ELS가 한계에 봉착함을 인지하고 더 이상의 ELS 영업을 하지 않았다. S 증권에서 시작된 ELS 상품이 타 증권사로 확산되면서 ELS 상품이 마치 황금을 낳는 거위로 인식되면서 시장이 과열되어 급기야 ONE STAR, TWO STAR ELS로 진화하더니 제한된 모집 금액에 청약 과열로 고객의 투자금이 쪼가리가 나기 시작했다. 그즈음 주식 시장은 이상 징후를 보이기 시작했다. 제반 지표들이 경고 사인을 내고 있는데도 연일 ELS 시장은 과열되었다.

　결국 S 증권은 ONE STAR ELS로 기아차 ELS, 삼성 SDI ELS를 수천 억씩 발행했다. 그런데 이들 ELS도 각 지점에서 서로 물량을 확보하려고 난리도 아니었다. 심지어 본사 상품 담당자에게 지점장들이 출장도 다녀

오기도 하고 지점의 거액 고객에 대한 배려를 특별히 해 주어야 한다는 등 곳곳에서 아우성이었다. 그러나 결국 회사는 원칙대로 청약 금액에 따른 비율로 배분하였고 수십억씩 청약된 자금들이 쪼가리가 되어 배분되었다. 인근 지점의 지점장들과 헤드 PB들은 이들 ELS 물량이 적게 배정된 것에 대해 회사를 상대로 불만을 노골적으로 표출하기도 했다.

그런데 나는 그렇게 많이 팔아 왔던 ELS 상품인데도 당시에 그들 기아차와 삼성 SDI 관련 ELS 상품은 단 1억도 팔지 않았다. 심지어 직원들 회의를 소집하여 그 ELS들을 팔면 타 지점으로 전배 보내겠다고 엄포를 놓았다. 직원들은 처음에는 의아해하고 일부 반감도 가지는 듯했다. 그럼에도 연일 계속되는 회의에서 나는 기아차와 삼성 SDI의 주가 분석을 제대로 해 주었다. 내 판단은 그들 종목의 밸류에이션이 문제로 보였다. 내가 보기엔 지금은 그들의 주가가 높지만 언젠가는 밸류에이션이 반영될 것이고, 그러면 ELS는 끝이었다. 나는 직원들을 설득하고 설득해서 단 1억 원도 팔지 않았다. 결국 이들 ELS는 이후에 S 증권 대부분의 고객에게 엄청난 피해를 입히고 끝나고 말았다. 수천억이 연기처럼 사라져 버리고 급기야 어떤 고객은 큰 병을 얻어 이 세상을 떠나기도 하였다. 또한 그렇게 아우성치던 일부 지점장과 PB들은 고객 민원에 시달리고 소송까지 가기도 했다.

결국 무엇인가? 마치 자신들이 전문가인 양 허세를 부리며 금융 기관에서 지점장이니 팀장이니 하면서 실력은 제대로 갖추지 않은 채 시류에 얽매인 영업에서 벗어나지 못한 것이 문제였다. 그리하여 소중한 고객에게는 엄청난 피해를 입히고 심지어 자신들마저도 민원에 시달리는 결과를 스스로 자초한 것이었다. 단 한 번도 밤잠을 설쳐 가며 고뇌에 찬 고민을 해 보지 않았을 것이다. 단 한 번도 진지하게 그들 종목에 대한 분석을 제대로 해 보지 않았을 것이다. 어쩌면 종목 분석을 할 실력이 없었는지도 모른다. 단지 회사에서 던져 주는 상품이니 그냥 믿고 밀어붙인 것이리라. 현 시점에 어떤 상품이 적절하며, 투자 기간 동안 발 뻗고 잠을 청할 수 있는 상품이 어떤 것이 있는지 절간에 스님들이 하듯이 목숨을 건 화두 깨기를 시도한 적이 단 한 번도 없었다는 결론이다.

그렇게 고객의 목숨보다 소중한 돈을 날리게 하고도 아무런 죄의식 없이 아직도 자신들을 합리화시키며 현업 은퇴 후 학교의 교단이나 언론사나 또 다른 곳에서 자신들을 어필하고 다니는 사람들을 보면서 나는 참으로 인간은 간사한 존재인가 하는 의문을 갖는다.

고민 속에서 나날을 보내던 나는 회사의 상품들을 다시 한번 하나하나 원점에서 검토하기 시작했다. 회사가 내어놓는 상품들은 하나같이 문제가 많았다. 특히 펀드 상품은 경쟁사와 비교할 수 없을 정도로 수익률이 나빴다. 그럼에도 불구하고 회사 경영진과 상품 담당 부서들은 그룹 계열사인 자산 운용사를 감싸고돌면서 현장의 목소리를 외면했다. 심지어 D 증권사와 L 증권사가 채권 투자로 상품에서 수천억의 이익을 낼 때마다 무리한 영업이라며 곧 그 회사는 망할 것처럼 호도했다. 한마디로 자신들의 울타리를 철저하게 치고 현장의 직원들과 고객들이 아우성을 쳐도 남의 동네 소리로 치부했다.

지점에서, 더군다나 지방 점포에서 근무하는 일개 지점장인 나로서는 나의 갈증을 쉽게 풀 수 있는 방법이 뾰족하게 보이지 않았다. 그러나 나 또한 월급쟁이에 불과한 사람이라 물의를 일으켜 가며 내 갈증을 푸는 시도를 할 수는 없었다. 결국 회사 내에서 실제로 비즈니스 가능한 상품들을 하나하나 다시 특장점을 점검해 보기로 한 것이다.

그런데 내 눈에 확 들어오는 상품이 하나 있었다. 브라질 국채였다. 1여 년 전 모 제2금융 법인에서 직접 제안하고 회사가 솔루션을 개발하여 단품으로 설정하였던 브라질 국채가 내 눈에 들어온 것이었다. 나는 즉시 브라질 국채의 상품화와 리스크에 대해 집중적으로 스터디하기 시작했다. 그러고는 당시 본사에서 브라질 국채의 판매 솔루션을 개발한 담당 직원에게 연락하여 브라질 국채의 판매 가능 여부를 의논했다. 브라질 국채의 평가 등급이 회사에서 팔 수 있는 기준의 한 단계 아래에 위치해 있어 개인에게 판매하기 어렵다는 담당자를 집요하게 설득하여 나름대로의 논리를 개발하여 회사를 설득하기로 약속하고 차근차근 준비를 해 나갔다.

당시에 회사의 채권 판매 가능 등급은 공식적으로 A0급 이상이지만 BBB+ 등급도 상품 위원회에서 통과만 되면 일부 채권들은 판매가 가능하였다. 그런데 브라질 국채는 해외 채권이었다. 회사는 해외 채권에 대하여는 국내 채권보다 한 단계 더 높은 기준을 적용하고 있었다. 브라질 국채 등급이 BBB+인지라 회사의 기준대로 하면 브라질 국채는 판매가 불가능한 상품이었다. 나는 회사의 기준을 좀 더 적극적으로 해석했다. 즉, 해외 채권은 국내와 같이 국채가 아니라 개별 기업에 대한 등급 적용이 아닌가? 그런데 브라질 국채는 개별 기업이 아니고 국채다. 그러므로 해외 기업의 정보를 정확하게 입수하여 투자 의사 결정을 하는 것과, 또 그 기업이 갑자기 부실해져서 투자 실패를 하는 것과, 브라질이라는 국가가 개별 기업과 같은 기준으로 평가받는 것은 잘못된 것이다. 이것은 오히려 상품 담당자들이 기준 해석을 너무 소극적으로 하는 것이다, 라고 강하게 설득하였다. 결국 담당자도 나의 적극적인 유권 해석에 동의를 하게 되었고 함께 허들을 넘어 보기로 의기투합했다.

브라질 국채는 Net 10% 이상의 쿠폰에 우리나라와 브라질과의 조세협약에 따라 이자 수익에 대한 과세가 되지 않는다는 특별한 장점이 있었다. 브라질 경제 또한 풍부한 지하자원을 기반으로 룰라 대통령의 정치력이 잘 작동되어 당분간은 성장 가도를 달릴 것이 확실시되고 무엇보다 지구촌의 축제인 2014년 브라질 월드컵과 2016년 하계 올림픽이 연달아 예정되어 있었다.

금융 자산을 주식에 투자하지 않고 일반적인 금융 상품에 투자하여 두 배를 만들려면 IMF 외환 위기 이전에는 약 5년이 걸렸다. 그런데 당시에는 적어도 20년 이상이 걸리는 계산이 나왔다. 거액의 자산가들은 주식 투자를 하지 않으면 곧바로 부동산 쪽으로 갔다. 부동산은 우리나라의 불패의 성공을 주고 주기적으로 짧은 기간에 두 배 이상의 수익을 항상 제공해 오고 있었다. 회사가 아무리 현장의 직원들을 독려하고 펀드 등 투자 상품을 강권해도 이미 잃을 대로 잃어버린 신뢰를 회복하기엔 역부족이었다. 그런 상황에서 나는 대안을 찾은 것이다. 내 계산으로

Net 10%의 수익률에 6개월마다 이자를 받아 재투자한다는 가정하에 7년 정도면 금융 자산을 두 배로 만들 수 있다는 결론이 났다. 관건은 회사의 방침이었다. 나는 상품 담당자와 안 되면 회사를 관두겠다는 각오로 임했다. 그리고 설득시켰다. 회사도 적어도 내가 하겠다는 것을 막지 못했다. 당시에 나는 최고의 지점장으로 인정받고 있었다.

우여곡절을 겪으며 브라질 국채를 판매해 나갔다. 고객의 높은 수익률은 물론이고 지점과 회사에 들어오는 수수료 수익이 1억당 250만 원이 넘었다. 지점에서 거의 매월 200억 이상을 팔았으니 기존의 영업 수익 외에 추가 수익까지 합쳐 지점은 항상 전국 최고에 랭크되었다. 그런데 얼마 지나지 않아 곳곳에서 견제가 들어오기 시작했다. 특히 재경 지역에 있는 나와 경쟁하는 대형 점포의 견제가 심했다. 그들은 나의 브라질 국채 판매를 문제 삼았다. 이유는 Risk가 너무 큰 브라질 국채를 회사의 기존 기준, 즉 BBB+ 기준을 어기고 판매한다는 것이었다.

얼마 후 상품 담당자에게서 연락이 와서는 수수료도 너무 많이 징구한다고 말이 많다는 것이었다. 명색이 S 증권이 고객에게 Risk가 너무 큰 해외 채권을 팔면서 고객으로부터 터무니없이 높게 수수료를 징구하고 있다는 것이었다. 나는 참으로 이해할 수 없지만 어쩔 수 없었다. 담당자의 요청대로 수수료도 하향해 주었다.

그런데 이제는 그룹에서 문제를 삼는다는 것이었다. 브라질 국채가 한마디로 Risk가 크다는 이유로 제동을 걸고 나온 것이었다. 그리고 수수료도 문제가 되었다. 판매 중지가 떨어졌다. 그 일로 나는 우리나라 최고의 그룹의 컨트롤 타워에 근무하는 그들의 수준을 알아보는 계기가 되었다. 다른 것은 우수할지 몰라도 금융에 관한 한 당시의 그들은 아직 수준급이 되지 못했다. 실망을 금치 못했으나 회사가 상품 판매를 중지해 버렸으니 어찌할 도리가 없었다.

그러고는 속절없이 시간이 흘렀다. 그런데 세계적인 신용 평가 기관인 S&P에서 브라질의 국가 신용 등급을 한 단계 올린 것이 보도되었다. 나는 즉시 해외 채권 담당자에게 연락을 했다. 이제는 그룹에서도 신용 등급을 가지고 태클을 걸지 못할 것이니 다시 브라질 국채 판매를 시작하자고 설득했다. 담당자도 그동안 이해할 수 없는 조치에 상당히 위축되어 있던 터라 흔쾌히 동의를 했다. 또다시 시작된 논쟁 끝에 브라질 국채를 다시 영업하게 되었고, 나는 더욱 피치를 올려 지역에 있는 최대의 기업 자금을 끌어와 브라질 국채 투자를 시작했다. 지점의 성과는 실로 눈부실 정도로 치솟았다. 지역 제1금융권에 투자되어 있던 거액의 자금들이 수백억씩 몰려 들어왔다. 내가 부임할 당시의 지점 총자산이 6,800억 수준이었는데 어느덧 2조 원을 넘어섰다.

당시에 나는 집에서 잠자는 시간 외에는 회사 일에 빠져 직원들과 호흡을 함께하고 있었다. 24시간, 365일이 일, 일, 일이었다. 골프도 일과 관련된 것만 쳤다. 집사람과 아이들은 나를 남 보듯 했다. 심지어 집은 내가 잠시 잠만 자고 나가는 여관방이라고 했다. 아이들도 나는 으레 그런 존재로 여기고 있었다. 어쨌든 나는 가정에는 빵점이었다. 지금 와서 생각해 보니 나는 일에 완전히 미쳐 있었다.

카드 사태와 프로모션

2002년부터 시작된 카드 사태가 확산 일로로 치닫더니 2003년에 터져 버렸다. 카드 사태는 이미 예견된 거나 다름없었다. 1997년 외환 위기를 겪으면서 정부는 경기를 부양하기 위해 다양한 방법을 시도하였다. 신용카드 사용 확대도 하나의 방편이었다. 소비를 통한 경기 부양과 원활한 세금 징수를 위해서 신용카드의 보급과 사용은 절대적인 것이었다. 그래서 당시까지만 해도 까다로웠던 신용카드 회원가입의 조건이 대거 완화되었다. 특정한 직업이나 일정한 소득이 없으면 불가능했던 신용카드 회원가입이 실업자, 학생, 주부 등에도 가능하게 된 것이었다.

신용카드사들은 기회다 싶어 경쟁적으로 회원을 늘려 나갔다. 신용카드 영업 사원을 채용하여 길거리 가입을 유도하는 것뿐만 아니라 심지어 가판대 신용카드 가입 기계까지 등장하였다. 신용카드사들의 도덕적 해이가 도를 넘어 신용카드 발급에 부적절한 사람들에게도 손쉽게 카드를 발급하여 부실의 원인을 제공하고 있었다.

문제는 1997년 IMF 외환 위기 이후 김대중 정부에서 빠르게 위기를 탈출하여 외환 위기를 넘어섰지만 사회 전반에 회복이 골고루 다 된 것은 아니었다. 아직까지도 사회 곳곳에 취약계층이 상당히 존재하고 있었다. 그런데 거기에 무분별하게 신용카드를 남발해 주었던 것이다. 거기에다가 소비를 부추기기 위해 신용카드의 현금 서비스의 한도까지도 폐지시켜 버린 것이었다.

이후 당시까지만 해도 1,000만여 장에 불과하던 신용카드 발급이 1억 장을 돌파하게 되었고 무분별하게 신용카드를 사용하여 신용 불량자가 된 사람이 총 신용 불량자 372만여 명 중 60%에 해당하는 239만 명에 이르게 되었다. 카드사들도 연체금으로 부실이 확대되어 이를 방어하기 위해 발행된 카드사의 채권 발행액이 88.8조 원에 이르렀다. 카드 대란이 시작된 것이다.

카드사의 비즈니스 모델은 당시까지만 해도 인류가 개발한 최고 최상의 모델이라고 극찬할 정도로 수익성을 담보하는 사업이었다. 전국 가맹점을 통해 카드 사용액의 5% 내외를 정확하게 수수료로 징수하고 있었고, 개인의 현금 서비스 이자율도 30%에 달했다. 그야말로 땅 짚고 헤엄치기 그 자체의 황금 사업이었다. 그런데 그런 황금 사업을 정부 당국과 카드사, 도덕적 해이에 젖은 일부 부실 사용자들이 망쳐 버린 것이다.

당장 삼성, LG, 외환 카드 등 대형 카드사들이 휘청거리기 시작했다. 증시도 곤두박질쳐 시장의 40%가 연기처럼 사라져 버렸다. 제2의 IMF

사태를 걱정하기 시작된 것이다. 따라서 정부는 강도 높은 조치를 시작했다. 정부의 무책임한 제도 완화를 악용한 카드사들의 도덕적 해이가 빚어낸 비극이 나라를 통째로 날려 버릴 위기를 초래하였으니, 카드사들에게 당국은 강력한 책임을 묻기 시작한 것이다. 결국 수많은 카드사들이 정리 절차에 들어갔다. 그동안 부러움의 대상이었던 카드사 직원들은 길거리에 나앉게 되었고, 국내 대표 기업 그룹의 LG 카드는 매각되는 비운을 맞게 되었다. S 그룹의 S 카드도 예외가 아니었다.

LG 그룹과 달리 S 그룹은 오랜 내부 논의 끝에 카드사를 살리기로 방침을 굳혔다. S 카드의 대규모 유상 증자에 S 증권을 동원키로 한 것이었다. 여기에 비하인드 스토리가 있다. 당시 S 생명의 자산 운용 본부는 S 카드 채권을 수조 원 들고 있었다. S 카드가 잘못되면 S 생명의 수많은 보험 계약자들이 피해를 입을 것이고 그 피해는 이루 짐작하기도 힘든 지경이었다. 단순히 S 카드만의 문제가 아니었다. 그 이상의 내밀한 내용은 해당 장본인인 인사로부터 직접 들은 바 있으나 언급은 하지 않겠다. 어쨌든 S 증권은 총대를 메었다. 그래서 S 카드 전환 사채 발행 프로모션이 시작된 것이다.

각 지점에 S 카드 목표가 하달되었다. 그러나 내일모레 파산될지도 모르는 회사에 그 누가 선뜻 나서고 누가 투자를 하겠는가? 지점장들은 수시로 본부에 불려 가서 프로모션에 대한 진척 보고와 질책을 받고 있었다. 그러나 S 카드 건에 대해서는 그 누구도 선뜻 나설 수 없는 상황이었다. 그 탄탄하던 LG 그룹의 업계 1위 LG 카드가 매각의 비운을 맞지 않앉았는가? 심지어 S 증권의 간판 금융 담당 애널리스트조차도 연일 부정적인 보고서를 내고 있었다.

S 증권은 여태까지 숱하게 프로모션을 해 왔지만 그 결과는 항상 참담했다. 당시 S 증권의 프로모션은 악명이 높았다. 임원들이 자신들의 KPI를 맞추기 위해 빈번하게 프로모션을 단행하고 그 결과는 고스란히 현장의 PB와 고객에게 돌아가고 있었다. 그때까지만 해도 지난 몇 년간 수많은 프로모션이 있었지만 단 한 번도 프로모션의 결과가 만족스럽게 고객에게 돌아가지 못하고 있었다. 손실의 연속이었다. 심지어 S 자산 운용의 주력 상품을 대상으로 한 펀드 프로모션의 후유증도 채 가시기 전이었다.

나는 깊은 고뇌에 빠졌다. 어차피 피해 갈 수는 없었다. 내가 S 증권의 녹을 먹고 있는 지점장이라면 더욱 책임감을 가져야 했다. 그리고 몇 날 며칠을 고민했다. 그러고는 결론을 내렸다. 이왕 피할 수 없다면 적극적으로 뛰어들기로……. 결국 나는 내 나름대로의 논리를 개발하기 시작했다. 대표적인 논리가 S 그룹은 절대로 카드 사업을 포기하지 않을 것이라는 것과, 몇 년 후 IPO 약속을 반드시 지킬 거라는 것, 그리고 투자에 대한 확실한 보상이 있을 것이라는 지극히 간단한 논리로 정리했다. 그리고 나의 오랜 숙고 끝의 판단은 정확했다.

지점 직원들과 수차례 미팅을 하고 논리를 정리하고 가다듬고 함께 뛰기 시작했다. 어차피 피할 수 없다면 전사 1위를 해야 한다. 그것이 목표였다. 고객도 피해 보지 않는 게임이다. 이런 것을 마다하면 그 무엇을 영업해야 하는가? 나 자신을 독려했다. 그러고는 고객들을 찾아다니며 설득했고 확신을 심어 주었다. 결과는 S 카드 1차 프로모션을 압도적인 선두로 치고 나갔다.

회사는 난리가 났다. 리테일 본부장이 재경 지역 지점장들에게 호통을 쳤다. 지방에 있는 작은 점포 지점장이 S 카드 프로모션을 이렇게 잘하는데 영업 여건이 탁월한 지역에 근무하는 너희들은 도대체 뭐 하는 놈들이냐? 하고 난리를 쳤다.

어쨌든 결국 1차 S 카드 프로모션은 성공적으로 완수했다. 내가 맡은 지점은 프로모션을 압도적으로 전사 1위를 했다.

S 그룹은 자신감을 얻었는지 얼마 후 2차 S 카드 프로모션을 또 단행했다. 이미 S 카드에 대한 불이 붙어 있었으므로 8,000억의 유상 증자에 수조 원이 몰려들어 난리도 아니었다. 나는 우리 지점을 찾은 VIP 고객 몇 분께는 D 증권에서 S 카드 유상 청약에 참여토록 유도했다. 그래야만 경쟁률이 좀 더 낮은 D 증권에서의 물량을 더 확보할 수 있었기 때문이었다. 그럼에도 불구하고 우리 지점은 그 프로모션도 전사 1위로 마감했다.

S 카드는 그래서 S 그룹에서 살아남았다. LG 카드의 비운을 보면서 내가 S 증권에서 총대 메고 선봉에서 두 차례의 어려운 S 카드 프로모션을 해결했음에 상당한 자부심을 느꼈다. 회사도 나를 바라보는 시각이 확실히 달라져 있었다. 그 후로 회사의 모든 프로모션은 우선적으로 내게 의

존해 왔다.

S 카드 프로모션의 열기가 채 식기도 전에 또다시 새로운 프로모션이 시작되었다. 다분히 담당 임원의 KPI를 맞추기 위한 것인데도 회사는 강력하게 밀어붙였다. 특히 S 자산 운용의 KPI와 관련된 것이기에 그룹에서도 관심을 가지는 듯했다.

현장에서 영업을 하다 보면 항상 한계에 부닥친다. 고객의 돈이 늘 대기하고 있는 것이 아니기에 더더욱 힘이 든다. 그렇다고 수익률이 좋은 것도 아니다. 이런 식으로 밀어붙이는 프로모션은 항상 수익률이 좋지 못했다. 본사에서는 말하기 쉽게 그냥 영업력으로 해결하라는 것이다. 말이 좋아 영업력이지 기본적으로 수익률이 뒷받침되지 않는데 영업력에는 한계가 있는 것이다. 전국에서 최상의 영업력을 갖고 있는 나로서도 연속적으로 실시되는 프로모션에는 한계를 느끼고 있을 정도였다. 그런데 어찌하랴. 회사가 또다시 밀어붙이는 프로모션인데.

어느 날 대표 이사가 부산 지역을 방문했다. 지점장들을 초대한 만찬 자리에서 자연스럽게 금번에 시행되는 프로모션에 화제가 모아졌다. 대표 이사의 관심도 지대했으므로 동석한 지점장들의 충성스런 목표 달성 의지가 표출되고 있었다. 지점장들이 돌아가며 건배사를 하는데 자신들이 할 수 없는 숫자를 남발하며 사기 아닌 사기를 치는 것이었다. 물론 영업은 사기가 높아야 한다. 그러나 현실과 동떨어진 목표는 오히려 부작용만 초래한다. 내 차례가 되었다. 모두들 나에게 집중했다. 그동안 지점장들의 순서를 지나오며 각 지점들의 목표가 이미 각각 500억이 넘었으므로 당연히 내 입에서는 그 이상의 목표가 나올 것으로 기대를 하는 눈치였다. 그동안의 내 행보도 항상 프로모션은 주어진 목표를 몇 배씩 초과하였고 항상 전사 1등을 해 왔으므로 그 기대는 당연한 거였다.

그런데 내 입에서 내뱉은 숫자는 앞의 지점장들이 큰소리친 숫자와는 완전히 달랐다. 나는 250억만 하겠다고 했다. 내 앞의 지점장이 500억을 질렀는데, 전사 1위인 내 입에서 나온 숫자가 그 반토막인 250억이라니! 순간 침묵이 흘렀다. 내가 찬물을 끼얹은 것이다. 그 좋은 분위기를 내가 흩트려 버린 것이다. 잠시 후 눈치만 보던 일부 지점장이 분위기를 올리기 위해 나를 추궁했다. 250억이 뭐냐? 1,000억은 해야지, 한 지점장 정도면…… 하고 나를 궁지 아닌 궁지로 몰았다. 대표 이사께서도 웃으면서 받아 주셨다. 그러고는 대표께서 이번에도 프로모션 1위를 하면 한 지점장에게 선물을 주시겠다고 덧붙였다. 옆에 있던 지점장들이 환호하며 맞장구를 쳐 댔다. 한 지점장이 반드시 1등 할 거라고…….

나는 이미 그 만찬 자리에 가기 전에 이번 프로모션에 대해 깊이 생각하고 내 나름대로의 달성 전략을 갖고 있었다. 그런데 그 프로모션의 의의와 특장점을 제대로 이해하지 못한 일부 지점장들의 분위기 띄우기로 내가 거짓말을 대표에게 할 수는 없었다. 어차피 그 프로모션은 결과가 뻔한 것이었다. 회사의 KPI를 맞추기 위해 실시하는 것으로 고객과 PB를 고려하는 프로모션이 아니었다. 그런 것에 고객을 번번이 이용할 수는 없는 것이었다.

그런데 일이 이상하게 꼬여 버렸다. 내가 전사 1등을 하지 않으면 안 되는 분위기가 되어 버린 것이다. 대표 이사도 내가 전사 1위를 할 것으로 믿고 귀경했다. 나는 프로모션 전략을 새로 수립했다. 어차피 해야 될 프로모션이라면 1위를 해야 한다. 단, 이번만큼은 고객의 피해를 최소한 없게 하도록 하자. 그래서 프로모션에 나열된 상품들을 하나하나 다시 점검하기 시작했다. 증권 회사 상품이라면 당연히 원본 손실을 담보해야 한다. 그러나 수많은 상품 중에도 적어도 원금은 지킬 수 있는 상품 설계는 언제든 가능하다. 그런데 그 프로모션에는 원금을 지킬 수 있는 상품이 없었다.

나는 프로모션 추진 부서에 내가 요구하는 상품을 포함시키도록 요구했다. 여태까지의 결과로 봐서 고객의 피해가 불 보듯 뻔해 보이므로 적어도 이런 정도의 상품 하나는 포함해야 하는 거다, 라고 강력하게 요구했다. 프로모션의 진척이 늦어지니 얼마 후 회사에서 몇 가지 상품을 추가했다. 당연히 내가 요구하는 혼합형 상품도 프로모션 대상에 포함되었다. 문제는 MMF도 포함된 것이었다. S 증권의 프로모션은 매번 이런 식이었다.

나는 일단 내가 만나야 할 기업 회장들의 리스트를 작성했다. 그리고 회장들에게서 투자받을 목표를 하나하나 적어 내려갔다. 내가 직접 섭외해야 할 회장들이 20여 분이었으므로 목표를 다 적으니 보수적으로 잡았는데도 500억이 넘었다. 상품은 파워풀하지 못하지만 그야말로 내 자신의 영업력으로 해결하기로 마음먹었다.

첫 번째 찾아간 사람이 T사 P 회장이었다. P 회장은 그동안 나에게서 숱하게 자금을 인출해 갔다. 그러면 적어도 100억 정도는 투자해 줄 것이라는 믿음이 있었다. P 회장을 만나서 나는 단도직입적으로 말씀을 드렸다. 그동안 나에게서 빼어 간 자금 중에서 100억만 돌려 달라고…… 지금 회사가 프로모션 중인데 회장님의 도움이 필요하다, 라고 부탁했다. P 회장은 내게 버럭 화를 내며 말했다. 그만 했으면 됐지 뭐 그리 욕심이 많으냐, 라고 고함을 치는 것이었다.

나는 기실 P 회장으로부터 도움을 제대로 받은 것이 없다. 내가 오히려 P 회장에게 큰 도움을 드렸다. 타사에서 다 터져 있는 자산을 가져와 내 고집과 실력으로 600억 이상 회복시켜 드렸고, 대선 자금 수사 시에 대검 중수부의 수많은 압수 수색 영장을 받아 내며 조사를 받았는데도 그에게 단 한 점의 오해나 피해가 가지 않도록 대처해 준 사람이 나였다. 그리고 나로 인해 그동안 소원했던 S 그룹 L 회장과의 재회도 이루어졌고 더불어 JY과의 만남도 성사되었다. 그런데 P 회장은 내게 많은 도움을 준 것으로 생각하고 있었던 것이다. 나는 그길로 P 회장과의 더 이상의 연은 끝이다, 라고 생각하고 발길을 돌렸다. 그리고 두 번 다시 P 회장 쪽을 바라보지 않았다. 그동안 안 좋은 소문과는 달리 상당 부분 달라 보였던 그를 존경하고 있었던 나였다.

나는 인간으로 이 세상에 태어나 단 한 번도 다른 사람을 숭배해 본 적이 없다. 다만 나보다 월등히 뛰어나신 분들은 마음속 깊은 곳으로부터 존경한다. 내가 누구를 존경한다는 것은 그냥 일반 사람들이 쉽게 내뱉는 그런 종류의 존경심이 아니다. 그 대상이 신이 아닌 이상, 같은 인간으로 태어나 한 시대를 같이 살아가는 사람은 나에게는 숭배의 대상이 아니다. 그런데 이 세상을 살아가는 수많은 사람들은 특정인들을 숭배한다. 그들의 숭배 행위가 도대체 무엇을 의미하는지도 깨닫지도 모르는 채 무조건 숭배한다. 그 숭배의 결과는 항상 참담하다는 것을 모르는 채 말이다.

나는 비록 월급쟁이 생활을 하지만 어릴 때부터 인간은 숭배의 대상이 아니고 다만 존경의 대상은 될 수 있다고 믿었다. 그래서 내 삶도 그 존경의 대상이 되기 위해 끊임없이 갈고닦고 있는 것이다.

그런데 우리 사회에 소위 재산깨나 가진 사람들은 대부분 욕을 먹고 산다. 그럼에도 그들은 일정 부분 숭배의 대상이 되기도 한다. 그런데 욕을 먹는 그 이유가 무엇인가? 그들은 끊임없이 자신들의 탐욕을 채우기 위해 타인을 이용하고 활용하고 나서는 버리는 것이다. 어리석게도 대부분 사람들은 자신이 이용당한 후에 그 사실을 깨닫는다. 버림받은 이런 사람들은 대부분 인생을 정직하게 산다. 비록 자신이 뭔가 손해를 보는 것 같으면서도 자신만 깨끗하면 된다고 자위하면서 산다. 그런데 막상 이용당하고 버림을 받게 되면 뒤늦은 후회를 한다.

그렇다고 좌절하고 원망하고 있을 수는 없는 것이다. 대체로 남에게 이용당할 정도의 능력을 갖추고 있다는 것은 아이러니하게도 능력은 있다는 역설이다.

P 회장을 상대로 한 첫 번째 시도가 깨끗하게 실패하고 좌절감을 느낄 틈도 없이 나는 P사 L 회장한테 달려갔다. L 회장 집무실에서 넙죽 큰절을 하니 L 회장이 놀라서 나를 웃으시면서 쳐다보셨다. 나는 단도직입적으로 말씀드렸다. 이번에 저희 회사에서 펀드 프로모션을 하는데, 제가 전사 1등을 해야겠으니 회장께서 좀 도와 달라고 말씀드렸다. L 회장은 내게 얼마를 도와주면 되냐고 물으셨다. 나는 제가 500억의 목표를 가지고 뛰고 있는데 회장께서는 200억만 펀드에 가입해 달라고 했다. 나머지는 제가 다른 회장들에게 섭외해서 채우겠다고 말씀드렸다. L 회장은 잠시 생각하더니 흔쾌히 200억을 허락해 주셨다. 그러고는 필요하면 다음에 더 해 줄 테니 언제든지 말하라고 하면서 격려를 해 주셨다. 그렇게 해서 내 두 번째의 시도는 성공하고 나머지는 부산 지역 다른 회장들께 도움을 받아 전사에서 압도적으로 달성률 1위를 달리고 있었다.

문제는 프로모션도 기간이 있고 그 조건도 언제든지 변경이 가능하다는 데 있다. 재경 지역에 있는 일부 대형 지점들과 경쟁이 붙기 시작했다. 프로모션이 과열되기 시작한 것이다. 본부장이 재경 지역 지점장들을 의례히 그동안 하던 방식대로 다그쳤던 것이다. 프로모션이 과열되니 곳곳에서 파열음이 들리기 시작했다. 프로모션의 상품 대상이 너무 제한적이라느니 기간이 너무 촉박하다느니 별별 얘기가 다 생산되었다. 회사는 소정의 목적을 완전히 달성한 것이다. 프로모션을 과열시켰으니 그 결과는 대성공을 담보했다.

그래도 나의 지점은 정말 압도적으로 1위를 유지하고 있었으므로 큰 걱정은 하지 않고 있었다. 그런데 어느 날 회사에서 펀드 프로모션에 MMF도 포함시키는 것이 아닌가? 내가 본사에 항의했더니 MMF도 엄연한 투자 상품이라는 궤변 아닌 궤변을 하면서 내 항의를 일축해 버리는 것이었다. 우리는 당시까지만 해도 최소 1년 이상의 중장기 투자 기간을 가진 투자 상품을 보통 펀드라고 알고 있었고, 그렇게 믿고 일하고 있었다. 그것을 S 증권 본사가 내일 바로 환매가 가능한 MMF도 펀드 상품이라고 프로모션 대상에 포함시킨 것이다. 소가 웃고 강아지가 웃을 일이지만 MMF도 분명 펀드다. 머니 마켓 펀드가 아니던가? 교활하기 그지없는 자들에게 뒤통수를 제대로 얻어맞고 말았다.

대망의 프로모션 마지막 날이 밝았다. 그날까지도 우리 지점은 전사 1위였다. 그런데 오후가 되고 다음 날이 되었을 때 우리 지점은 1위에서 밀려나 있었다. 본사 영업부에서 당시 부산 은행(현 BNK 금융)의 기관 자금 1,000억을 MMF로 유치한 것이었다. 그리고 그 자금은 프로모션이 끝난 며칠 후 유유히 빠져나가 버렸다. 내가 유치한 펀드 자산들은 최소 1년 이상을 유지하며 회사의 수익성에 기여했다. S 증권도 이제는 영업 평가의 금도를 한참 넘어서고 있었던 것이다.

연말에 본사가 있는 건물 꼭대기 층인 탑클라우드에 초청되어 시상식장에 갔다. 1위에서 밀려난 2위의 자격으로……. 대표 이사께서 의외의 표정을 지으시며 1등을 못 했네? 하시는 것이었다. 나는 그때의 더럽고 착잡한 기분을 아직도 기억하고 있다. 정직과 명예를 먹고사는 금융인으로서, 더군다나 S인으로서의 자존심에 참담한 상처를 입었다. 인간이 사는 어느 곳이든 권모술수는 항상 존재한다는 것을 나는 미처 깨닫지 못하고 있었던 것이다. 그 후로 나는 회사가 시행하는 프로모션에는 정말로 고객에게 도움 되고 피해가 가지 않는 선에서 판단하고 선별적으로 임하게 되었다.

2등의 상금도 컸다. 지점에 300만 원의 상금이 내려왔다. 나는 지점 직원들을 전부 데리고 P사 직판매장으로 갔다. 직원들에게 각자 원하는 의류를 한 벌씩 고르라고 했다. P사 의류는 중저가품이었으므로 내 개인 사비를 조금 보태면 전 직원이 충분히 한 벌씩 의류를 구입할 수 있었다. 지점 직원들은 정말 기뻐했다. 프로모션에 크게 기여를 하지 못한 직원들에게도 예외 없이 상품을 선택하게 했다. 그리고 우리 지점 직원들은 모두 하나다, 라는 팀워크를 새삼 느끼게 했다. 그 후로 우리 지점은 더욱더 똘똘 뭉쳤다. 무엇이든 해낼 수 있는 팀워크가 완성된 것이었다.

나중에 P사 L 회장이 그 사실을 알게 되었다. P사 회장은 그 후로 나에게 최고의 고객이 되어 주셨다. T 실업 P 회장을 넘어서는 전기가 마련된 것이었다. 그리고 L 회장은 자신의 주변에 있는 여러 분의 회장들을 소개해 주셨다. 그중에 한 분이 T 실업 P 회장의 형님인 P×× 회장이다. P사 L 회장과는 정말 각별한 사이였다. 그런데 P×× 회장은 타사에 수백억의 자금을 직접 투자하고 있었다. 심지어 전담 직원을 곁에 두고 운영할 정도로 규모가 컸다.

P사 L 회장은 나를 P×× 회장에게 적극적으로 추천을 하셨다. 심지어

해운대 파라다이스 호텔에 식사 약속까지 직접 잡으셔서 함께 만나게도 해 주셨다. 그런데 나는 L 회장께는 정말 감사한 마음이었지만 P×× 회장과의 연결은 썩 내키지 않았다. 내가 그의 동생인 P 회장의 금융 자산을 관리하고 있지 않았던가? 아무리 영업을 하는 사람이지만 그것은 약간의 정도를 넘어서는 것 같았다. P×× 회장은 이미 P사 L 회장한테서 내 얘기를 전해 들어 나에 대해 어느 정도 알고 있었다. 그 후 나는 L 회장의 주선으로 몇 차례 더 P×× 회장을 만났지만 그를 상대로 영업은 하지 않았고 자산 유치도 하지 않았다. 금융 영업을 하는 사람이 수백억의 자산을 뿌리치고 외면하는 것은 쉬운 일이 아니다. 그래도 나는 정도는 지켜야 된다고 생각했다. 그리고 당시 나는 그렇게 절박하지 않을 정도로 전사에서 1위를 달리고 있었다.

절세 투자만이
정답인가?

부산 지점장으로 부임해 보니 곳곳에 문제점들이 보였다. 나는 하나하나 문제점들을 개선해 나갔다. 그중 고객과 관련한 문제점들의 해결이 가장 시급했다. 삼성 SDI ELS와 기아차 ELS에 물린 거액 고객들의 문제뿐만 아니라 도대체 고객의 자산을 어떻게 적절하게 자산 배분하여 관리를 하는지조차 의심스러울 정도로 고객 관리가 허술했다.

나는 지점의 거액 고객을 중심으로 한 분 한 분 접촉하여 문제점을 개선하고 적절하게 자산의 포트폴리오를 조정해 나갔다. 그런 지점의 거액 고객 중 한 분이 있었는데 그분은 오로지 일본 국채만을 120억 원이나 보유하고 있었다. 보유한 사유를 알아보니 이유는 아주 간단했다. 다른 금융 상품은 세금이 너무 커서 기피하고 종합 소득세 면제 대상인 일본 국채에 투자하고 있다는 것이었다. 일본 국채의 연 수익률이 1%도 채 안 되었는데 단지 세금이 면제된다는 이유 하나만으로 거액을 투자하고 있었던 것이다. 당시 우리나라의 지역 개발 공채의 수익률이 6~8%를 기록

하고 있었는데 나는 도저히 이해할 수가 없었다. 우리나라 지역채 투자를 하였을 경우만이라도 단순 수익률 6%에 대한 세금을 내고도 일본 국채보다 수익률이 몇 배로 높은데 일본 국채를 고집하는 이유를 알 수 없었다. 또한 거액 자산가가 수익에 대한 적절한 세금을 내고, 그것을 재원으로 국가는 사회에 재분배를 하는 것이 당연한 상식이 아니겠는가?

그 고객은 전임 지점장들이 직접 관리를 해 주고 있는 지점의 특별한 VIP 고객이었다. 하지만 지점에서 그 고객의 자산을 지점장이 직접 관리해 주고 벌어들이는 금융 수수료 수익은 참으로 미미했다. 매년 주기적으로 선물하는 그 고객 부부의 생신, 명절 선물 비용보다도 수익이 적었다. 단순히 120억이라는 거액의 자산을 유치하였기에 지점장이 직접 계좌 관리를 해 주고 있었지만 그야말로 지점과 회사에는 별 도움이 안 되는 고객이었다. 그런데 그 고객에게 지점은 온통 전력을 쏟고 있었다.

이런 이유 또한 매우 간단했다. 자산 관리 영업이 이유였다. 고객에게서 자산 관리를 해 주고 받는 수익이 얼마든지 간에 금융 상품에 투자된 자산이면 평가에서 특별히 우대해 주는 회사의 제도 때문이었다. 진정한 자산 관리 영업에 대한 이해 부족으로 회사의 전 직원이 소위 싸구려 영업에 매달려 마치 그것이 절대 선인 양 지내고 있었다. 회사도 의도적인지 비의도적인지는 모르겠으나 그러한 영업을 장려하고 있었다.

반면에 주식 수수료에 치중하는 영업은 철저히 천대받고 있었다. 회사의 CEO마저도 주식 수탁 수수료 영업에 대한 반감을 수시로 표출하며 브로커 영업에 열중하는 직원들의 도덕성까지 거론하고 있었다. 그런 지경이니 현장에 있는 지점장들의 생각과 행동은 어찌 보면 당연한 것이었다. 회사도 주식 시장을 제대로 이해하지 못하는 간부들이 득세하기 시작했다. 주식 시장에의 영업이 철저히 터부시되면서 회사에는 주식 시장에 대한 공부가 소홀해지고 어디에서도 주식 시장에 대한 대화조차도 눈치를 살피며 나누어야 하는 지경이 되어 갔다. 오랜 기간 주식 시장과 씨름하고 밤샘을 해 가며 해외 시장을 모니터링하고 상장 회사들을 분석하고 차트를 연구하던 직원들은 하나둘 회사를 떠나기 시작했다. 그들이 떠난 자리는 주식의 대표 종목 코드도 제대로 외우지 못하는 사람들이 채우고 득세를 하기 시작했다. 회사의 온갖 요직에 포진하여 소위 자산 관리 영업이라는 화두를 내걸고 자산 관리 영업에 대한 진정한 이해도 하지 못한 채 오로지 주식 수탁 수수료 위주의 영업만 배격하는 데 몰두했다. 그리하여 직원들의 주식 시장에 대한 실력은 하향평준화되어 버렸다. 그러니 현장에 있는 직원들의 행동은 불을 보듯 뻔한 것이었다.

자산 관리 영업이 무엇인가? 고객이 보유하고 있는 금융 자산은 실로 다양하다. 어떤 고객은 주식 투자에 집중하고 어떤 고객은 채권 투자에 집중하고 또 어떤 고객은 펀드 투자에 집중하고 또 다른 고객은 이들 모든 자산에 골고루 투자하는 것을 선호하고 있는 것이 현실이다. 고객의 성향이 이처럼 다양하게 다른 것이다. 그런데 그런 고객의 선택권을 회사가, 영업 직원이 강요하고 오로지 금융 상품만이 절대 선인 양 몰고 가는 것은 또 다른 적폐다. 실로 다양한 금융 시장의 투자 형태를 몰이해한 데서 나온 무리수일 뿐이다.

그럼에도 불구하고 회사는 수익의 절대액이 주식 수탁 수수료 영업에서 나오고 있었고, 그것으로 회사의 경영진과 간부들은 실적을 향유하고 있는 이율배반적인 행동을 서슴지 않고 있었다. 매번 인사 때마다 회사 수익의 절대치에 기여하는 직원들은 배제되고 주식 시장과 한참 거리가 먼 사람들이 승진 잔치를 벌이고 있었다. 그러한 지경에서 어떤 지점장이라도 진정한 자산 관리 영업과 그에 대한 대가를 고객으로부터 적절하게 수취하는 것에 대한 소신 있는 영업을 해내기란 쉽지 않았을 것이다.

그러나 나는 소위 말하는 브로커 출신 지점장이었다. 88년 12.12 주식 시장 정리 사태와 1997년 외환 위기, 2001 뉴욕 테러 등 무너지는 시장 속에서 목숨을 걸고 시장에 대응을 했고, 그리하여 내 증권인 평생 부도 한 종목 맞은 적이 없었고 수많은 위기 속에서 숱한 역경을 헤쳐 나와 살아남은 증권맨 중의 한 사람이었다.

나는 이해가 되지 않는 그 고객을 직접 방문하여 인사를 드리고 앞으로 계좌 관리에 대한 상의를 하기로 마음먹고 그 고객을 잘 아는 지점의 직원들을 불러내 의사를 피력하였다. 직원 중에는 그 고객에 대한 계좌 정리 및 간단한 상품 제안서 작성 등 전임 지점장의 지시에 따른 간단한 Operate 역할을 담당하는 직원이 있었다. 그랬더니 직원들이 한사코 나를 만류하는 것이었다. 이유인즉 그 고객의 부인이 문제였다. 직원들 말로는 소크라테스 부인 정도로 이해를 하면 된다는 것이었다. 잘 만나 주지도 않지만 자칫 잘못하면 봉변을 당할 우려가 높다는 것이었다. 직원들은 그냥 그대로 고객이 원하는 상품만을 세팅해 드리면 된다는 것이었다. 그리고 자칫 밉보이면 거액의 자산이 이탈될 가능성이 높다는 것이었다.

그렇다고 나는 그냥 그대로 두고 볼 수만은 없었다. 거액의 자산을 저조한 수익률에 의존하는 투자는 물론이고 회사와 지점에 수익도 기여하지 못하는데 비용은 곱절로 들어가고 있으니 내 성향에 그런 것은 절대로 그냥 넘어갈 수 없는 사안이었다.

나는 전임 지점장이 해 왔던 방식대로 자연산 전복 선물 세트를 준비했다. 그리고 고객에게 직접 전화를 걸어 새로 부임한 지점장이라고 하고 방문 인사를 드리겠다고 하니 고객은 방문을 허락해 주었다. 지점에서 꽤 가까이 있는 고객의 자택으로 갔다. 대문에서 초인종을 누르니 집 안에서 날카로운 음성이 들려왔다. 그 고객의 부인 음성이었다. 그냥 돌아가라는 것이었다. 나는 귀한 선물을 갖고 왔으니 잠시만 들어가서 인사 올리게 해 달라고 간청을 하였다. 그런데 막무가내로 돌아가라는 소리와 대문에 소금 뿌려라, 라는 날카로운 소리가 인터폰으로 들려왔다. 직원들의 우려가 맞아 떨어지는 순간이었다. 그렇다고 그냥 돌아올 수가 없었다. 하염없이 대문 앞에서 기다렸다. 한참의 시간이 흐른 후 인근에 있는 고객의 재단 사무실 직원이 달려오더니 나에게 간곡하게 부탁을 하였다. 제발 좀 돌아가 달라는 부탁이었다. 나는 어쩔 수 없이 그 직원과 함께 재단 사무실로 갔다. 그리고 준비해 간 자연산 전복 선물을 대신 전달해 달라는 부탁을 하고 지점으로 돌아와야만 했다. 지점으로 돌아와서 곰곰이 생각해 보니 나의 성급함이 부른 참사였다. 내가 상대를 너무 만만히 판단한 거였다. 그리고 직원들의 우려도 새겨들어야 했었다.

나는 전략을 바꾸기로 했다. 어차피 물리적으로 만날 수 없는 고객이었다. 나는 고객이 매일 자택 인근에 있는 재단 사무실에 나와서 결재를 한다는 사실을 알았다. 그럴 때마다 고객의 부인도 동행할 때가 많다는 사실도 알아냈다. 나는 그 후로 나를 안내한 재단 사무실 직원과 아주 밀접한 관계를 유지했다. 수시로 만나서 점심도 함께하고 그의 대소사도 챙겼다. 자연스레 고객에 대한 동선과 정보를 자세히 입수하게 된 것은 물론이다. 나는 수시로 재단 사무실로 마실을 갔다. 그냥 재단 사무실에 가서 틈틈이 차를 한잔 마시고 시간을 보내다 왔다. 그럴 때마다 고객의 내외를 가끔씩 조우를 했고 그때마다 나는 공손히 인사를 올렸다. 고객의 부인은 쳐다보지도 않고 무시했지만 나는 개의치 않았다. 그런 일들이 수차례 반복되던 어느 날 갑자기 부인이 내게 급 관심을 보이시는 것이었다.

재단 사무실에서 갑자기 나에게 "지점장, 잠깐 얘기를 좀 하자."라고 하시는 것이었다. 나는 긴장한 상태로 고객 내외분에게 다가가 앉으니 부인은 나에게 "듣자니 지점장은 지방 근무자답지 않게 상당한 실력을 갖추고 있다는데……." 하시는 것이었다. 그러고는 자신만의 철학이라면서 하시는 말씀이 "금융 기관 직원이라도 서울 강남에 근무하는 직원과 지방에 근무하는 직원은 확실히 실력 차이가 난다. 실력 있으면 회사가 중요한 서울 강남에 근무시키지 무엇 때문에 지방에 근무시키겠나?"라고 강하게 자신의 소신을 밝히는 것이었다. 순간 자존심이 상했지만 "그

건 아닙니다."라고 반박할 수가 없었다. 나 또한 항상 부족함에 갈증을 느끼고 있던 차에 제대로 한 방 먹은 것이었다. 나는 겸손하게 그것을 받아들였다. 그러고는 그래도 저희 회사에서 실력을 인정받고 있는 몇 명 중에 한 명이니 잘 봐 달라고 말씀드렸다. 덧붙여서 회사가 여러 번 서울 본사나 강남 지역으로 발령을 내리려고 하는데 제가 안 가고 버티고 여기서 영업을 하고 있다고 약간의 위세도 떨었다. 그러고는 정말로 잘해 볼 테니 제게 기회를 한 번 달라고 간곡하게 부탁을 드렸다. 그 일이 있은 지 며칠 후 나는 고객의 자택으로 초대를 받았다.

나는 또다시 자연산 전복 선물을 준비해 갔다. 사모님은 현관에서 반갑게 맞으시며 지난번에도 전복을 가지고 오더니 오늘 또 가지고 왔다며 좋아하셨다. 그렇게 환심을 산 후 나는 고객이 궁금해하시는 모든 질문에 장장 3시간 동안 내가 알고 있고 내가 판단하고 있는 모든 내용을 내 관점에서 충실히 설명을 드렸다. 질문에는 정치 문제뿐만 아니라 종교를 넘어 인간 본연의 삶과 가치관에 대한 것들도 있었다.

그런 만남이 있은 지 얼마 후 나는 지역 개발 공채에 대한 자료를 준비하여 고객을 방문했다. 그리고 일본 국채에 비해 결코 투자 효과가 나쁘지 않음을 설명드렸다. 고객은 은행에서 만기가 돌아오는 자금 중 100억 원을 내게 주시면서 지역 개발 공채에 투자를 하셨다. 얼마 후 일본 국채의 만기가 도래하고 있었다. 나는 당시까지 Operate만 담당하고 있던 직원을 정식 관리자로 등록을 시켜 브라질 국채에 대한 제안서를 만들도록 지시했다. 담당자는 다른 직원들의 눈치도 있고 고객이 워낙 까다로우신지라 처음에는 담당자로 지정받기를 주저했다. 그러나 내가 판단키로 그 고객은 그 직원이 적격이었다. 연로하신 데다가 비록 본은 다르지만 한글 성씨가 같아서인지 다른 직원보다 애정을 보이셨다. 직원의 주저함을 질책하고 반 협박을 해서 그 직원을 담당자로 정식 지정을 했다. 그동안은 전임 지점장들이 자신의 입지를 위해서인지 몇몇의 거액 고객들을 지점장이 직접 관리한답시고 직원들의 관리자 등록을 해 주지 않고 단순한 잡무만 처리케 하고 있었던 터였다. 어쨌든 나는 내가 편하기 위해서라도 관리자 지정을 밀어붙였다. 사실 그 직원은 그때까지 제대로 된 고객이 없어 영업 실적은 변변치 않은 정도였다. 내가 제대로 된 거액 고객을 관리케 하고 내가 직접 뛰어 고객을 섭외해 주었다.

나는 당시에 ELS 투자와 지역 개발 공채 투자를 거친 후 이들 상품의 한계를 인지하고 더 이상의 투자 상품을 결정하지 못하고 무려 6개월 동안 브라질 국채에 대해 스터디를 하고 있었다. 지점과 나의 주력 상품을 바꾸기 위해 나는 전에도 그랬듯이 이번에도 몇 개월을 고민하고 상품 스터디를 하고 있었던 것이다.

브라질 국채는 S 증권이 모 저축 은행의 제안으로 무리하게 단품으로 상품을 설정한 후 사실상 잊힌 상품이었다. 나는 고객에게는 고수익을 제공하고 지점에는 고보수를 제공하는 브라질 국채야말로 증권 회사의 정체성에도 꼭 맞는 상품이라고 판단했다. 그러고는 무려 6개월 동안 혼자서 고민에 고민을 거듭하고 있었다. 브라질 국채 투자의 매력에 흠뻑 빠져들 즈음 고객의 일본 국채 만기가 도래한 것이었다. 제안서를 정리하고 본사 상품 담당자에게 전화를 걸어 브라질 국채 투자에 대한 준비를 요구하고 상품 담당자와 긴밀히 협조하기로 한 후 고객에게 브라질 국채에 대해 장단점을 자세히 설명을 드렸다. Net 10% 수익률에 무엇보다 이자 수익에 대한 과세가 면제된다는 점을 강조했다. 그리고 당시까지 지난 수십 년간 브라질 헤알화와 원화가 달러와의 관계가 정의 상관관계가 있음을 그래프로 설명해 드렸다. 고객은 난생처음 접해 보는 브라질 국채라 생소해하셨다. 그러고는 생각해 보시겠다고 하는 정도로 1차 설명회는 끝이 났다. 며칠 후 고객이 찾아서 방문하니 브라질 국채에 대해 다시 설명을 요구하셨다. 나는 브라질이 3,000억 불 이상의 달러를 보유하고 있고 무엇보다 올림픽과 월드컵을 앞두고 있는 나라로서 절대로 투자에 대한 리스크는 크지 않을 것임을 강조했다.

고객은 그 자리에서 브라질 국채에 220억을 투자하기로 하셨다. 다른 곳에서 만기 도래하는 자금도 합쳐서 투자하기로 결정하셨다. 문제는 회사 내의 업무 처리 프로세스를 확립하는 것이었다. 개인 고객에게 처음으로 판매하는 브라질 국채인지라 회사 내 여러 가지 거쳐야 하는 허들들이 존재했다. 고객이 고령인 점도 문제였다. 어쨌든 우여곡절 끝에 회사의 허락을 받고 우리나라에서 처음으로 브라질 국채에 개인이 투자를 하게 된 것이다.

회사에서는 난리가 났다. 전국의 지점들이 큰 관심을 보이고 브라질 국채에 대한 본격적인 스터디가 회사 전역에서 일기 시작했다. 그러나 그럼에도 불구하고 우리나라 금융 자산의 대부분을 차지하고 있는 수도권에서는 브라질 국채 투자를 주저했다. 나는 브라질 국채 투자에 대한 회사의 상품 시스템이 완비된 것을 계기로 열정적으로 브라질 국채 영업을 했다. 지점의 절대 수익은 이제 브라질 국채 영업 수익으로 채워졌다.

 그러던 어느 날 우리나라 원화 환율이 급등하기 시작했다. 키코 사태로 시장이 흔들리더니 리먼 사태가 터지면서 그 후유증이 우리나라의 환율에 악영향을 급격하게 주기 시작한 것이었다. 시장이 급격하게 경색되면서 급기야 2009년 3월에 1,560원까지 환율이 급등한 것이다. 그런데 희한하게도 브라질 헤알화는 원화에 비해 환율이 상대적으로 안정적으로 움직였다. 급기야 달러 대비 원, 헤알화의 갭이 엄청나게 벌어져 버렸다. 브라질 국채를 평가해 보니 환차익만 38억이 발생해 있었다. 브라질 국채 220억 투자에 단기간에 환차익 38억이라니 믿을 수가 없었지만 현실이었다. 나는 즉시 담당자와 의논 후 고객에게 브라질 국채의 환매를 제안했다. 고객도 단기간에 그리 큰 수익을 얻을 수 있다는 말에 즉시 환매를 허락했다. 그래서 얻은 수익이 38억이었다. 고객은 자기 평생 투자에 단기간에 이렇게 큰 성공을 거두어 본 적이 없었다며 기뻐했다. 원래 연 10% 내외의 수익을 안정적으로 얻으려고 한 투자가 아니었던가? 그 수익을 매년 지출하는 학술상 상금으로 사용하려 했던 소박한 투자 결정이 대박을 터뜨린 것이었다.

 며칠 후 고객은 나와 담당자를 자택으로 초대했다. 방문해서 인사를 드리니 나에게 금일봉 봉투를 내미시는 것이었다. 금액은 밝힐 수 없지만 꽤 큰 금액이었다. 나는 화들짝 놀라 극구 사양했다. 고객의 간절한 마음의 선물을 나는 끝까지 사양하는 대신 고객에게 부탁을 했다. 제1금융권에 투자되어 있는 자금들을 만기가 되는 대로 내게 옮겨 달라는 부탁…… 고객은 흔쾌히 약속을 해 주셨고 나는 사모님이 차려 주시는 성대한 식사를 고객 내외분과 함께했다. 그 식사에는 내가 선물로 가지고 간 자연산 전복의 갖가지 요리들이 포함되어 있었다.

사모님은 내게 그동안의 나를 냉대했던 것에 사과를 하시면서, 회장님이 워낙 마음이 약하셔서 찾아오는 거의 대부분 사람들의 부탁을 못 이겨서 들어주시는데 자신은 힘없는 자신들을 이용만 해 먹으려는 인간들 때문에 너무나 스트레스가 쌓여서 나도 으레 그런 인간이거니 싶어서 그렇게 한 거니 이해를 해 달라고 하셨다. 나는 충분히 이해를 한다고 말씀드리고는 앞으로 나의 영업 제안에 협조를 부탁드렸고, 흔쾌히 화답을 들었다. 아마도 그렇게 큰 수익에 금일봉도 받지 않고 맛있는 밥 한 끼 대접에 감동하는 나를 보고 몹시 마음에 드셨는가 보다.

나는 그 후로 기회 있을 때마다 제1금융권에서 만기가 도래하는 거액의 현금을 유치하여 고수익 상품에 투자하여 수백억의 수익을 창출해 드렸다. 고객의 금융 자산도 어느덧 700억대에 이르렀다. 또 한 분의 든든한 후원자 고객을 확보한 것이다.

재능 기부의
새로운 장을 열다

"경제야 놀자!"라는 말이 있다. 지금에야 우리나라 국민들 모두가 익숙한 말이지만, 경제에 '놀자'라는 단어를 붙인다는 것은 아무나 생각할 수 없는 일이다. 나는 그것을 최초로 제안했다. 아니, 정확하게 말하면 오로지 나 혼자서 만든 것이 아니라 나와 내 부하 직원들이 함께 만들었다.

S 그룹에는 당시에 4,500여 개의 사회봉사 활동 팀이 있었다. 당시 S 그룹은 대대적으로 사회봉사 활동을 시작했다. 전국적으로 사업장이 흩어져 있었으므로 지역별, 팀 단위별로 봉사 단체를 만들게 하고 사회에 적극적으로 봉사 활동을 하게 하여 기업 이미지 제고를 하려 했다. 이제는 우리나라 모든 기업들이 사회봉사 팀을 꾸려 사회에 활발하게 봉사 활동을 하지만 당시만 해도 기업이 자발적으로 전 조직을 동원하여 사회봉사 활동을 하는 곳은 거의 없었다. 의례히 연말이 되면 정치인들과 관공서 중심으로 보여 주기식 봉사 활동을 한두 번 하고 끝내는 게 다반사였다.

그런데 S 그룹은 봉사 활동도 남다르게 하려 했다. 전국적으로 봉사 활동 팀을 만들게 하고 그룹과 회사는 적극적으로 지원을 했다. S 그룹의 단위별 봉사 조직이 전국적으로 4,500여 개나 되었으니 그 규모를 짐작할 만하다.

그런데 양적 확장에도 불구하고 당시의 사회봉사 활동 수준은 초보 단계에 불과했다. 기껏해야 연탄 배달하기, 김장하기와 청소 등 대부분 몸으로 때우는 식의 봉사 활동이 전부였다. 따지고 보면 우리나라는 여태까지 각자가 먹고살기에 급급하여 주변을 둘러볼 마음의 여유가 없이 달려왔다. 연말이 되면 의례히 관공서 중심으로 사랑의 이웃 돕기 행사를 일회성으로 끝내는 보여 주기식 행사가 주였다. 다양한 콘텐츠 개발이 되어 있질 않았다. S 그룹도 초기에는 그룹 중심으로 사회봉사 활동을 전담하는 부서를 따로 두어 활동을 전개하였으나 그러한 초보적인 단계를 벗어나지 못하고 있었다.

나는 회사의 지시에 따라 지점에 봉사 활동 팀을 꾸리고 거기에 전원을 의무적으로 참여시켰다. 그리고 봉사 팀 리더로는 다른 팀의 경우와는 달리 갓 입사한 신입 사원을 지정했다. 신입 사원인 봉사 리더에게는 봉사 활동에 관한 한 나의 전권을 행사하게 하고 전폭적인 지원을 해 주었다. 그런데 봉사 대상이 문제였다. 자원과 시간은 빠듯한데 봉사를 해야 하는 대상은 널려 있었다.

대상자를 고민하던 중 지점 직원들과 봉사 리더는 나에게 양로원을 추천했다. 이유는 간단했다. 그때까지 대부분의 봉사 활동이 양로원을 대상으로 이루어지고 있었다. 또한 일생을 열심히 살아오신 사회의 선배분들인 데다가 노후에 상당수가 힘들게 하루하루를 보내고 계시기도 하였다. 응당 봉사 활동의 대상이 되고도 남았다. 그런데 나는 조금 더 절박한 곳을 선택하려 했다.

나는 전 직원들과 난상공론을 벌였다. 자원은 유한한데 봉사 활동의 대상은 너무 많고, 그리고 제대로 봉사 활동은 해야겠고……. 직원들과 허심탄회한 토론을 이어 갔다. 내가 직원들과 난상공론을 즐기는 이유는 또 있다. 모든 직원을 하나의 주제에 모두 참여시켜 몰두하게 함으로써 전 직원의 참여도를 최고조로 끌어 올리려는 의도도 당연히 있는 것이다. 모든 직원들이 자신의 생각을 빠짐없이 얘기하게 한 후 나는 나의 생각을 직원들에게 설명했다.

우리가 봉사 활동을 해야 하는 대상은 너무나 많다. 대상자들 모두가 충분히 이유가 있고 여력만 된다면 모두 다 대상으로 삼아야 한다. 그런데 우리에게 딱 하나만을 선택하라면 나는 이들을 추천하고 싶다. 바로 불우한 어린아이들이다. 그들은 태어날 때부터 자신의 삶에 대한 선택의 여지가 없었다. 즉, 가난한 부모 밑에서 태어났거나 결손 가정에서 태어나야만 했다. 그 어린이들은 애당초 선택의 여지가 없다. 양로원에 계시는 그분들은 그래도 인생을 살아 보지 않았느냐? 어쨌든 돌봐야 될 대상이고, 매정하게 들릴지 모르지만 자신의 인생에 대한 어느 정도의 책임은 있을 것이다. 그런데 이 어린이들은 좀 더 다른 각도에서 바라봐야 한다. 더 문제는 출발선이 다른 그들이 이 세상을 살아가면서 수많은 편견과 불평등 속에서 자신들이 스스로 벗어나기 쉽지 않을 것이며, 결국 대다수 아이들이 사회의 불평등 구조 속에서 가난과 계층의 대물림으로 악순환을 거듭할 것이다. 그러므로 우리는 작은 힘이나마 금융업에 종사하는 사람들로서 그들이 어떻게 경제 지식을 습득하고 나아가 부를 축적하여 가난과 계층의 대물림으로부터 탈출하게 도와줄 수 있는가에 대해 심각하게 고민하고, 따라서 우리가 가지고 있는 재능을 그들에게 기부함으로써 그동안 의례히 해 왔던 일회성 봉사 활동보다는 차원 높은 봉사 활동을 하자고 제안했다.

무슨 거창한 내용도 아니지만 그때는 숭고한 마음과 열정만으로 똘똘 뭉쳐 있었고 결국 우리는 불우한 환경에 있는 어린이들을 대상으로 봉사 활동을 하기로 결의했다.

회사는 우리에게 봉사 팀명을 따로 만들고 부제를 달아 제출하라고 했다. 직원들에게 여러 가지 안을 받아 봤으나 특별하지 않았다. 나는 신입사원인 봉사 리더와 상의하여 '경제야 놀자!'라는 우리나라 최초의 문구를 만들어 제출했다. '경제야 놀자!'라니! 말이 되는 것 같기도 하고 안 되는 것 같기도 하고…… 하여튼 특별했다. 나는 이 문구를 만들면서 예전에 있었던 '야 놀자!'라는 연예인 보컬을 기억했다. 특별히 인기는 크게 얻지 못한 보컬이지만 나는 이들을 진정으로 예능을 제대로 이해한 뮤지션으로 여기고 있었다. 예능은 그야말로 신나게 노는 것 아닌가? 잘하든 못하든 자신들은 거기에서 신나게 놀아 보겠다는 것 아닌가? 그래서 팀명도 '야 놀자'라고 지은 것 아닌가? 나는 그들을 직접 만나서 얘기를 나누어 본 적은 없지만 그런 생각을 줄곧 하고 있었다. 그래서 우리도 잘하든 못하든 '경제야 놀자'라는 팀명을 제정했다. 그냥 봉사 활동을 하면서 경제와 놀아 보자…… 뭐 그런 의미와 어른들도 어려워하는 경제 용어와 제반 경제 지표들을 어린아이들에게 좀 더 쉽고 친숙하게 다가가게 하고자 하는 순수한 마음이 담겨져 있었다. 나와 우리 직원들은 '경제야 놀자'라는 팀명과 앞으로의 활동 계획을 본사 담당 부서에 제출하고 보고를 마쳤다.

그런데 얼마 후 아주 이상한 일이 벌어졌다. 회사의 본사 담당 부서 책임자가 모 공중파 언론에 나가서는 '경제야 놀자'라는 프로그램을 진행하는 것이 아닌가? 우리는 눈과 귀를 의심했다. 우리에게는 단 한마디의 사전 언급이나 양해도 없이 '경제야 놀자'라는 슬로건으로 마치 자신이 창안한 양 모 공중파와 프로그램을 진행하는 것이었다. 한마디로 우리의 자산을 도둑맞은 것 같은 배신감이 들었다. 그런데 그가 공중파 방송과 진행한 '경제야 놀자'라는 프로그램은 당시 엄청난 반향을 일으켰다. 주말 시청률이 최고치를 달리고 있었고 급기야 경쟁 방송사들도 비슷한 프로그램을 내놓기 시작했다. '경제야 놀자'가 그렇게 전국적인 관심과 사랑을 받을 줄은 나와 우리 직원들은 미처 몰랐다. 어쨌든 '경제야 놀자'라는 슬로건은 도둑맞았지만 결국 좋은 것에 쓰였으니 좋은 것 아니냐고 우리 스스로를 위안하고 우리가 할 수 있는 것을 찾아서 하기로 했다. 그렇게 시작된 것이 지금 S 증권의 대표 봉사 활동인 '경제야 놀자'라는 슬로건이다.

나는 봉사 리더로 하여금 지역에 있는 불우 시설들을 Search 하라고 지시했다. 그리곤 몇 곳의 대상지를 보고받았다. 우리의 봉사 대상이 된 보육원과 어린이집은 각각의 특색을 가지고 있었다. 부모로부터 버림받은 아이들이 자라는 일부 보육원과 어린이집은 아이들이 여러 가지로 형편이 좋지 못한데 원장과 그의 자녀들은 부유하게 지내고 있는 곳도 있었다. 또한 그들 중 어떤 원장의 자녀는 고급 외제 승용차도 소유하고 있을 정도로 우리가 생각했던 것보다 실상이 충격적인 곳도 있었다. 우리는 보통의 사명감이 없으면 그런 불쌍한 아이들을 대신 돌보고 키우지는 못할 것이라는 생각을 하고 있었는데, 그들 중 일부는 그것을 사업으로 생각하고 있는 것이었다. 충격적이었지만 우리 사회 구조가 그런 걸 어쩔 수 없는 것이었다. 그나마 그렇게라도 하는 사람들이 우리 보통 사람들보다 훨씬 더 훌륭한 분들이리라고 생각기로 했다.

또 다른 부류는 결손 가정 자녀들이었다. 그들은 자신들을 돌보는 부모나 조부모가 형식적으로 있으나 사실상 고아나 다름없는 형편이었다. 어쩌면 오히려 일정 시설에서 수용되어 자라고 있는 보육원 아이들보다 더 형편이 나쁜 아이들도 다수 있었다. 이들이 방과 후 모여드는 곳이 있었다. 이곳에서는 사회 복지사들이 적은 급여로 근무하며 형편이 어려운 아이들을 돌보는 곳으로 아이들의 공부방과 놀이터와 식사까지 해결하는 또 다른 형태의 보육원이었다. 심사숙고 끝에 우리는 전체 회의를 거쳐 지역에서 가장 어려운 동네에 위치한 어린이 시설 2곳을 우선 선정하고 본격적인 봉사 활동을 시작했다.

봉사 활동의 기본 이념은 '가난의 대물림 끊기'로 정했다. 처음부터 출발이 다른 어린이들이 막상 사회에 성공적으로 진출하기 위해서는 넘어야 할 장애물들이 한두 가지가 아니다. 보통의 일반 가정에서 자라는 아이들이 부모의 성화에 못 이겨 다니는 과외는 엄두도 못 낸다. 과외는 둘째 치고 부모로부터 매월 일정하게 받는 용돈도 그들에겐 꿈같은 얘기다. 어쨌든 인생의 출발부터 불리한 그들은 아주 특별한 경우를 제외하고는 사회에 진출할 때도 불리하다. 우리가 자라고 학교에 다닐 때는 모두가 비슷하게 못살았기에 기회는 대부분 비슷했으나 지금은 그런 시대가 아니다. 지금은 기회가 엄청나게 차별적이다. 나는 그것에 주목했다. 적어도 그들에게 경제적 활동을 어렵지 않게 이해시키고 부를 축적하는 방법을 어릴 때 느끼게 함으로써 가난의 대물림을 어느 정도 벗어나게 하고자 했다.

철저히 계획을 세운 후 우리는 매월 차질 없이 봉사 활동을 실시했다. 매월 특정한 토요일 하루는 아이들과 보내기로 직원들과 합의를 했고, 혹시나 주말에 자녀를 돌봐야 하는 직원은 자녀를 지점으로 데리고 오게 해서 그 아이들과 함께 프로그램에 참여시켰다. 처음에는 아이들이 낯을 가리고 쭈뼛쭈뼛하여 쉽게 다가가기가 어려웠다. 그러나 직원의 자녀들과 똑같이 참여하고 직원들도 헌신적으로 프로그램에 임하니 아이들이 금세 동화되었다. 심지어 직원들 한 명 한 명 멘토를 정하고 프로그램을 하니 직원들과 아이들이 금세 한 가족이 되었다.

프로그램 중 우리는 용돈 기입장을 작성케 하고 용돈의 일부를 모으고 투자를 해서 어떻게 불리는지에 대해서도 즐거운 게임을 하며 프로그램을 소화했다. 아이들에게 자신들이 초보 활동을 통하여 모은 자금에 대해 차별적으로 지급된 달란트를 다시 그들의 성향에 맞게 경제 활동을 시키고 투자를 하게 해서 그들 중에서도 부의 크기가 달라지는 것을 보게 하였다. 그리고 결과적으로 각자가 취득한 달란트만큼 미리 준비된 학용품을 구매케 했다. 우리는 지속적으로 이러한 경제 활동을 접목한 프로그램을 매번 고도화시켜 나갔다. 또한 계절마다 아이들의 손을 잡고 농촌 봉사 활동도 함께 나갔다. 봉사 활동의 대상만 되었던 아이들이 자신들이 봉사 활동을 한다는 것에 대한 자부심도 고취시키고 싶었다.

아이들의 참여도는 가히 폭발적이었다. 처음 그들을 만났을 때의 표정은 상상하기도 힘들 정도로 어두웠는데 우리들과의 일정이 지속되면서 아이들은 밝아졌고 자신감으로 가득 차 갔다.

그러한 공로로 나는 분에 넘치게 S 그룹에서 매년 실시하는 자원봉사 대상 시상식에서 4,500여 봉사 팀 중 유일하게 2008년, 2009년, 2011년 3년을 봉사 팀 대상을 수상하는 영예를 안았다. S 그룹 자원봉사 대상의 심사는 철저하게 외부 인사들로 구성된 심사위원들의 심사와 추천으로 이루어진다. 내가 알기로는 심사위원은 저명한 대학 교수님들과 신부님, 사회봉사 단체 등 우리나라의 사회봉사에 조예가 깊으신 분들이 참여하여 엄격하게 심사하시는 걸로 안다. 그래서 더 가치 있는 상이라고 생각한다. 물론 내가 상을 받았지만 나보다는 우리 직원들이 합심하여 이룬 결과이다.

아직도 잊히지 않는 장면이 있다. 어느 날 내가 받은 상금과 회사의 지원금을 더하고 직원들이 십시일반으로 참여한 기금으로 필요한 학용품들을 구입한 후 점심으로 우리나라에서 가장 유명한 햄버그 세트를 준비하였는데, 몇몇 아이들이 먹지를 않고 그냥 가지고 있는 것을 보고 의아해서 사유를 물으니 가지고 가서 형이랑 동생이랑 나누어 먹을 것이라고 해서 가슴이 먹먹하였다. 남는 여분을 확인하니 충분하여 그들에게 나누어 주고는 여유 있게 준비했던 것에 가슴을 쓸어내렸던 기억이 아직도 생생하다.

당시를 함께했던 직원들에게 감사하고, 함께 참여했던 아이들이 어느새 자라서 우리나라의 훌륭하고 아름다운 시민이 되어 있을 것으로 확신한다.

재무제표와
PB 영업 I

　김해 지점장을 떠나 부산 범일동 지점으로 발령이 나서 부산으로 부임을 했다. 부산 범일동 지점에 부임을 해 보니 지점 경영에 이상한 모습들이 여러 개 보였다. 특히 이상한 것은 회사의 정식 직원이 아닌 사람들이 지점의 사무실을 마치 자기 사무실인 양 쓰고 있던 것이다. 내용을 모르는 사람들이 보기엔 영락없이 S 증권의 직원으로 오인할 수 있었다. 회사의 정규 직원들과 고객들이 마치 하나의 지점에서 뒤엉켜서 생활하고 있었다. 나는 도저히 이해를 할 수가 없었다.

　나는 도대체 이해할 수 없었지만 혹시나 싶어 그 사람들의 지점에 대한 기여도를 차근차근 확인해 들어갔다. 그런데 그 사람들이 지점에 영업적으로 기여하는 것은 너무나 미미한 수준이었다. 더 이해하기 어려운 것은 지점의 2층에 내가 지점장으로 부임하기 직전까지 지역 본부가 존재했었고 엄연히 지역 본부장들이 근무하고 있었다는 것이다. 그런데 지역 본부가 함께 상주하는 그런 지점에 일반인이 지점 직원처럼 지점의 사무 공간을 함께 사용하고 있었으니 시쳇말로 금융 기관의 지점이 아니라 난장판 그 자체였다. 거기서 그 일반인들 중 어떤 이는 자기 사업을 별도로 하고도 있었다.

나는 이건 정말 큰 문제다 싶어 그들이 왜 엄연한 증권 회사의 지점에서 직원들과 함께 사무 공간을 공유하며 자기 사업을 하고 있는지 직원들에게 물어보았다. 직원들은 내게 진실을 말하기를 주저했다. 혹시나 모를 후폭풍을 우려한 것이었다. 문제는 그런 일이 아주 오래전부터 있어 왔던 공공연한 사실이었기에 직원들이나 회사가 그냥 그러려니 하고 묵인하고 넘어가고 있었던 것이다.

아무런 문제의식이 없었다. 심지어 어느 한 고객은 자신의 비서까지 채용하여 지점의 사무 공간을 함께 사용하고 있었고 어떤 때는 자신의 사업과 관련된 회의 장소로 지점의 회의실을 수시로 사용하고 있었다.

사정을 알아보니 그 사람들 대부분이 S 증권 범일동 지점에서의 주식 거래에서 수십억의 큰 손실을 입었던 고객들이었다. 문제가 클 것 같으니 당시 지점장이 그 고객들에게 지점의 사무 공간을 무상으로 쓰게 하는 등 편의를 봐주고 있었던 것이다. 그런 편의가 하루 이틀 지나고 몇 년이 지나고 지점장이 몇 번 바뀌면서는 아예 관례가 되어 있었던 것이다. 또한 직원들도 함께 생활하니 문제의식도 없어져 버렸던 것이다.

나는 그들을 내보내기로 마음먹었다. 그런데 그들에게 그런 의사를 조심스럽고 정중하게 요청하니 곳곳에서 부탁과 압박이 들어오는 것이 아닌가? 심지어 전임 지점장, 본부장까지 내게 부탁을 하는 것이었다. 회사를 떠나 감독 당국에서도 고객을 직원으로 오인케 하는 사무 공간 공동 사용 등 고객에게 불법으로 편의를 제공하는 것을 엄격히 금지하고 있는데도 막무가내였다. 심지어 부탁을 넘어 협박까지 하는 사람도 있었다. 본사에 해결을 요청했더니 지점장이 알아서 책임지고 내보내라는 원론적인 답변만 돌아왔다. 주위 분위기가 심상치 않게 돌아가는 것을 감지한 나는 속도 조절을 하기로 마음먹었다.

나는 그들 중 아주 대표적인 한 분을 식사 자리에 초대했다. 그러고는 정중하게 요청했다. "회장님이 전임 지점장들과의 거래에서 거액의 손실을 보았다고 전해 들었습니다. 회사를 대표해서 송구하다는 말씀을 드립니다. 그런데 그렇다고 해서 지점의 사무 공간을 회장님이 사업을 하시는 데 사용하시면 곤란합니다. 여러 가지로 여건이 어려우시겠지만 인근에 사무실을 구해서 나가 주시면 감사하겠습니다." 그랬더니 그분은 식사 자리를 박차고 나가 버리시는 것이었다. 이미 지점 직원들로부터 나의 의사를 사전에 전해 듣고 있던지라 나에 대한 감정이 상당히 좋지 않았던 것이다. 그러고는 며칠이 흘렀다.

나는 그분이 상주하는 2층 룸으로 올라갔다. 다시 정중하게 인사를 드리고는 "회장님! 그러면 지금 당장 사무실을 빼 달라고 하지 않을 테니 주변에 VIP급 고객이 있으면 소개를 좀 시켜 주십시오."라고 다시 정중히 말씀을 드렸다.

그랬더니 그분은 나에게 얘기를 좀 하자고 하더니 무려 두 시간 넘게 하소연을 하는 것이었다. 자신이 전임 지점장 누구에게 속아서 무슨 무슨 주식을 투자했었는데 거기서 수십억을 잃었고, 또 후임 누구누구에게 속아서 수십억을 잃고 등등 그래서 한 맺힌 이 지점을 잃어버린 자기 돈을 회복하기 전엔 절대로 떠날 수가 없다고 항변하는 것이었다. 나는 그의 당당한 요구에 어안이 벙벙할 정도였다.

결국 속도 조절을 하기로 마음을 고쳐먹고 그분에게 최선을 다해 마음을 얻기로 마음먹었다. 어쨌든 S 증권과의 거래에서 큰 손실을 보았으니 매정하게 바로 내칠 수는 없는 노릇이었다. 더군다나 전임들이 다 해 왔던 방식을 곧바로 내가 적폐라고 정리할 수는 없었다. 지혜롭게 해결하는 것이 상수였다.

나는 그분에게 수시로 점심 식사를 초대해서는 주변의 다른 고객의 소개를 요청했다. 알고 보니 그분은 아파트나 주택에 필요한 장판지 등의 자재를 공급하는 LG 화학의 총판권을 가지고 있어서 부산 지역에서 건설업 관련 기업 회장들과의 친분이 두터웠다. 또한 한때는 부산 지역 건설업 협회의 총무도 역임한 분이었다. 그래서 발이 넓었다. 나는 그분의 원망을 들으며 바로 내치는 것보다 그분의 인맥을 소개받아 영업에 도움을 받는 쪽으로 방향을 잡았다. 그러고는 그분에게 가급적 지점의 공식적인 회의실과 일반 사무실의 빈번한 출입을 자제해 주시고 극히 제한된 공간만의 사용은 당분간 하시라고 양해를 해 주었다. 그분도 내게 그러겠다고 약속을 하고 나와 그분은 어느 정도 휴전에 들어갔다. 결국 그분은 나중에 지점 인근에 자신의 사무실을 임차하여 나갔다.

 그 후에도 나는 그분을 통하여 여러 분을 소개받았다. 대다수가 당시까지 험악하기로 소문난 건설업으로 성공하신 분들이었으므로 한 분 한 분 소개받을 때마다 나의 스트레스는 기하급수적으로 늘어갔다.

 어느 날 그분이 점심 약속을 잡았다. 꼭 소개시켜 주고 싶은 회장이라고 했다. 나는 잔뜩 기대를 걸고 부산의 전포동에 있는 약간 허름한 식당으로 갔다. 식당에서 그분과 함께 조금 기다리니 잠시 후 소개받기로 한 회장이 나타났다. 옆에 부인으로 보이는 어떤 여성분과 함께…….

 나는 그 회장과 명함을 주고받고 정중하게 인사를 했다. 인사를 나누니 당시 부산 지역에 기반을 둔 DS 건설 회장이셨다. 그리고 그때 부산 지역에서 HOT하게 소문이 떠돌고 있던 한국우사회의 대주주였다. 그분은 대단히 거만하셨다. 나를 의례히 일개 증권 회사 영업 사원으로만 보고 거침없는 말들을 쏟아 내셨다. 증권 회사 놈들은 다 사기꾼들이라는 말과 함께 지방에 근무하는 놈들은 서울에 근무하는 놈들보다 수준이 낮다는 둥, 첫 만남의 자리인데도 나를 그렇게 대했다. 자리가 불쾌했지만 어차피 금융 영업하는 나로서는 사람의 됨됨이보다 거액의 자금 유치가 더 중요했다.

 점심 식사비를 계산하고 식당을 나오니 은회색 최고급 벤츠 차량에 두 사람이 탑승을 하더니 어디론가 떠나고, 나와 그들을 소개시켜 준 그분은 지점으로 돌아왔다. 지점으로 돌아온 후 나는 그분에게 찾아가 오늘 소개받은 DS 건설 회장에 대해 자세히 질문을 하였다. DS 건설 회장이 요새 어디에 관심이 많으며 그의 전력은 무엇인지에 대해 자세히 문의했다.

그분의 대체적인 설명은 이러했다. 한국우사회는 우리나라에서 유일하게 소싸움 경기로 갬블을 할 수 있도록 법으로 허용하고 있는 합법적 지위를 가진 회사이다. 소싸움은 우리의 전통 투우 대회로서 청도를 비롯한 진주, 의령, 함안 등 주로 경상도 지역에서 고대로부터 내려오던 전통 소싸움 대회이다. 그런데 진주, 의령, 함안 등 소싸움 대회가 매년 성황리에 개최되고 있는 지역을 연고로 하지 않고 당시에는 오지 중의 오지였던 청도를 연고지로 지정한 것은 열악한 지역 경제를, 전통 소싸움 대회를 상설화함으로써 고립된 지역 경제를 살려 보려는 숨은 의도가 있었다. 또한 우리나라에서 최초로 발생한 새마을 운동의 시발지인 것도 영향을 미쳤다고 한다.

한국우사회는 당시까지 오랜 기간 JP의 비서관 생활을 했던 DS 건설 K 회장의 주도로 입법화된 것이었다. 그런 관계로 당연히 K 회장이 대주주였다. 처음 한국우사회는 지역 사회에 상당한 기대를 가지게 했다. 지역에 있는 투자자들이 너 나 할 것 없이 투자에 나서고 급기야 장외 시장에서 주가가 천정부지로 치솟는 기염을 토하기도 하였다. 후에 전국적으로 투자 붐이 일어나 한국우사회 주식이 매물 기근 현상까지 일어나기도 하였다.

장밋빛 기대와는 달리 한국우사회의 사업 진행은 더뎠다. 특히 한국우사회의 대주주인 K 회장의 독직이 더욱 사업의 진행을 늦게 했다. 시간이 길어지고 K 회장의 자체 사업이 난항을 겪으면서 한국우사회는 여러 차례 증자를 단행했고 이런 매물이 장외 시장에 엄청나게 풀려 나갔다.

한국우사회의 청도 소싸움장의 건설이 지연되고 관련 사업이 속절없이 지연되면서 전국의 투자자들이 아우성을 치기 시작했다. 그럴 때마다 K 회장 측에서는 투자자들에게 한국우사회의 정식 상장 후 주가를 과대하게 선전하며 그들의 심기를 달래었다.

문제는 대주주인 KHS 회장의 능력이었다. 실제로 청도 소싸움장을 건설할 여력이 없었던 것이다. 숱하게 증자를 단행하면서 끌어들인 수백억의 자금이 행방이 묘연할 정도로 회사 내에 문제가 많았던 것이다. K 회장과 한국우사회의 대표로 있던 K 회장의 아들 등 경영진은 문제가 있을 때마다 장외 시장에서 주식을 팔아 자금을 조달하면 된다는 안이한 생각으로 한국우사회를 경영하고 있었던 것이다. 몇 년째 매출 Zero인 상태가 지속되고 경영난은 심화되었다.

나는 곧바로 한국우사회의 재무제표를 분석했다. 청도 공사 현장에도 두어 차례 방문하기도 하였다. 내가 관리하는 VIP 고객들도 여러 명이 한국우사회 주식을 이미 보유하고 있기도 하였다. 여러 가지의 검토를 거친 나는 청도 소싸움장의 공사는 언제 시작될지도 모르겠다는 결론을 내었다. 그리고 재무제표에서 나는 아주 특이한 현상을 발견하였는데,

한국우사회의 매출은 0인데 임원 대여금이 80억 넘게 집행되고 있었다. 무언가 문제가 커 보였다. 임원 대여금은 회계법상 일부 인정은 하고 있으나 매출이 없는 기업에서 거액의 현금을 임원 대여금으로 장기간 사용하는 것은 사실상 횡령에 해당하는 거였다.

나는 이 사실을 내가 관리하고 있는 한국우사회 주식을 대량으로 보유하고 있는 VIP 고객들에게 얘기를 해 주며 더 이상의 한국우사회 주식 매수를 못 하도록 권유하였다. 그런데 얼마 후 부산 지역에서 주택 건설로 유명한 SJ 건설의 PJ 회장이 오찬을 함께하자는 연락이 왔다. 물론 그 자리에는 DS 건설 K 회장을 소개시켜 준 그 고객도 동석했다. 그들은 이미 같은 건설 업종에 있으면서 오래전부터 상당한 친분을 가지고 있던 터였다. 그리고 내가 언급한 임원 대여금 80억에 대해 구체적으로 더 알고 싶은 거였다. 알고 보니 SJ PJ 회장이 한국우사회의 2대 주주였던 것이다.

나는 PJ 회장과 오찬을 하면서 그의 질문에 내가 아는 선에서 성실히 답변해 주었다. 나는 한국우사회가 진행하는 사업이 잘 안될 것 같다는 말을 했다. 이유는 아주 간단했다. 청도 소싸움장을 짓는 공사 대금이 턱없이 부족해 보인다는 것과 80억이 넘는 과도한 임원 대여금에 대해 말해 주었다. 그리고 한국우사회에서 장밋빛 그림을 그리는 전국에 소싸움에 대한 갬블을 할 수 있는 갬블장을 설치하는 것 등이 쉽지 않을 것 같다는 견해를 조심스럽게 말해 주었다.

그런데 얼마 후 일이 벌어졌다. SJ의 PJ 회장이 한국우사회에 M/A를 시도한 것이다. SJ의 PJ 회장은 전국의 투자자들에게 흩어져 있는 지분들을 사 모으기 시작했다. 그리고 내 고객들에게도 접촉하여 한국우사회 주식을 자신에게 팔라고 요구했다. 내 고객들 여러 명이 주식을 PJ 회장에게 넘겨야 좋을지에 대해 문의해 왔다. 나는 당연히 기회 있을 때 처분하고 나오라고 권유했다. 그렇게 해서 내게 있던 VIP 고객들의 한국우사회 주식은 거의 대부분 정리되었다.

사실 SJ 건설의 PJ 회장은 나와는 크게 인연이 없었다. SJ 건설은 LK 회장과 PJ 회장이 동업으로 일구어 낸 부산의 대표적인 주택 건설 회사다. 오히려 나는 SJ의 LK 회장과 인연이 조금 있을 뿐이었다. 나중에 이분들은 아름답게 사업을 분리해 각자의 길을 걷고 있지만 PJ 회장이 한국우사회를 인수하겠다고 나선 것은 의외였다.

나는 한국우사회에 대한 더 이상의 관심을 두지 않고 지점의 일에 열중했다. 그런데 한참이 지난 어느 날 SJ의 PJ 회장과 DS의 K 회장이 심하게 다투었다는 얘기가 들려왔다. 그리고 그들끼리 소송전에 나섰다는 얘기도 함께 들려왔다. 사실 그들은 당시까지만 해도 같은 아파트의 위아래층에 함께 살 정도로 막역한 사이였다. 그런데 한국우사회 때문에 평생의 우정이 깨어져 버린 것이다. 이제는 서로 돌아올 수 없는 다리를 건넜다고들 했다.

결국 DS 건설의 K 회장이 구속되었다. 한국우사회에서 횡령 배임이 죄목이었다. 임원 대여금 80억에 대한 장기간의 미납 이자를 포함한 100억 원대의 손해 배상 청구 소송도 함께 제기되었다.

그렇게 해서 한국우사회를 사실상 접수한 SJ 건설 PJ 회장은 회사를 살리기 위해 각방으로 노력을 쏟아부었다. 그러나 곪을 대로 곪아 버린 한국우사회를 살리기에는 역부족이었던 것 같다. 결국 PJ 회장도 어렵게 획득한 경영권과 지분을 대구 지역에 있는 재력가에게 넘기고 말았다. 결국 그동안 파란만장했던 한국우사회는 그렇게 정리되고 말았다.

요즈음 청도 지역을 지날 때면 다 지어진 원형 소싸움장을 보곤 하는데 격세지감과 함께 남다른 감회를 느끼곤 한다.

재무제표와
PB 영업 Ⅱ

당시 지점에 사무 공간을 공유하는 또 다른 고객 한 명이 더 있었다. 그 고객 역시 S 증권과의 거래에서 50억 이상을 날린 사람이었다. 그는 매일 지점으로 출근을 하여 엄연히 지점 직원들이 상주하는 지점의 핵심 공간에 있는 룸에서 주식 투자를 하고 있었다. 지점의 1층 핵심 공간에서 상주하고 수시로 지점의 업무 직원들에게 심부름 등을 시키고 있었으므로 지점 직원들의 불만이 이만저만이 아니었다.

부임 후 계좌를 확인해 보니 잔고가 얼마 남지 않았다. 나는 그분을 정중하게 지점장실로 모시고 가서 차담을 나누었다. 직원들이 대단히 불편해하니 이만 자리를 비워 주실 수 없겠냐 하고 정중히 부탁을 했다. 아니나 다를까 그분의 반응 또한 격하게 나왔다. 자신은 정말 생떼 같은 돈 50억을 게 눈 감추듯 잃었는데 지금 와서 쓸모가 없으니 매정하게 나가라 하는 것이냐고 울분을 토했다. 나는 안타까웠지만 감독원과 회사의 방침임을 에둘러 말씀을 드렸다.

다음 날 그 고객의 관리자인 PB가 나에게 면담을 요청해 왔다. 면담을 하였더니 도저히 부담스러워서 그냥 그분을 내보내기 어려우니 다른 방법을 제시해 달라는 것이었다. 나는 그 PB에게 가뜩이나 지점이 어려운데 도움도 되지 않는 상주 고객들이 지점을 장악하고 있으니 지점의 존폐가 걱정이 된다, 그러니 지점에 도움이 되든지 아니면 자리를 비워 달라고 해야 한다고 거듭 강조했다.

며칠 후 지점에 삼성 전자 주식 50억이 타사로부터 입고되었다. 그 고객이 자신의 형님에게 부탁하여 증여를 받은 것이었다.

그 고객의 형님은 당시까지 부산 지역에서 가장 유명했던 조방 앞의 예식장을 경영하고 있었다. 1997년 외환 위기 때에 자신의 돈 20억을 가지고 삼성 전자 주식을 샀었는데 그것이 불어나 300억이 넘는 자산이 되어 있었다. 그분의 동생인 지점의 상주 고객은 젊었을 때 부산 지역에서 7공자 그룹의 멤버로 불릴 정도로 화려하게 젊음을 불태웠고 일본까지 원정을 수시로 다니는 등 일본 야쿠자들과의 관계도 좋았다고 한다. 가끔씩 일본말을 유창하게 할 때는 그의 말대로 그가 새롭게 보일 정도로 화려한 젊음을 보낸 것이 확실해 보였다.

자신의 형은 동생이 마음에 걸렸는지 이미 50여 억의 삼성 전자 주식을 동생에게 증여하였는데 그것을 다 날려 버린 것이었다. 그리고 이번에 다시 50억 원의 삼성 전자 주식을 증여한 것이었다. 그런 것을 보면 형님의 배포가 남다름을 느낄 수 있는 대목이다. 어쨌든 새로이 증여받은 50억으로 다시 도전을 하게 된 셈이었다. 내가 부임한 이후로 새롭게 유치된 자산들에 대한 나의 관심은 남달랐다. 나는 매일매일 그 자산들의 수익률을 체크하기 시작했다. 그런데 매매는 빈번한데 지속적으로 손해를 보는 매매를 하고 있는 것이 아닌가? 나는 먼저 담당 PB를 불러서 자초지종을 알아보았다.

담당 PB의 말은 자신은 매매에 전혀 영향력을 미치지 못하고 단지 잔심부름 정도만 해 주고 있다는 것이었다. 중식을 함께하고 커피도 함께 마시는 그 많은 날들과 시간을 무엇을 하고 보내는지 도대체 이해되지 않는 말을 하는 담당 PB를 질책하고는 담당 PB를 교체하기로 하고 그 고객을 다시 면담을 했다.

고객은 내게 한사코 PB 교체를 하지 말라고 요구했다. 이유는 아주 간단했다. 주식 매매는 자신이 알아서 할 테니 자신은 그냥 편한 PB가 좋다는 거였다. 나는 고객에게 단호히 말을 했다. 그러면 PB가 필요 없지 않느냐? 필요한 심부름 등은 업무 직원들을 통해서 부탁하면 될 것이고 다른 직원들도 있는데 굳이 그 직원을 담당 PB로 지정해 달라는 것은 지점과 고객 서로에게 도움이 안 된다고 말했다. 더군다나 고객이 끊임없이 매매손을 입고 있는데 PB의 역할이 없다는 것은 직무 유기다. 그리고 회사가 지점을 평가하는 주요 평가 항목에 고객의 수익률도 반영된다. 그런데 고객님의 거액 계좌가 끊임없이 손실을 보고 있는데 지점장으로서 그냥 보고 있을 수 없다고 강하게 말했다.

고객은 내게 그러면 어찌하면 되겠냐고 물었다. 나는 고객에게 빈번한 매매는 오히려 손실을 확대시킨다, 고객님은 이미 수십억의 손해를 보고 있으므로 고객님이 내어 주는 매매 수수료는 제게 달갑지 않다, 나의 바람은 고객께서 하루빨리 손실을 만회하고 지점을 떠나시는 거다, 그래서 앞으로 고객님께서는 관심 있는 종목을 내게 가지고 오시라, 그러면 내가 그 종목을 검증해 드리겠다, 라고 말했다. 그 후 고객은 충실하게 자신이 관심이 있는 종목들을 내게 가지고 와 상담을 하고 매매를 했다.

어느 날 고객은 내게 현대엘리베이 주식에 대해 상담을 해 왔다. 자신이 현대엘리베이 주식에 관심이 많다는 것이었다. 나는 재무제표를 비롯한 주변의 제반 정보들을 망라해서 분석했다. 결론은 놀라웠다. 밸류에이션을 비롯한 제반 지표들이 확실히 좋았다. 그리고 대북 사업과 형제간의 갈등 등으로 만신창이가 된 현대 그룹의 캐시카우 창출 기업이었다. 분명히 그룹의 역량이 집중될 것이라는 판단이 섰다.

나는 고객에게 현대엘리베이의 매수를 강력하게 권유하였다. 나의 자신감 있는 분석에 그는 자신의 모든 자산을 신용을 사용하여 현대엘리베이에 쏟아부었다.

운이 좋았는지 아니면 그가 나와의 인연이 맞았는지 @20,000대에 산 주식이 @80,000을 넘어갔다. 치솟던 주식이 최고점에서 한두 차례 흔들리기 시작한 시점을 확인한 나는 그에게 보유한 주식의 매도를 강력하게 권유했다. 인간의 마음은 참으로 간사하다. 줄곧 손해만 보던 매매를 한 사람도 연일 계좌의 자산이 수십억씩 불어나는 것을 보고 있는 사람이라면 주식을 완전하게 처분하기는 큰 용기가 필요하다. 처음에는 주저하던 그도 나의 확신에 찬 매도 권유를 받아들여 전량 매도해 버렸다. 문제는 어제까지 치솟던 주식이 우리가 매도한 직후부터 속절없이 추락하는 것이 아닌가? 우리가 사전에 무슨 정보를 가지고 있었던 것도 아닌데 귀신과 같이 매도하고 나온 것이었다. 그 후 주가는 연일 곤두박질을 쳤다. 매도 후 그의 계좌를 보니 150억 규모가 되어 있었다. 그가 S 증권과의 거래에서 손실을 본 50억과 추가로 입고된 주식 50억을 제하고도 50억이 남았다.

나는 그에게 100억의 출금을 권유했다. 당연히 지점의 다른 금융 자산으로의 재투자를 권유할 수 있었으나 그의 성향으로 봤을 때 절대로 다른 금융 자산에 그 많은 자금을 파킹할 사람이 아니었다. 나는 지점의 영업에는 피해가 있지만 진실로 그가 잘되기를 바랐다. 고객의 성공은 결국에는 나에게 지속적으로 큰 도움이 될 것이기 때문이기도 했다. 그런데 그의 생각은 달랐다.

그 직후 고객은 내게 끊임없이 석식을 함께하자는 제의를 해 왔다. 이유는 뻔했다. 그동안 나의 관심과 배려로 큰 수익을 낸 것에 대한 보답을 하고 싶다는 것이었다. 나는 그 부탁을 들어줄 수가 없었다. 그래서 계속 핑계를 대며 약속을 미루었다. 그런데 하루는 담당 PB가 내게 간청을 하는 것이었다. 내가 저녁 식사 약속을 안 해 주는 바람에 자기가 너무 힘들다는 것이었다. 하는 수 없이 비싼 술집에 가지 않는 조건으로 석식을 함께하기로 했다.

　석식을 함께하면서 그의 살아온 인생에 대해 다시 한번 자세히 들을 수 있는 기회가 있었다. 얼마나 화려한 젊은 시절을 보냈는지 일본 명의 이름도 가지고 있었다. 나는 그에게 경의를 표하며 다시 한번 간곡하게 수익금의 일부를 출금해 가시라고 권유했다. 그런데 그의 반응은 완고했다. 주식 투자에 자신감을 가진 것이다. 온전히 자신의 능력으로 큰 수익을 낸 것으로 생각하고 자기 자신을 너무 믿는 것 같았다. 주위에 있는 우리들은 단지 자신이 투자 판단을 하는 데 보조자에 불과하다고 느끼는 것 같았다. 나는 거듭 간곡하게 당부를 드렸다. 이제 큰 수익을 얻었으니 너무 자만하지 마시고 투자 원금은 50억 정도로도 충분하니 100억은 출금하여 제1금융권으로 옮기든가 아니면 부동산을 취득하시라고 권유했다. 이유는 다시 한번 말하지만 오로지 한곳에 몰빵하는 그의 성향 때문이었다. 그는 너무나 자신감을 얻어 단번에 1,000억 이상의 큰 자산을 만들 수 있다는 자신감으로 가득 차 있었다. 그의 완강한 의사에 나는 더 이상 출금을 강요할 수는 없었다. 마지막으로 그에게 부탁한 것이 아주 사소하기 이를 데 없는 부산 지역 골프장 회원권 매수 권유였다. 적어도 5개 정도는 사라고 권유했다. 그래 봤자 10억도 채 안 드는 금액이었다.

　비록 그의 재산이지만 나의 노력과 실력으로 일구어 낸 큰 수익인지라 뭔가 상징적인 것을 그에게 남겨 드리고 싶었다. 나는 골프에 대한 남다른 애착이 있었으므로 차라리 골프 회원권이라도 사게 해서 그가 여생을 골프를 하면서 여유롭게 지냈으면 했다. 그런데 그런 나의 소박한 당부도 외면했다. 그날 그는 나와 담당 PB에게 저녁 식사와 술을 사는 걸로 자신의 고마운 마음을 정리하려 하는 것 같았다. 나는 당연히 내가 해 주어야 할 도리를 하고 있었으므로 그가 투자 성공을 크게 했다고 해서 내가 뭐를 바라거나 할 이유가 없었다. 그런데 그는 당연히 나와 담당 PB에게 무슨 선물을 하거나 접대를 해야 한다고 생각하는 것 같았다. 나는 그에게 깔끔하게 정리해 주었다. 내가 관리해 주고 있는 VIP 회장의 계좌가 몇 개 있지 않느냐? 그분들이 나의 도움으로 각각 500억 이상의 수익을 거두었다. 그런데도 나는 그분들한테서 선물 하나 받은 것 없다. 다만 나는 그로 인해 영업이 크게 잘되고 있고 회사로부터 충분한 평가 보상을 받고 있다. 그러니 전혀 부담을 느끼실 이유가 없다고 말해 주었다. 그러고는 그날 저녁 식사비는 내가 내어 드렸다. 그랬더니 한사코 그가 술을 샀다.

큰 성공을 거둔 이후 그는 나를 피하는 눈치가 보이기 시작했다. 자신의 온전한 능력으로 일구어 낸 성과로 인정받고 싶었던 것이다. 나는 그런 그의 의중을 간파하고 그에게서 더 이상의 관심을 끊었다. 괜히 내가 더 이상 참견하면 불필요한 오해를 불러올 가능성이 있었다. 그는 계속해서 주식 매매를 했다. 매매를 할 때마다 손실이 발생했다. 과거의 그로 다시 돌아가고 있었다. 그러나 보유 자산이 워낙 커 손실과 수익을 반복하며 적정 규모의 자산은 유지하고 있었다.

어느 날 담당 PB가 내게 말하길 그가 요즈음 선물 거래에 관심을 두기 시작했다고 했다. 나는 아차 싶어 그를 다시 지점장실로 모셨다. 그리고 주가 지수 선물 투자의 위험성에 대해 자세히 설명해 드렸다. 절대로 개인 투자자가 뛰어들어서는 안 되는 시장이라는 말을 거듭해 주었다. 그리고 과거에 내가 주가 지수 선물 시장과 옵션 시장에서 어떤 경험이 있었고 어째서 더 이상 그런 파생 상품 시장에 참여하지 않는지에 대해 성심을 다해 설명해 드렸다.

시간이 지나 나는 부산, 경남 지역의 모점인 부산 지점장으로 발령이 났다. 부산 범일동 지점을 내가 아닌 다른 사람에게 맡기기 걱정이었는지 부산 지점장과 범일동 지점장 겸직 발령을 회사가 냈다. 월급은 똑같은데 부담은 이중으로 지게 된 것이었다. 당시 발령을 낸 회사는 나를 배려해 준 것이라 했지만 나는 부담스러웠다. 한마디로 실속이 없는 자리였다. 그러나 나의 장래를 생각하며 감사하게 받아들였다.

내가 자리를 옮긴 부산 지점도 전국에서 최하위권에 맴돌고 있었다. 전통적으로 부산 지점은 모점으로 SDI 임직원들의 계좌와 자산을 보유하고 있었고 회사에서 세 번째로 설립된 지점으로 보유 자산과 잠재 고객이 많았다. 부임 시 보유 자산이 6,800억이었고 계좌 수는 20,000개가 넘었다. 그런 잠재력이 큰 지점이 전국에서 하위권에 머물러 있었으니 지점의 분위기는 보나마나 뻔했다. 직원들은 패배 의식에 젖어 있었고 지점의 간부들은 각자 플레이를 하고 있었고 어떤 이는 근태도 엉망이었다. 그런 지점을 관리하는 지점장은 그럼에도 회사로부터 항상 주요 거점 지점장으로서의 예우를 제대로 받고 있었다.

나는 그 부산 지점에서 범일동 지점의 그 고객인 형님을 만나게 되었다. 당시 그 형님 고객은 주력 계좌가 SY 증권에 있었다. 자신의 동생이 자기의 사업장인 예식장 바로 옆 건물에 있는 범일동 지점에 상주하고 있었으므로 S 증권과의 거래는 멀리 떨어져 있는 부산 지점과 하고 있었다.

나는 그 형님 고객에게 자신의 동생에 대한 언급을 가급적 자제했다. 범일동 지점은 지점의 차석자를 임시 브랜치장으로 임명하여 보내어 영업을 하도록 하고 나는 부산 지점의 영업에 집중을 했다. 문제는 범일동 지점이었다. 나의 직접적인 관심에서 멀어진 범일동 지점은 연일 내리막을 걷기 시작했다. 브랜치장으로 간 차석자는 도대체 무얼 하는지 도무지 이해가 되지 않았지만 도리가 없었다. 회사는 나에게 두 개 지점을 맡기고는 한 개 지점이 하위권으로 떨어지면 수시로 나를 본사로 불러오려 압박을 가했다. 부산 지점을 천신만고 끝에 1위 지점으로 올려놓으면 범일동 지점은 최하위권에 랭크했다. 급여나 성과급, 활동비 하나 더 주지 않으면서 회사는 내게 엄청난 부담을 지웠다.

범일동 지점의 그 고객은 드디어 주가 지수 선물 투자를 시작했다는 말이 들려왔다. 내가 그렇게 말렸는데도 그는 현물 시장에서의 빈번한 손실에 더 이상 참지 못하고 선물에 뛰어든 것이었다. 걱정이 앞섰지만 어쩔 수 없었다. 내 돈도 아닌데 자꾸 내가 이러쿵저러쿵 관여하는 것도 문제가 될 소지가 컸다. 나는 더 이상 그에게서 관심을 두지 않았다.

1년여의 시간이 순식간에 지나갔다. 나는 더 이상 체력적으로나 멘털적으로나 두 개의 지점장 업무를 수행하기 버거웠다. 범일동 지점을 부산 지점에 통합하기로 하고 정식으로 브랜치점으로 변경 승인을 받았다. 이제부터는 두 개의 점포가 한 개로 평가받는 체제로 변경된 것이었다. 나는 부산, 경남 지역을 대표하는 총괄 지점장으로 발령이 났다. 비록 점포는 두 개였지만 성과는 부산 지점 한 개로 통합하여 평가받았다. 고객 관리도 한결 수월해졌다.

그런데 범일동 지점의 그 고객의 계좌는 이미 절단이 나 있었다. 선물 투자로 그 많던 현금 150억이 2억 원으로까지 쪼그라들어 있었다. 한마디로 또다시 망한 것이었다. 인간이 가지고 있는 본능적인 탐욕의 끝은 어디까지인가? 나는 그 고객의 사례를 보면서 인간이 갖고 있는 본능적인 탐욕을 깊이 생각하게 되었다.

부산 지점에 거래를 하는 그 고객의 형은 참으로 정상적인 거래를 했다. 하기사 1997년 외환 위기 때 산 삼성 전자 주식을 아직도 가지고 있으니 답답할 정도로 그는 투자에 보수적이었다. 담당 PB가 수많은 금융 상품을 들이밀어도 그는 쉽게 움직이지 않았다. 관심이 있는 상품이 있으면 반드시 내게 확인을 거쳤다. 그리고 그는 투자하는 상품 거래마다 성공을 거두었다. 나와의 접촉이 잦아지면서 SY 증권에 거래하던 주력 계좌를 옮겨 오기로 결정했다. 수백억의 금융 자산이 한꺼번에 우리에게로 넘어오게 된 것이다.

그 고객의 그 많은 금융 자산은 단돈 20억으로 만든 것이다. 동생은 형이 두 차례에 걸쳐 50억씩 100억이라는 거액을 주었지만 불리고 지키기는커녕 모두 잃고 말았는데, 형은 단돈 20억으로 수백억의 금융 자산을 만든 것이다. 더군다나 동생에게 증여한 100억 원의 자산을 빼고도 수백억이 남았으니 투자에 대하여는 그가 최고였다.

특이하게 그는 골프를 하지 않고 있었다. 인근에 있는 롯데 호텔 피트니스 클럽의 회원이지만 65세가 된 그 나이 때까지 골프를 하지 않고 있었다. 나는 그에게 골프를 권유했다. 그는 그때까지 골프를 하지 않았으므로 골프를 기피했다. 나이도 많아 그 나이에 골프를 시작하는 것을 극도로 싫어했다. 나는 고령의 연세인데도 골프를 시작해 싱글 스코어를 내는 P 랜드 L 회장의 예를 들면서 강권했다. 여러 가지 이유가 있었지만 한 가지 확실한 것은 늙어 가며 주변에 골프를 하는 사람이 많지 않으면 인생이 상당히 외로워진다는 내 나름대로의 개똥철학을 가미했다.

그러고도 상당한 시간이 흐른 후 어느 날 그는 나에게 와서 하는 말이 골프를 시작해야겠다고 했다. 자신이 최근에 학교 동문 모임이나 ROTC 동지회 모임에 나가니 온통 골프 얘기뿐이고 골프를 안 치면 아예 대화에 끼워 주지 않는다는 것이었다. 그리고 자기의 친구들도 나이가 드니 하나둘 세상을 떠나거나 소식이 끊긴다는 것이었다. 골프는 남녀노소를 막론하고 세대차를 극복하고 함께할 수 있는 유일한 스포츠가 아니던가? 나는 만 65세가 된 그에게 난생처음으로 연습장 등록을 하게 하고 한 달 만에 필드에 모시고 나갔다. 물론 나이도 있거니와 워낙 골프와 담을 쌓고 살아온 분이라 골프는 쉽게 늘지는 않았지만 기회 있을 때마다 그를 골프에 초대했다. 그런 후 그는 나의 든든한 후원자가 되었다.

PB 영업과
기업 컨설팅

　일반적으로 우리는 거래하는 기업에 컨설팅을 해 주겠다고 한다. 그래서 변호사, 회계사 등을 대거 기용하여 거래 기업 활동에 대한 지원 체제를 구축했다고 언론 플레이를 한다. 국내에 있는 전 금융 기관이 이 Soluation에는 예외가 없다. 그런데 정작 해당 기업을 방문해 보면 대부분 자기들만의 회계사와 변호사들의 지원 체제를 구축해 두었다. 다시 말해 뭐 별로 따로 해 줄 것이 없다. 그런데도 국내 금융 기관들은 하나도 예외 없이 거래업체에 법률, 회계 자문을 해 주겠다고 한다.

　그것이 기업 활동에 대한 컨설팅이라고 한다. 해당 업체 몇 번 방문해서 그들의 애로 사항을 들어 보고 그 답을 찾으려 하는데, 실은 대부분 해결이 불가능한 것들이다. 왜냐하면 이미 해당 업체는 자신들과 계약하고 있는 변호사, 회계사들과 심도 있는 검토와 해결 방법을 찾아보았기 때문이다. 이미 그들이 어렵다고 결론 난 사안이라면 금융 기관의 법률, 회계 자문도 답을 찾기 어렵다. 그것이 우리의 현실이다.

따라서 나는 상당히 다른 방향에서 경영 자문을 해 드린다. 법률과 회계는 이미 기업들과 계약되어 있는 변호사, 회계사들이 있으므로 상식선에서 대응하면 무리가 없다. 그런데 경영 활동과 관련한 것은 완전히 다르다. 변호사, 회계사가 자문할 수 없는 영역인 것이다.

한 예로 나는 2001년 T 실업의 P 회장의 집무실을 찾았다. 그런데 놀라운 광경이 목격되었다. 회장은 집무실 안에서 열심히 외부 인사와 전화 통화를 하고 있는데 비서실에서는 산더미처럼 쌓여 있는 결재 서류를 비서가 회장의 도장으로 찍고 있었다. 회장 대신 비서가 결재를 하고 있는 것이었다. 나는 내 눈을 의심했다. 회장이 자신의 결재 도장을 비서에게 주어 날인을 하라고 한 것이다. 나는 비서에게 물었다. 이런 일이 자주 있느냐고. 비서는 거의 매일 일어나는 일이라고 했다. P 회장은 회사 일 말고도 대외 업무로 바빴다. 그 결재 업무를 회장을 대신하여 비서가 하는 것이었다.

나는 그날 이후 며칠을 고민했다. 민감한 사안이기 때문이었다. 내가 P 회장의 경영 방식에 자칫 잘못 참견하여 노여움을 살 수도 있기 때문이었다. 그런데 내가 본 P 회장의 결재 방식은 S 그룹에서 그동안 보고 듣고 배운 것과는 너무나 다른 방식이었다. 결국 나는 용기를 내었다.

그 후 시간을 얻어 P 회장에게 외람되게 고언을 드리고 싶다고 했다. P 회장은 당시 나에 대한 상당한 호감을 갖고 있었으므로 흔쾌히 허락해 주었다. 나는 조심스럽게 비서실에서 일어나고 있는 결재 방식에 대해 말했다. 그리고 S 그룹의 선대 회장인 L 회장의 인사 철학인 '疑人不用, 用人不疑'에 대해 설명했다. 의심스러우면 맡기지 말고, 맡겼으면 의심하지 말라는 평범한 진리다. 그리고 S 그룹이라는 거대한 조직이 왜 잘 돌아가는지가 여기에 있다고 했다. 그리고 회장 앞에 앉아 있는 저 자신도 S 그룹의 회장이, 그리고 S 증권의 대표 이사가 저를 믿고 맡긴 것이기 때문에 회사를 대표해서 한 치의 하자 없이 이렇게 열심히 일하고 있는 것이라고 말씀드렸다. 그러고는 어차피 회장께서 다 보지 못하는 결재 서류라면 그들에게 전결권을 다 주라고 했다. 그리고 정말 중요한 업무는 해당 책임자들이 직접 회장에게 보고하도록 하면 될 것이라고 했다.

그 효과는 지금보다 훨씬 커질 것이라고 덧붙였다. P 회장은 내게 "그 효과는 무엇인가?"라고 물었다. 나는 조목조목 설명을 덧붙였다. 첫째가 자신감이요, 둘째가 책임감이요, 셋째가 부정에서 멀어질 것이요, 넷째가 일의 효율과 능률이요, 다섯째가 회사에 대한 무한한 로열티이다, 라고 했다.

그래도 P 회장은 반신반의하는 눈치였다. 특히 그들을 깊게 신뢰하지 못하는 것 같았다. 그래서 모든 결재 서류를 올리게 하고 랜덤이라도 회장이 서류를 보게 되면 현장에서 긴장할 것이라는 P 회장만의 믿음이 있었다. 나는 일단 말을 꺼낸 이상 물러설 수 없었다. P 회장에게 앞으로 대기업으로 성장하려면 결재 권한을 반드시 이양해야 한다고 강조했다. 그리고 회장님은 사람만 잘 관리하시면 된다고 거듭 말씀드렸다. 더군다나 제조업에서는 대부분 하는 일들이 루틴하므로 공장 증설이나 투자 등 회장의 결심이 필요한 것들에 대해서만 보고받고 결재하면 될 것이라고 강조했다.

그런 일이 있은 얼마 후 P 회장 집무실을 방문했을 때 나는 정말 놀라운 광경을 목격했다. 항상 비서실 테이블에 산더미처럼 쌓여 있던 결재 서류가 완전히 사라진 것이었다. 비서에게 물었더니 결재권이 대부분 이양되어 더 이상 자신이 회장 도장을 찍지 않아도 된다고 홀가분해했다.

이후 현장에 있는 임원들에게 들으니 전결권이 이양되면서 자신들은 훨씬 부담이 된다고 했다. 책임감은 물론이고 혹시 부하들의 부정이 있지나 않을까 더욱 세밀하게 체크하고 관리한다고 했다. 그리고는 자신들의 위상이 높아져 부하들에게 훨씬 영이 선다고 했다. 그 후로 P 회장의 T 실업은 제2의 도약기를 맞았다.

부산 범일동 지점장으로 부임 후 똑같은 현장을 목격한 곳이 있다. 바로 중저가 정장의 대명사인 P 랜드 L 회장 집무실을 방문했을 때이다. P 랜드는 당시 5,000억 원의 외형을 갖고 있는 대형사였다. 그런데 회장실에 결재 서류가 산더미처럼 쌓여 있는 것이 아닌가? L 회장께서 만기친람으로 회사를 경영하고 계셨기 때문이다. 나는 L 회장에게도 P 회장한테 했던 것처럼 똑같은 말씀을 드렸다. 그리고는 덧붙여서 P 회장의 T 실업은 그 후로 엄청 좋아지고 있다고 말씀을 드렸다. 그 후 L 회장께서도 전결권을 대거 이양하셨다.

이후에도 부산 지역에 있는 D 개발 회장, S 유통 회장, D 주택 회장 등 여러 분들이 내 말을 경청해 주시고 전결권을 이양하셨다.

이상한 것은 P 회장이나 L 회장께서 보잘것없는 일개 지점장의 제안을 흔쾌히 받아들인 것이다. 나는 지금도 생각한다. 그런 분들이기 때문에 기업을 일구고 사업을 키우는 능력이 탁월하다는 것을. 소셜 포지션이나 직업에 관계없이 자신들의 경영에 도움이 된다면 언제든지 구습을 버릴 줄 아는 그런 분들이 기업을 하는 것이다. 그리고 그 기업으로 인류 사회의 공동선과 인간들의 삶에 기여하는 것이다.

오래전에 이런 일이 있었다. 지역에서 대표적인 골프장을 소유하고 계시는 회장과 라운딩을 했다. 그런데 그 골프장의 상태가 심각했다.

골프장은 그냥 한 개인의 소유물이 아니다. 적어도 골프장이 있는 그 지역에서 어느 정도 이너 서클에 속하는 사람들이 와서 하루 종일 운동과 사교를 하는 곳이다. 따라서 기업 경영을 잘하는 오너들은 특히 자신이 보유한 골프장에 신경을 많이 쓴다. 우리가 말하는 명문 골프장은 그런 정성 때문에 탄생하는 것이다. 골프장 상태를 보면 그 골프장의 해당 기업을 잘 알 수 있다. 골프장의 상태가 걸레 같으면 그 기업은 보나마나다. 이너 서클에 있는 사람들이 주로 찾는 골프장이 그 모양인데 하물며 그 기업이 내어놓는 상품은 보나마나 아니겠는가. 골프장을 세심하게 가꾸고 미려하게 운영한다면 그 기업이 내어놓는 상품은 골프장 상태처럼 명품일 것이 자명한 것이다. 골프장 관리에 좀 더 세심한 배려와 비용을 들이면 당연히 무형의 가치가 높아져 그 기업의 이미지가 크게 높아지고 그 기업이 내어놓는 상품의 가치도 올라가게 마련이다. 그런데 그런 평범한 진리를 모를 리 없는 회장도 온통 주변이 해바라기들만 득실대면 재간이 없다. 운동 내내 기분이 안 좋았지만 나는 골프만 열심히 쳤다.

골프 후 식당에서 음주를 곁들인 만찬이 있었다. 회장과 함께한 동반자인 중소기업 오너들은 회장에게 달달한 얘기만 쏟아 냈다. 회장은 기분이 상당히 업되신 듯했다. 특히 팔순인 회장이 자신보다 약간 젊은 중소기업 오너들로부터 달달한 얘기를 듣는 것은 누가 봐도 기분 좋을 자리였다. 나도 처음에는 가세했다. 나이 팔순에도 왕성하게 기업을 경영하시는 것과 젊은이들과도 견주어 골프 실력이 뒤떨어지지 않을 정도로 건강을 유지하는 것은 회장의 남다른 노력이 있기 때문이다, 라고 경의를 표했다. 자신보다 훨씬 젊은 내가 회장에게 그리 말씀을 드리니 더욱 좋아했다.

만찬이 끝나갈 무렵 나는 회장에게 외람된 말씀을 드리고 싶다고 했다. 회장은 흔쾌히 허락해 주었다. 나는 골프장에 대해 말했다.

내가 알기로 회장은 그 골프장에 남다른 애착을 갖고 있다. 우리가 골프를 하는 동안에도 수차례 전화를 해서 이것저것 골프장 개선을 지시하셨다. 직원들은 1주에 2번 이상 운동하시는 회장의 지시를 수행하느라 정신이 없었다. 그런데 정작 가장 중요한 하드웨어가 엉망으로 망가진 것이다. 회장은 의례히 날씨 탓으로 여겼다. 그해는 워낙 덥고 비까지도 오지 않았으므로 당연히 그런 줄 알고 있었다.

그런데 그게 아니었다. 직원들은 어느새 회장의 만기친람에만 익숙해져 있었다. 페어웨이 잔디가 물이 없어 말라서 다 죽어 가도, 페어웨이 잔디가 그 무서운 잔디 암에 걸려 맨땅으로 변하고 있어도, 그린이 무더위에 녹아서 맨땅이 드러나도 직원들은 움직이지 않고 있었다. 그린에 살아 있는 잔디들도 관리가 시원찮아 퍼트를 하면 공이 털털 튀었다. 그런데도 회장이 1주에 2번 이상 라운딩하면서 다 체크하고 지시하고 계셨다. 직원들은 대표 이사가 따로 있어도 회장의 지시만 수행하면 되었다. 문제는 골프장 경영진조차도 그런 분위기에 젖어 있었다.

나는 회장에게 외람되게 말씀드렸다. 심지어 샤워장 내 비품 배치 문제까지도 말씀을 드렸다. 회장은 자신의 골프장 전용 샤워장이 따로 있으므로 대중들이 사용하는 샤워장은 볼 일이 없었기에 사정을 알 도리가 없었다.

주위에 함께 있던 동반자들이 난리가 났다. 나를 공격했다. 회장에게 무례하게 그런 말을 함부로 한다고 했다. 심지어 함께 있던 한 사람은 그 골프장의 운영 위원이기도 했다. 나는 참으로 한심했다. 소위 회장의 측근이라는 사람들이 회장의 눈과 귀를 가리고 회장의 환심을 얻으려 아웅거리고 있었기 때문이다.

나는 일단 말을 꺼낸 이상 물러설 수 없었다. 하도 나에게 공격을 해 대니 나도 화가 치밀어 올랐다. 그래서 한마디 강하게 덧붙였다. 소위 회장의 측근이라는 사람들이 회장에게 환심만 얻으려 하니 회장은 눈과 귀가 다 먹어 버린 것 같다고 했다. 그리고 측근들이 이런저런 자리에서 회장이 미처 아시지 못하는 내용을 조심스럽게 말씀드려 그것을 경영에 참고 하시도록 하는 게 측근들의 중요한 임무가 아닌가? 그냥 회장에게 아양만 떠는 게 측근들의 임무인가? 나는 그렇게 배우지 않았다고 강변했다. 회장도 입장이 난처했는지 이제 그만하자고 소리를 치셨다. 분위기가 냉랭해졌다.

나는 그것으로 그 회장과는 끝이라고 생각했다. 하도 회장 측근들이 나를 몰아붙였으므로 당분간 그 회장을 볼 일이 없으리라 생각했다. 그런데 약 일주일이 지난 후 그 회장에게서 연락이 왔다. 최근 시장에 대한 여러 가지 질문을 하시더니 골프를 하자고 했다.

기업을 일구어 대기업으로 성장시키는 사람들은 확실히 우리 범부와 다른 점이 있다. 일시적으로 불쾌한 대화였지만 그분들은 나와의 대화에서 항상 다시 한번 생각하고 판단하는 것 같았다. 그리고 회사에 도움이 된다고 판단되면 과감히 채택하는 것이었다. 우리 같은 범부는 도저히 흉내 낼 수 없는 그분들만의 DNA가 존재하는 것 같다.

혁신에 대하여

우리는 세상을 살아가며 혁신이라는 말을 자주 쓴다. 기업이나 관공서뿐만 아니라 학교 등 거의 모든 조직이 혁신을 얘기한다. 그런데 사람들은 혁신이라는 말을 어렵게만 생각하고 심지어 자기 자신과는 관계가 없는 남의 얘기로만 여긴다. 그러한 관계로 혁신을 어떻게 하는지조차 모른다.

혁신은 남의 나라 얘기거나 나보다 훨씬 뛰어난 누군가가 해 주어야 하는 그런 특별한 것이 아니다. 한마디로 말하면 내가 맡고 있는 내 일의 연장선에서 내 업무가 개선되고 그것이 일반화되면서 작게는 조직, 회사, 사회, 국가 및 나아가 인류 사회의 진일보에 기여하게 하는 것이 혁신의 이름으로 거듭나는 것이다. 거듭 말하지만 혁신은 무슨 거창한 무엇인가에서 시작되는 것이 아님을 말해 두고자 한다.

나는 평생 직장 생활을 하면서 수많은 혁신적인 업무를 수행했고 또 큰 성과를 거두었지만 이 자리에서는 그중 의미 있는 중요한 몇 가지만 소개한다.

1. 금융 기관 업무 팀장

암울했던 시기를 최루탄 가스 속에서 학창 시절을 보내고 국내 굴지의 대기업에 취업하여 밤낮으로 일하던 어느 날 증권 회사의 구인 광고를 보고 무작정 지원하여 제조업체 근무 경력을 반토막만 인정받고 1980년대 말에 증권 회사에 첫 발을 디뎠다.

그런데 내가 들어간 그 증권 회사는 겉으로 보기에는 번듯한 국내 굴지의 증권 회사로 보였으나 내면으로는 그냥 오합지졸들이 몰려 있고 회사도 경영할 줄 모르는 오너 일가가 개인 사기업으로 직원들의 피와 땀과 눈물을 뜯어먹고 있는 그런 회사였다. 지점에 근무하는 직원들 다수는 회사 간부 누구누구와 관계가 있다거나 적어도 그들과 밀접한 연이 있어 들어온 사람들이었다. 그렇다 보니 객관적으로 나타나는 업적과 평가 보상은 완전히 별개였고 특히 승진 발령에서는 극명하게 희비가 엇갈리고 있었다.

나는 경력으로 입사 후 빠른 시간 안에 자리를 잡기 위해 제조업체에서 몇 년간 일하고 받은 퇴직금을 모두 영업 자금으로 쏟아부었다. 그러는 과정에서 건강이 급격하게 악화되어 죽을 고비도 한두 차례 넘기기도 하였다. 그러나 나는 그 누구의 도움을 받을 수 있는 처지가 아니었기에 오로지 온몸으로 처절하게 영업에 매달렸다.

당시만 해도 오후 3시에 주식 거래 시장이 종료되면 거의 대부분 영업 직원들은 자리를 비웠다. 외근을 이유로, 고객을 섭외한다는 이유로 모두들 자리를 비웠다. 그러고는 인근에 있는 당구장, 도박장, 심지어 낮 술집으로 꾸역꾸역 몰려갔다. 밤새 술에 절어 있다가 아침에 술도 채 깨지도 않은 채 출근하여 고객을 상대하는 직원도 여럿 있었다.

나는 제조업체 기획실에서 항상 밤늦도록 일하다 퇴근을 하던 것이 습성이 되어선지 아니면 내 자신이 원래 그런 것들을 받아들일 수 없었던 건지, 그들과 잘 어울리지 않았다. 당시 나는 모든 면에서 시간이 아까웠을 뿐이었다.

당시만 해도 증권 정보를 제때에 자세히 알기가 쉽지 않았다. 지점에 단 하나 있는 체크 단말기도 지점의 고위 간부가 독차지하고 있어서 일과 중에는 도무지 접근하기가 어려웠다. 내가 체크 단말기를 독점할 수 있는 시간은 그들이 일제히 자리를 비우는 오후 3시 이후 시간대였다. 그러한 관계로 나는 고객과의 특별한 섭외 약속이 없는 한 항상 지점의 자리를 지켰다. 그리고 체크 단말기를 독차지할 수 있었다. 당시에는 체크 단말기로 입수할 수 있는 정보가 유일했고 간간이 고급 정보를 접할 수 있어 좋았다. 또한 한발 뒤늦게 입문한 증권업이라 나보다 앞선 그들을 따라잡기 위해 나는 서점을 자주 찾아 금융 시장에 관련된 엄청난 공부를 해 댔다.

　그러다 보니 당연히 나의 실력은 일취월장하게 되었고 영업 성과도 어느새 전사 1위를 랭크하게 되었다. 그러자 그때까지 직원들과 증시 후거의 매일 음주에 매달려 있던 지점장이 나를 아끼기 시작했고 나에게 지점의 업무 팀장을 겸직하게 했다.

　당시만 해도 전국의 금융 기관 창구에는 단순 업무를 처리하는 여직원들이 배치되었고 그 뒷자리에는 4년제 대학을 졸업한 남자 직원 중 대리급 이상이 결재를 하는 업무 팀장으로 배치되고 있었다. 나 또한 그러한 관습의 결과물로 당연히 업무 팀장으로 임명되었던 것이다.

　나는 업무 팀장과 영업을 병행하며 항상 모든 업무를 철저히 챙김과 동시에 영업 성과도 항상 최상위 그룹을 유지했다. 그러한 관계로 당시 지점장은 지점의 모든 살림을 내게 맡기게 되었고 나에 대한 의존도가 절대적이었다.

　나는 지점의 업무 팀장 업무를 하면서 창구에서 일하는 여직원 개개인의 업무 능력을 파악할 수 있었다. 다들 자신의 업무를 충실히 잘 수행하고 있었고 특별히 내가 그들의 업무를 지적하거나 수정하거나 할 내용이 별로 보이지 않았다. 그런 정도로 증권 회사의 창구 업무는 당시에도 정형화, 표준화되어 있었다. 또한 당시에 증권 회사에 입사를 하여 창구 업무를 수행할 정도면 적어도 자신이 다녔던 학교에서 성적이 상위권에 랭크된 우수한 인재들이었다.

    그런 그들 중 특히 내 눈에 들어온 업무 여직원이 한 명 있었다. 그는 사실상 소녀 가장 출신으로 야간 여상을 다니면서 증권 회사에 알바로 취직하여 주경야독을 하면서도 전교 1위의 성적으로 졸업을 한 우수한 인재였다. 그런데 그는 회사에서 특별한 연고가 없었던 관계로 업무 수행 능력과 업적은 우수하지만 항상 동료들보다 뒷선에 머물러 있었다. 나는 그의 업무 능력을 무척 인정해 주었다. 그래서인지 그는 그동안의 그늘졌던 얼굴 표정이 한층 밝아지면서 더더욱 회사 일에 집중해 주었다. 그러나 그럼에도 불구하고 직장 내 보이지 않는 차별은 여전히 존재했다.

    그러던 중 나는 회사를 옮기게 되었다. 아쉬움이 컸지만 내 인생을 걸기엔 그 회사는 나를 만족시키는 데 충분치 못하였다. 나는 과감하게 이직을 결심하고 새로 출범하는 S 증권으로 아무런 조건 없이, 회사가 제시하는 입사 조건 그대로 이직을 하였다.

    S 증권에 입사 후 발령처는 부산 지점이었지만 내 근무지는 창원이었다. 그것도 S 중공업 1공장 콘센트 막사 한편에 외로이 놓여 있는 책상 하나가 전부였다. 당시 S 증권 부산 지점장은 내 직속상관인데도 자신이 추천하여 영입한 사람이 아니었으므로 내가 근무하는 창원의 그 공장에는 단 한 번도 방문을 하지 않았다. 다만 나를 입사 추천한 S 생명 출신 부산 지점 소속 과장이 마치 자신이 지점장인 양 나를 관리했다. 나 또한

당시 S 증권이 갓 출범한 지 얼마 지나지 않았으므로 그들 간의 알력이 어떻고는 일부 전해 들은 바는 있으나, 내가 설계한 인생의 행로에는 크게 비중을 두지 않기로 했으므로 별 관심을 두지 않았다.

그런 과정에서 그들 간의 온갖 갈등과 알력들이 창원에서 홀로 외로이 근무하는 내게 간간이 들려오고 급기야 평가 보상 등 인사상 불이익이 현실로 닥쳐오기도 했다. 그럼에도 나는 크게 개의치 않았다.

당시 나는 월급 40만 원을 받는 알바생을 채용하여 창원에 지점을 내기 위한 교두보를 만들기 위해 코피가 흘러 내 흰 와이셔츠를 적시고 몇 벌 안 되는 내 양복 외투를 물들이는 줄도 모르고 밤늦게까지 일에 매달렸다. 그리고는 불과 몇 개월 만에 증권 계좌를 무려 20,000여 개를 만들었다. 자산도 6,000억을 넘게 유치하였다.

회사는 발칵 뒤집혔다. 인천, 대전 등 대도시에도 S 증권 지점이 없는데 고작 인구 20만이 채 안 되는 창원에서 대리 직급의 직원 한 사람이 그렇게 많은 고객과 자산을 유치하다니 당시로서는 정말 말도 안 되는 뉴스거리였다.

나의 피눈물 나는 노력의 결과 1년 6개월여 만에 급기야 나의 소망대로 S 증권은 창원에 회사의 16번째의 지점을 내기로 이사회의 결정을 내렸다. 당시의 영업추진본부장이 내게 직접 전화를 걸어 축하해 주었다. 그는 대전, 인천 등 수백만이 사는 직할시 등에도 아직 지점이 없는

데 한 대리의 탁월한 노력으로 지방 도시인 창원에 회사의 16번째 지점을 내어 주게 되었으니 앞으로 한 대리의 전도는 무궁히 양양할 것이라는 격려도 함께 덧붙였다.

문제는 지점의 조직이었다. S 증권은 당시만 해도 직원 수가 적어서 창원에 상주하며 근무할 인력이 없었다. 결국 나는 회사의 허락을 받아 마산과 창원에 있는 경쟁 증권사의 우수 인력을 영입하는 작업에 매달렸다. 나의 영입 원칙은 분명했다. 첫째, 절대로 개인 부채가 없어야 한다. 둘째, 그들이 속해 있는 지점에서 최우수 직원이어야 한다. 두 번째 내용은 그렇다 치고 첫 번째 개인 부채가 없어야 한다는 것은 특별한 이유가 있었다. 당시에는 증권사 직원들이 금융 당국의 금지 조치에도 불구하고 너도 나도 차명으로 자기 주식 거래를 하고 있었고 레버리지까지 일으켜서 거래를 하면서 큰 손해를 보고 있는 빚쟁이들이 즐비했다. 겉은 화려해 보이지만 실상은 빈털터리들이었다. 이렇다 보니 증권사 직원들이 고객을 상대로 질 좋은 상담을 제공하고 그로 인한 영업 성과와 고객의 성공을 추구하기보다는 자신의 개인 계좌 관리에 매달릴 수밖에 없는 악순환이 거듭되고 있었다. 나는 그런 직원들은 장차 증권업에서 도태되어야 한다는 철학을 가지고 있었다. 나의 이러한 소박한 원칙이 나중에 S 증권의 인력 채용 원칙에 반영되기도 하였으니 이 또한 혁신이라면 혁신인 셈이다.

어쨌든 나는 창원, 마산 지역에서 우수한 인력들을 다수 영입했다. 지점 출범 시 12명으로 시작했으니 무려 10여 명을 내 손으로 영입하고 조직을 짠 셈이었다. 30대 초반의 대리 직급인 내가 마치 S 증권의 고위 간부인 것처럼 조직을 구성하고 지점을 출범시키고 한 것이다. 직급이 낮아 초대 지점장으로 발탁은 되지 못했지만 허허벌판인 창원에 S 증권의 간판을 번듯하게 달게 된 것은 전적으로 나의 피와 땀과 눈물의 소산이었다. 초대 지점장은 당시 S 생명 출신 과장을 주위의 반대도 무릅쓰고 추천하여 관철시켰다.

문제는 '업무 팀장을 누구로 하느냐'였다. 초대 지점장은 관례대로 4년제 대졸자 중 대리급 이상을 업무 팀장으로 지명하려 했다. 지점의 조직을 사실상 다 구성시킨 나로서는 그것을 받아들일 수 없었다. 내가 전직에서 눈여겨봐 두었던 창구 업무 여직원을 영입해 두었던 터고, 그 여직원의 업무 수행 능력이 탁월한 관계로 그를 업무 팀장으로 강력하게 밀어붙였다. 지점의 출범에 별로 기여를 하지 못했던 지점장도 별수 없이 내 주장을 받아들였다. 그리고 회사를 설득하는 난관이 남았다. 나는 리테일 본부장에게 직접 설명을 하고 설득을 하여 그 난관도 무사히 통과했다.

당시 나는 기본적으로 4년제 대학을 졸업하고 증권 회사에 근무를 하고 있다면 당연히 현장에서 영업을 하여 부가 가치를 창출하여야 한다고 생각을 하고 있었다. 증권 회사 지점 업무는 어디까지나 지원 업무에 불과하므로 기존의 업무 직원들로도 충분히 수행이 가능하고 업무 처리도 말끔하게 끝낼 수 있다는 믿음이 있었다. 4년제 대졸 우수 인력이 업무 직원들 뒷자리에 앉아서 도장이나 찍으면서 마치 무슨 권위를 부리는 것처럼 보이는 것이 나는 정말로 보기 싫었다.

S 증권의 출범 후 S 그룹의 이름으로 내는 지점 중 S 그룹맨답게 제대로 시작하고 싶었다. 형식과 낡아 빠진 관습은 철저하게 배척하고, 실질적이고 내용이 있는 증권사 지점으로 출발하고 싶었다. 그리고 그것을 증권업계의 새로운 모델로 자리매김시키고 싶었다. 당시에 증권 회사 지점의 상당 부분 공간을 차지하고 실제 영업에 별 도움이 되지 않던 시세 전광판을 최초로 없애 버리고, 컴퓨터 단말기를 배치한 것도 그런 소신 때문이었다.

무엇보다 창구 업무 직원들의 업무 역량이 그것 정도는 충분히 감당을 하고 남음이 있었다. 그런 상황에서 굳이 고급 인력을 뒷자리에 배치하여 결재 도장이나 찍고 앉아 있게 할 수는 없었다. 나의 파격적인 시도에 맞추어 그 여직원은 정말로 업무 팀장의 업무 수행을 잘해 주었다. 당시에 S 증권이 출범한 지 얼마 되지 않은지라 전산 프로그램 개발도 미진한 구석이 많았다. 그 업무 팀장은 S 증권의 미진한 전산 업무 개발에도 상당히 기여를 하였다. 비록 야간 여자상업고등학교 출신이지만 업무 프로세스도 제대로 이해 안 된 4년제 대졸 직원보다 탁월한 업무 역량을 발휘하였다.

그동안 불안한 시선으로 바라보던 회사도 시각이 바뀌기 시작했다. 인근의 지점장들이 창원까지 와서 직접 벤치마킹을 하고 가서는 과감하게 업무 팀장들을 창구 여직원으로 교체해 나갔다. 그러고는 불과 2~3년

사이에 S 증권은 업무 팀장이 모두 창구에서 업무를 보던 여직원들로 바뀌어 버렸다.

　다음은 타 증권사들의 반응이었다. 증권사들은 S 증권의 이러한 변화 시도를 처음에는 관망하다가, 드디어 업무 팀장을 창구 여직원으로 바꾸기 시작하더니 어느덧 거의 모든 증권 회사들이 업무 팀장을 창구 여직원으로 교체해 버렸다. 막상 교체를 하고 나니 엄청난 변화가 일어났다. 창구 여직원은 그동안의 업무 보조원 정도의 역할 인식에서 업무 주도자로서의 자부심과 책임감이 생기고 승진에 대한 기대도 한층 높아져 업무의 효율이 훨씬 높아졌다. 창구 2선에서 업무를 챙기던 대졸 간부도 직접 영업에 투입할 수 있게 되어 지점의 성과도 그만큼 높아지고 생산성도 크게 향상되었다. 다음으로 시작된 변화가 은행권과 보험권이었다. 아직도 일부 은행과 보험사는 대졸 출신 간부를 업무 팀장으로 활용을 하고는 있으나 대부분 은행과 보험 회사의 창구들도 업무 팀장은 창구 업무를 수행하던 직원 중에서 발탁하여 업무 팀장으로 근무시키고 있다.

　S 증권의 지방에 있는 작은 점포에서 시작된 이런 작은 시도가 이제는 우리나라 은행, 증권, 보험사 등 거의 모든 금융 기관에 반영되어 업무 팀장은 창구에 근무하던 여직원들이 자리매김하고 있다. 누군가가 콜럼버스의 달걀을 얘기하곤 한다. 지나고 나면 아무것도 아닌 것처럼 보이는 일들이지만 처음 시도하는 모든 것들은 엄청난 저항과 고통이 따르기 마련이다. 그렇지만 그런 것을 극복해 내고 당당히 자신의 철학을 펼쳐 나가는 것이 능력이고 진정한 실력이 아니겠나? 평소 직장 생활을 하면

서 자신이 경험하고 느낀 수많은 사안들을 흘려 버리지 않고 업무를 개선하는 데 적용한다면 반드시 변화와 발전이 있을 것이고, 어쩌면 사소해 보였던 이러한 것들이 조직과 사회를 변화시키는 모멘텀이 되는 것이다. 이런 것을 우리는 혁신이라 말한다.

2. 새마을 금고, 단위 농협, 신협 등 제2금융권 영업

    S 증권의 초대 창원 지점장은 보험 회사 출신이었다. 그는 증권업에 대한 지식과 실력은 약간 미흡하였으나 업무를 처리하는 과정과 방법은 열정적이었다. 그가 창원 지점장으로 재임 시 여러 가지 크고 작은 사건들이 있었으나 기존 관행을 탈피하려는 시도와 노력은 남달랐다. 그는 보험 회사에 근무하는 보험 설계사들을 채용하여 증권 영업을 시키려 하였다. 소위 말해서 요즈음 제도가 정착된 투자 권유인 제도 같은 형태의 영업을 시도하였다. 그리하여 S 증권 창원 지점에서 회사의 반대를 무릅쓰고 지점의 비용으로 그들을 10여 명 채용하였다.

    막상 채용을 하고 나니 그들의 수준이 말이 아니었다. 금융 시장과 증권 시장에 대한 지식이 전혀 없었다. 그들은 S 증권에서 주부 사원을 채용한다고 하니 무턱대고 지원한 사람들이었다. 애초에 지점장이 꿈꾸었던 증권 영업은 턱도 없었다. 그러나 일은 벌어져 있었다. 그들을 채용을 해 버린 이후에야 현실을 직시하게 된 것이었다. 지점장의 무모한 도전이 큰 문제를 내포하고 있었다.

나는 그들을 교육시키는 데 공을 쏟았다. 적어도 직접 증권 영업은 못하더라도 외부에서 고객을 섭외하고 영입할 정도의 수준으로 끌어올리려는 의도였다. 지점의 전 직원을 분야별로 나누어서 그들을 책임지고 교육을 시키기 시작했다. 자체 테스트도 병행해 가면서 그들의 금융 지식을 무장시켜 나갔다.

그랬더니 몇 개월이 지난 후 그들의 수준이 어느 정도 향상되었다. 이제는 바깥에서 고객들을 섭외할 수 있는 정도의 수준이 된 것으로 판단을 하고 그들에게 영업을 시켰다. 그런데 그들이 하루도 빠지지 않고 외근을 나가서 영업을 하는데도 고객 한 명 유치하지 못하고 있었다. 따라서 고객을 유치하고 상품을 판매하는 것은 몇 개월 동안 0이었다. 회사에서는 이런 사안을 좌시하지 않았다. 연일 대책을 요구해 왔다. 일을 저지른 지점장은 일과 중에도 연일 골프채를 들고 나가고는 신경도 쓰는 것 같지 않았다. 지점의 다른 직원들도 그들에 대한 애정과 관심이 별로 없었다.

나는 당시 지점장과 관계가 썩 좋지 않았다. 내가 1년 6개월 동안 밤잠을 이루지 못하고 노력한 결과 대리 직급인데도 지방 창원에 지점을 내었고, 지점의 조직도 내가 직접 발로 뛰어다니며 영입한 직원들로 구성시켜 그에게 넘겼는데, 막상 지점장으로 부임한 그는 나를 극도로 견제를 했다. 견제를 넘어 아예 나를 제거하려 했다.

지점의 모든 업무에도 배제되고 지점장과 그를 따르는 몇몇만이 지점을 좌우지했다. 애초에 내가 꿈꾸었던 그런 아름다운 증권 회사 지점이 아니었다. 지점장은 자신의 개인 안위와 자신의 출세를 위해 지점을 도구로 사용했다. 어렵게 영입한 우수 주니어 직원들이 속속 회사를 떠나갔다. 피눈물이 날 정도로 고통이 따라왔다. 나는 그에게 저항을 했다. 나는 그가 S 그룹이 원하는 인재상이 아니라는 확신을 가지고 그에게 강하게 저항을 했다.

그러던 중 지점 직원이 지점장의 비리를 감사실에 제보를 하는 일이 벌어졌고 감사가 나왔다. 감사가 끝나 갈 무렵 리테일을 총괄하고 있는 부사장이 나를 불러 면담을 했다. 그 부사장은 내게 이렇게 말했다. "나는 S 그룹에서 오래도록 직장 생활을 했지만 상사는 항상 바뀐다. 나도 그룹에 근무할 때 정말 나쁜 인간을 상사로 만난 적이 있다. 참고 견디니 그가 먼저 갔다. 그래서 내가 지금 부사장까지 왔다. 아무리 나쁜 상사라도 그가 먼저 간다. 참고 견디다 보면 좋은 일이 있을 것이다. 옛말에 절이 싫으면 중이 떠난다는 말이 있다. 그래도 한 과장은 참고 견뎌 주었으면 한다. 그리고 창원 지점은 한 과장이 만든 지점이라는 것을 회사는 다 알고 기억하고 있다." 나는 부사장의 그 말을 듣고 여러 가지로 착잡한 심정이었다. 그러나 부사장이 직접 지점을 방문하여 지점장에게 엄중 경고를 하고 갔음에도 지점장의 전횡은 계속되었다. 그는 자신이 무리하게 채용한 주부 사원들은 방치했지만 나는 외면할 수가 없었다.

고민 끝에 나는 그들 주부 영업 직원들을 면담하였다. 일을 저지른 지점장이 해야 할 일을 내가 해결해 보려 하였다. 면담을 하니 그들 대부분이 영업할 대상을 잘 모르겠다고 하소연하는 것이었다. 그동안 영업 대상자도 모른 채 무작정 외근을 나갔던 것이었다. 마땅한 금융 상품도 제대로 없었을 뿐더러 정작 팔아야 할 대상자가 없었기 때문이었다.

나는 회사에서 판매 제시하고 있는 펀드와 채권 상품을 가지고 새마을 금고, 신협, 단위 농협, 수협, 축협 등을 찾아가 보라 하였다. 당시까지만 해도 증권 회사 지점 직원들은 오로지 주식 영업에만 오리엔트되어 있었고 앞에 언급한 지역별 단위 조합들은 자신들의 중앙회에 맡겨 운용하는 자금 외에 일정 부분 외부 운영이 가능한데도 투자처를 찾지 못하고 있을 때였다. 또한 지역 개발 공채만 해도 연 수익률이 15%를 넘어 충분히 매력이 있었다.

나의 코칭을 받은 일부 직원들은 새마을 금고, 신협 등 제2금융권을 방문하기 시작했다. 그러고는 대박을 터트리기 시작했다. 이들 영업 사원들과 제2금융권의 갈증이 한 번에 해결되기 시작한 것이었다. 그동안 마땅한 투자처를 찾지 못하고 있던 지역 단위 제2금융권들의 투자금이 몰려들기 시작했고 특정 지역 개발 공채 등은 물량이 바닥날 정도로 팔려 나갔다. 이것을 계기로 제2금융권의 증권 상품 거래가 전국적으로 확산되었고 증권 회사는 새로운 시장을 확보하게 된 것이었다. 이것 또한 기존 영업 관행을 깬 또 하나의 혁신인 셈이다.

결국 나중에는 부족함이 과분함으로 이어져 무분별하게 경쟁적으로 증권 회사들이 영업에 나서는 바람에 ELS 등 리스크가 큰 상품들을 공급하여 상당수 지역 단위 제2금융권이 부실에 빠지는 부작용을 낳았다. 애초에 내가 생각했던 지역 단위 제2금융권을 대상으로 하는 증권 영업은 적어도 어느 정도 안정성이 확보된 국채나 금융채, 지역 개발채 등을 안정적으로 공급해 주는 선이었다. 그런데 증권사들이 새로운 시장에 대한 공격적인 영업을 경쟁적으로 시도하는 바람에 상당한 부작용을 낳고 말았다. 증권 영업을 하는 사람들이나 위험한 상품을 무분별하게 받아들인 제2금융권 사람들이나 스스로를 제어하지 못한 탐욕의 결과로, 모두에게 책임이 있다.

3. ELS 영업

당시 S 증권의 지점은 적어도 시 단위나 지역을 대표하는 지점으로 지점명도 그 지역이나 구역명으로 했다. 그런데 나는 동 단위를 지칭하는 범일동 지점의 지점장이었다. 주위에서는 우스갯소리로 나를 종종 동장이라고 부르기도 하였고 어떤 이는 부산 시장(부산 지점장)한테 일개 동장이 동급으로 놀려고 한다고 핀잔을 주기도 하였다. 그 정도로 부산 범일동 지점은 열악했다. 회사가 당시의 어느 특정한 지점장의 원을 들어주기 위해 개설한 지점이다 보니 지점명도 그렇게 명명하게 된 것이었다.

그렇다고 해서 영업을 범일동 안에서만 하라는 것은 아니었다. 부산 지역의 주요 거점에 지점들이 개설되어 있었지만 지점의 영업 구역이 철조망이 쳐져서 엄격하게 그 구역 안에서만 영업을 하라는 것은 아니었다. 물론 기존에 거래를 하고 있는 고객은 당연히 터치를 하면 안 되는 불문율이 있었지만 신규 영업은 예외였다.

　나는 껍데기만 남은 범일동 지점을 살리기 위해 동분서주했다. 며칠을, 몇 주를, 몇 달을 지점 인근에 있는 여관방에서 숙박을 해 가면서 오로지 지점을 살리기에 몰두를 했다. 지금도 엄동설한에 외풍이 극심한 여관방에서 냉기에 시달리던 생각을 하면 팔다리가 아린다. 그런 처절한 생활이 어느 정도 지속되고 나의 열정과 자신감 있는 태도에서인지 그동안 침체되고 패배 의식에 사로잡혀 있던 지점과 직원들이 살아나기 시작했다. 떠났던 우수 고객들도 간간이 찾아오시기 시작하고 직원들의 지점장에 대한 동반 지원 영업 요청도 쇄도하기 시작했다. 드디어 지점이 활기를 찾기 시작한 것이다.

　증권 영업은 금융업이지만 은행이나 보험과는 완전히 다른 영역의 업이다. 즉, 은행 보험은 회사가 세팅해 준 상품들을 가감 없이 고객에게 파는 업이지만 증권 영업은 남다른 실력이 필요하고 그 차이가 극명하게 드러난다. 그런 의미에서 증권 회사의 직원은 남다른 노력과 스터디가 필요하다. 단순히 회사에서 세팅해 던져 주는 상품만 갖고는 절대로 성공할 수 없다. 특히 주식 시장에 대한 실력과 혜안은 단순히 생기지 않는다. 피눈물 나는 노력과 그에 따른 성공과 실패를 거듭하며 자신을 끊임없이 연마한 결과들이 켜켜이 쌓여서 자신도 의식하지 못한 채 드러나는 내공의 결정체가 바로 증권 실력인 것이다.

그럼에도 불구하고 주식 계좌들의 수익률은 당시 연 평균 10%를 넘기기 쉽지 않았다. 나는 나의 책상 고무판 밑에 주식 계좌의 연평균 목표 수익률 표를 계산해 가지고 있었다. 1억을 연 10%, 20%씩 20년, 30년을 지속적으로 올리면 그 금액이 어마어마하게 커지는 산식표이다.

- 프로가 되기 위한 자기 관리법(원금 1,000만 원으로 시작)

연 수익률	10년 후	20년 후	30년 후
20%	6,000만 원	3억 8천만 원	146억 원
30%	1억 3천만 원	18억 7천만 원	351억 원
50%	5억 7천만 원	324억 원	1조 8천억 원
100%	102억 원	10조 원	1경 원

- 주식 매매 철학

1. 탐욕을 버리고 연 30% 수익률 목표
2. 즐겁고 재미있게 기계적으로 매매 참여
3. 자기만의 종목 발굴 기법과 매매 타이밍 정립
4. 자기 실력에 자신이 없으면 회사 추천 종목 위주 매매
5. 뚜렷한 소신과 전투적 의지
6. 매매 상대방의 심리를 꿰뚫어 보는 능력
7. 일을 즐기자

실제로 이 산식표를 항상 곁에 두고 주식 시장에 임하고 있었는데도

나 또한 탐욕이 넘쳤는지 연 평균 10%의 수익률을 지속적으로 유지하기가 쉽지 않았다.

그러던 어느 날 내 눈을 의심하는 상품이 출시되었다. S 증권에 새로 합류한 골드만삭스 출신 C 상무가 가져온 ELS 상품이었다. 주식을 직접 매매하지 않고도 연 26%가 넘는 목표 수익률이 제시되어 있었다. 획기적인 상품이었다. 직전까지만 해도 기껏해야 주식형 펀드 상품이거나 Wrap 상품이거나 채권 등이 고작이었다. 그 상품들도 Risk 대비 수익률의 만족도가 크지 않았다. 그런데 안전성은 확실히 높은데 수익률이 26%가 넘는다니! 당시만 해도 눈이 번쩍 뜨이는 상품이 출시된 것이었다. 나는 그 상품을 면밀히 스터디했다. 그러고는 이 상품에 모든 역량을 집중해야겠다는 결심을 했다.

당시만 해도 생소했던 ELS 상품은 아무도 눈여겨보지 않았다. 그런데 나는 이 생소한 상품을 적극적으로 판매했고 곧 판매 성과를 올리기 시작했다. 회사에서, 아니 우리나라에서 최초로 ELS 상품을 판매한 것이고 그 성과도 탁월했다. 지점을 넘어 회사에 새로운 비즈니스 모델이 탄생한 것이다. PB와 고객들도 열광했다. 불안한 잠자리를 보내던 그들이 이제는 다리를 뻗고 잠을 청할 수 있는 획기적인 상품이 나타난 것이었다. 당시만 해도 ELS는 우리나라 증권 시장에 혁신적인 신상품이었다. 나는 이 ELS로 회사에서 당당히 최고의 PB 겸 지점장으로 자리매김했다.

ELS가 처음 출시된 2003년 초부터 ELS가 전 증권사에서 과열되기 시작한 2007년까지 나는 엄청난 영업 성과를 올렸다. 그리고 고객들에게 상당한 투자 수익을 안겨 주었다. 심지어 지점 직원들과 함께 고객 니즈에 맞춘 맞춤형 ELS를 직접 설계까지 해서 파는 단계까지도 진화시켰다. 그러고는 2007년을 기점으로 전 증권사에서 ELS가 과열되기 시작하면서 나는 ELS 상품의 한계를 인지하기 시작했고 깨끗하게 ELS 영업을 접었다. 내가 ELS 영업을 접고 다른 상품 영업을 열심히 준비할 즈음 ELS의 부작용들이 곳곳에서 나타나기 시작했다. 드디어 그렇게 안전하다고만 외치던 ELS 상품이 하락 터치를 하기 시작한 것이다.

다시 한번 말하지만 지나치면 항상 문제가 생기기 마련이다. 한때 전국을 ELS 광풍으로 몰아넣었던 그 효자 상품에 문제가 발생하기 시작한 것이다. 곳곳에서 고객들과 PB들의 아우성 소리가 들려왔다. 심지어 무분별하게 투자를 감행했던 수많은 단위 조합, 새마을 금고들이 부실해졌다. 처음에는 그렇게 효자 노릇을 하던 ELS가 과열되면서 거의 모든 투자자들에게 엄청난 고통을 주게 된 것은 결국 제대로 준비 안 된 증권인들의 책임이 크다.

4. 브라질 국채 토빈세

ELS가 과열되고 한계에 도달할 즈음 나는 심각한 고민에 다시 빠져들었다. 회사에서 항상 영업을 선두에서 이끌어 온 나로서는 새로운 영업 먹거리를 찾아야 하는데 상품이 여의치 않았다. 주식 시장은 침체의 모습을 보이기 시작했고 금융 상품들은 기존의 관행에서 벗어나지 못해 수익률이 지지부진했다. 고객을 확 끌어들일 수 있는 흡인력 있는 상품이 부재했다. 그렇다고 지점에 근무하는 나로서는 별 뾰족한 방법이 없었다. 기존의 금융 상품들은 매번 거기서 거기였고 수익률도 제각각이었다. 주식형 펀드들은 시장의 침체 영향도 있었지만 잦은 펀드 매니저들의 이직으로 안정적인 수익률 관리가 어려웠다. 그렇다고 마냥 손 놓고 회사를 원망하며 기다리고 있을 순 없었다.

고민을 거듭하던 끝에 나는 그동안에 회사를 통해 판매된 금융상품들을 하나하나 재점검하기 시작했다. 다른 방법이 없다면 기존 상품 중에서 그나마 쓸 만한 상품들을 선별하여 영업을 해 볼 참이었다. 거의 매일 몇 시간씩 하나하나 점검을 해 나가는 데 매달렸다. 그러나 나를 만족시키는 상품이 없었다. 그런 노력과 고민이 약 1달여간 지속되고 있을 즈음 나는 그동안 누구도 상상하지 못했던 혁신적인 생각을 떠올리게 되었다. 지난해 모 저축 은행에서 회사에 역제안을 해서 단품으로 상품을 설정해 주었던 브라질 국채에까지 생각이 미친 것이었다. 브라질 국채를 일반 고객에게 판매할 수는 없을까? 그리고 브라질 국채의 리스크와 수익률은 도대체 어찌 될까? 등등에 내 모든 생각이 머무르게 되었다. 국내의 상품을 팔 것이 제대로 없다면 브라질 국채라도 제대로 스터디해서 팔아 보자는 생각이 뇌리를 떠나지 않았다.

일단 나는 브라질 국채에 대한 스터디를 집중적으로 시작했다. 막연한 생각에서 시작된 스터디였지만 스터디를 지속하면 할수록 브라질 국채에 대한 매력은 넘치고 넘쳤다. 수많은 매력 중 브라질의 성장 잠재력과 자원보국이란 매력이 컸다. 과거 언젠가 러시아 펀드 사태처럼 모라토리엄의 위험은 없어 보였다. 물론 십수 년이 지난 지금은 사정이 다르지만 그때는 그랬다. 그리고 더욱 매력적인 것은 수익률이었다. 연 10%가 넘는 이자 수익을 확정으로 확보할 수 있었다. 또한 이자 수익에 대한 과세도 양국 간 조세 협약에 따라 면제 대상이었다. 투자 원금 대비 연 10% 이상을 고객에게 안정적으로 확보해 줄 수 있었다. 그리고 PB로서 놓치지 말아야 할 판매 수수료가 250bp가 넘었다.

문제는 환율이었다. 브라질 국채는 우리 원화를 달러로 환전해서 그 달러로 브라질 헤알화로 재환전을 한 후에 브라질 국채를 사는 프로세스로 되어 있었다. 따라서 3국의 환율의 변동에 직접적으로 영향을 받게 되어 있었다. 그렇다면 이들 화폐에 대한 환 헷지를 하면 간단히 문제를 해결할 수 있을 것이다. 그런데 문제는 환 헷지 비용이 만만치 않았다. 원화와 달러 간의 환 헷지 비용만 당시에 250bp가 들어갔다. 수익률 대비 비용이 너무 과대하여 도저히 헷지를 할 수가 없었다. 그렇다면 달러를 중심에 두고 원화와 헤알화의 변동성과 추세는 어떠한가 추세 분석을 해 보았다. 놀랍게도 원화와 헤알화의 변동성이 달러 대비 정의 상관관계를 보이며 추세를 형성하고 있었다. 즉, 달러에 대해 원화의 변동성이 헤알화의 변동성과 거의 일정한 간격과 방향으로 변동하고 있는 것이었다. 그렇다면 헤알화의 변동에 대한 걱정은 크게 할 필요가 없었다. 다만 달러 대비 원화의 변동성만 제대로 판단하면 될 일이었다. 그래서 나는 우리 원화가 달러에 비해 적정한 가격을 유지하고 있는가에 대한 분석을 시작했다. 오래전부터 나는 달러:엔:원에 대해 1:100:1,000의 등식을 신봉하고 있었으므로 당시의 달러 대비 원화 환율은 그 범주에서 크게 어긋나 있지 않았다. 그래서 나는 과감하게 환 헷지를 포기해 버렸다.

약 3개월에 걸친 고민과 스터디가 끝난 후 나는 본사 채권 팀에 있는 L 과장에게 은밀하게 브라질 국채의 조달에 대해 상의를 했다. L 과장도 그동안 새로운 상품에 목말라 있었고 무엇보다 지난해 모 저축 은행의 요청으로 브라질 국채를 조달해 주는 실무를 담당하면서 확보한 자신의 네트워크와 실력을 그냥 썩히는 것을 아까워하고 있었다. 나와 L 과장의 의기투합은 이렇게 시작된 것이었다. L 과장은 정말 헌신적으로 브라질 국채를 조달하기 위한 일을 했다. 회사의 우려와 반대들을 설득하고 관철시키는 역할을 해 주었다. 나 또한 리테일 본부장과 상품부장을 설득했다. 당시에 리테일 본부장은 나에 대한 신뢰가 남달랐으므로 내가 뭐를 하고자 하면 몇 가지를 확인하신 후 항상 허락해 주셨다.

그래서 브라질 국채의 우리나라 개인 고객에 대한 최초 판매가 시작된 것이다. 나는 브라질 국채의 첫 영업으로 무려 200억 원을 넘게 고객에게 팔았다. 그리고 지점 수수료 수익이 한 번의 영업으로 5억이 넘게 발생했다. 나의 브라질 채권 영업이 삽시간에 전사에 전파되었다. 일부에서는 놀라움과 축하의 메시지를 보내 왔지만 상당수 경쟁자들은 시기와 질투를 넘어 우려의 한목소리를 내기 시작했다. 그렇게 위험한 브라질 국채를 팔아도 되냐는 것이었다. 심지어 고객의 이익을 최우선 가치로 삼는 S 증권에서 그렇게 위험한 상품을 팔아야 되느냐면서 회사의 경영 이념에 정면 위배되는 영업 행위라고 비난을 하는 이들도 있었다. 그리고 그들은 오히려 나의 영업이 잘못되었다고 경영진을 설득하려 했다. 그럼에도 불구하고 나는 아랑곳하지 않고 브라질 국채 영업에 집중했다. 그러던 중 브라질 국채 영업을 시작한 후 약 8개월이 지난 시점에 갑자기 환율이 요동치기 시작했다. 국내 사정이 급격히 나빠지면서 원화 환율이 급등한 것이다. 당시까지 1,100원대 아래서 안정적으로 움직이던 원화 환율이 급등하기 시작하여 1,560원을 넘어서고 있었다. 급히 투자된 브라질 국채를 평가해 보니 환차익이 어마어마하게 나 있었다. 220억이 투자된 한 계좌는 무려 38억의 평가익이 발생해 있었다. 약 8개월 만에 엄청난 수익이 발생한 것이었다. 나는 즉시 고객에게 평가익을 말씀드리고 이익 실현을 시켜 드렸다. 애초에 연 10%의 안정적인 이자 수익을 목표로 투자된 자금이 단기간에 엄청난 수익을 거둔 것이었다.

그로 인해 고객의 나에 대한 신뢰는 절대적으로 바뀌었다. 이후에 회사가 불필요한 프로모션을 실시할 때도 그 고객은 별로 도움이 되지 않음을 알면서도 흔쾌히 나의 부탁을 들어주시곤 했다. 어쨌든 온갖 견제에도 굴하지 않고 지속적인 영업을 하다 보니 어느 덧 브라질 국채의 판매 지점 잔고가 1,400억을 넘어섰다. 지점의 수수료 수익도 급증했다. 그리하여 또다시 모든 경쟁자들의 표적이 되어 버린 것이다.

경쟁자들의 우려가 경영진에게 전달되는 것도 모자라 이제는 그룹에서 우려를 표하기 시작했다. 브라질 국채를 전담하던 L 과장이 그룹에 몇 차례 불려 가더니 갑자기 회사가 브라질 국채의 판매를 중단해 버렸다. 이유는 그룹의 지시가 떨어졌다는 것이다. 그룹에서는 브라질 국채가 상당히 위험한 상품으로 보인다는 것이었다. 그룹의 지시는 절대적이다. 따르지 않을 수 없다. 나는 분루를 삼키며 후일을 기약했다.

그로부터 한참의 세월이 지난 후 구세주가 나타났다. 아이러니하게도 최대의 경쟁사인 M 증권사였다. 그곳의 오너인 P 회장이 브라질을 여행하면서 브라질의 잠재력과 미래를 본 것이었다. P 회장의 지시로 갑자기 M 증권사에서 브라질 국채를 팔기 시작한 것이다. M사는 대대적인 광고와 함께 브라질 국채를 공격적으로 판매했다. 훨씬 먼저 시작하여 누구보다도 더 잘 무장되어 있는 나는 조바심이 났다. 그래서 M사를 빌미로 다시 브라질 국채 영업을 하기로 결심하고 그동안 풀이 죽어 있던 채권팀 L 과장을 설득하여 브라질 국채 영업을 재개하기로 했다. L 과장도 이번에 또다시 브라질 국채 관련 비즈니스를 못 하게 그룹과 회사가 막으면 퇴사를 하겠다는 결연한 의지로 임했다. 다행히 M사의 공격적인 영업으로 우리도 그동안 잠겨 있던 족쇄가 풀리게 되었다.

S사와 M사가 공격적으로 브라질 국채를 팔기 시작하니 시장은 금세 과열되었다. 판매 수수료도 경쟁적으로 낮아지기 시작하고 고객 수익률도 떨어지기 시작했다. 무엇보다도 브라질에 국채 투자금이 쏟아져 들어가니 브라질 정부에서 헤알화 환전 시에 토빈세를 물리기 시작했다. 토빈세를 물리기 시작하니 브라질 국채의 수익률이 급격히 나빠지기 시작했다. 브라질 정부는 토빈세를 0%에서 2%씩 추가하기 시작해서 6%까지 탄력적으로 물리기 시작했다. 브라질 국채는 토빈세가 6%가 되면 고

객 수익률이 10%에서 4%로 급격히 떨어져야 하는 불편한 진실을 안고 있었다.

   브라질 정부야 외국 투자금이 몰려들어서 기쁘겠지만 정작 투자자는 그만큼 수익률을 반납해야 했다. 나는 또다시 고민에 빠졌다. 이제 더 이상 브라질 국채의 영업을 할 수 없게 된 것이다. 그로부터 약 한 달간의 고민에 빠져들었다. 이제 더 이상 고수익 브라질 국채의 영업은 할 수 없고 그렇다고 다른 뾰족한 대안 상품이 부재한 탓이라 영업에만 올인하는 나로서는 하루가 편치 않았다. 그런 고민이 깊어지던 어느 날이었다.

   나는 부하들과 항상 영업 호흡을 함께하던 관계로 퇴근 후 그들과 지점 근처 횟집에서 소주잔을 기울이고 있었다. 그러고는 토빈세의 부담 때문에 브라질 국채 영업을 더 이상 할 수 없는 것에 대해 걱정을 하고 있었다. 그런데 그때까지 묵묵히 있던 부하 직원 한 명이 대뜸 토빈세가 무엇인지에 대해 질문을 했다. 내 성격에 지점에 함께 근무하며 아직도 그것도 모르냐고 버럭 화를 냈지만 이내 곧 그의 말을 듣고 나는 내 귀가 번쩍 뜨여 버렸다. 토빈세는 브라질의 화폐인 헤알화를 환전할 때만 물리는 일종의 외환 관리 수법인 것이다. 우리가 언뜻 오해를 하고 있었지만 토빈세는 브라질 국채에 물리는 세금이 아니었던 것이다.

   그렇다면…… 새로운 돈으로 브라질 국채를 신규 투자하기는 어렵지만 기존 투자되어 보유하고 있는 브라질 국채 투자금에 대해서는 투자 기간의 변경을 위한 재투자는 충분히 가능하지 않은가? 이미 투자된 자금들은 충분히 수익을 내고 있었고 일정 기간 기간이 지나 캐리 수익도 충분히 확보된 상태라 잔존 기간이 얼마 남지 않은 투자금은 매도하고 다시 잔존 기간이 길게 남은 브라질 국채를 사면 되지 않은가? 그러면 고객은 기간이 긴 채권으로 갈아타므로 당연히 투자 잔고가 더 늘어날 것이고 경우에 따라서는 고객 수익률도 훨씬 더 높아질 것이다. 무엇보다 투자 자산을 한 번 더 회전시킴으로써 수수료 수익도 신규로 판매하는 정도로 확보될 것이다. 영업의 기회가 다시 한번 생기는 것이었다. 토빈세 6%를 한 푼도 물지 않고 말이다.

나는 다음 날 즉시 본사 L 과장에게 연락하여 토빈세 개념을 설명하고 잔존 기간이 얼마 남지 않은 브라질 채권의 재매매를 준비하라고 요청했다. L 과장은 생전 처음 해 보는 일인지라 주저하면서도 준비를 잘해 주었다. 그러고는 브라질 국채의 기간 연장 매매를 공격적으로 해 버렸다. 지점의 수수료 수입은 급증하였고 고객의 투자 잔고의 증가는 물론이거니와 당시에 10%였던 고객 수익률이 12.88%까지 올라갔다. 토빈세에 대한 자각으로 2중, 3중의 효과를 거둔 셈이었다. 혁신은 이런 것이다.

늘 말하지만 지나치면 모자람만 못하다는 선현들의 말이 있다. 브라질 국채가 전국을 또다시 휩쓸아치면서 과열되었다. 나는 신규 자금은 더 이상 브라질 국채에 투자하지 않기 시작했다. 무엇보다 토빈세의 부담이 컸고 브라질 헤알화의 가치도 급격히 높아져 있었다. 원화 대비 헤알화는 더 이상 매력적인 투자 대상이 되지 못하고 있었다. 그런데도 이제는 거의 모든 증권사들이 브라질 국채 영업에 매달렸다. 지난 몇 년간의 공격적인 브라질 국채 신규 투자 영업을 뒤로하고 기존 보유 채권에 대한 기간 연장용 재투자에만 집중했다. 절대로 신규 자금은 브라질 국채 투자에 넣지 않았다. 그러고는 새로운 영업 대상 상품을 스터디하는 데 집중을 했다.

2012년이 지나 나는 지난 20여 년간 온 열정과 인생을 걸었던 S 증권을 부득이하게 떠났다. 그런데 S 증권에서 놀라운 소식들이 들려오기 시작했다. 새로 부임한 리테일 본부장이 브라질 국채에 드라이버를 걸기 시작했고 날마다 판매고를 체크한다는 것이었다. 문제는 브라질 국채의 매력이 한껏 떨어져 있는 시점에 S 증권이 아주 공격적으로 브라질 국채 영업을 시작한 것이었다. 내가 있을 때 그렇게 터부시하던 브라질 국채를 그는 내가 떠나고 나니 마치 기다렸다는 듯이 공격적으로 브라질 국채 영업을 시작한 것이다.

기분은 씁쓸했지만 결과는 예견하고 있었다. 불과 1년도 지나지 않아 브라질 국채 투자에 대해 곳곳에서 곡소리가 들리기 시작했다. 환차손이 어마어마하게 발생해 버린 것이다. 이런 것을 보고 웃어야 할지 어떨지는 모르겠으나 분명한 것은 실력이 부족한 사람은 절대로 리더가 되어서는 안 된다는 것이다. 자신만 잘못되는 것이 아니라 주위의 모든 사람들이 고통을 받게 되는 진리를 알아야 한다. 사람을 쓰는 것도 실력이 있는 사람이라야만 실력 있는 사람을 잘 알아보는 것이다. 우리 사회에, 우리 주변에 자신의 실력과 내공을 과대 포장해서 잘된 사람들이 너무나 많다. 그것이 자기 자신에게만 한정되면 좋겠는데 문제는 수많은 사람들에게 피해를 입히는 데 그 심각성이 있다. 지금 브라질 국채 투자는 어찌 되었는가? 나는 남들보다 훨씬 일찍 시작하여 투자 원금 이상의 투자 수익을 이미 그 당시에 올리고 벌써 Exit해서 브라질 국채로 고민에 빠져 있지 않다. 당시에 투자에 참여한 고객들에게서 지금도 무한한 신뢰를 받고 있다.

5. 대부 회사채 중개와 증권 회사 NPL 영업

내가 20여 년간 온몸을 바쳐 일했던 S 증권을 떠나 신생 기업인 I 투자증권으로 자리를 옮겼다. 자리를 옮길 당시 나의 소박한 바람은 제도권 증권사에 앞으로 3년 정도만 더 근무하고 그 말도 많고 탈도 많았던 증권업을 은퇴하는 것이었다. 그러고는 완전히 새로운 삶을 살고 싶었다. 그런데 팔자는 그렇지 않은가 싶다. 아직도 제도권을 떠나지 못하고 있으니……. 물론 내 인생에서 평생 해 온 이 일 말고 새로운 일을 얼마나 잘할 수 있을까? 다들 지금 하고 있는 일이 지긋지긋해서 집어치우고 딴 일을 하겠다고들 하는데 사실 나는 내 평생 일해 온 이 일보다 더 잘해낼 자신이 없다. 그러면서 나는 지금 하고 있는 이 일을 나의 천직이라 스스로 자위하면서 현직의 삶을 소중하게 생각하며 지내고 있다.

회사를 옮기고 난 얼마 후 대표께서 내게 리테일 영업을 총괄하는 WM 사업부문장 자리를 맡기셨다. 당시에 회사의 지점 영업은 연간 200억 내외의 손실을 기록하며 누적 손실 1,300억을 넘겨, 자본금

3,000억밖에 안 되는 신생 증권사의 존폐를 위협하는 존재로 한마디로 공공의 적으로 치부되고 있었다.

사실 리테일 사업은 아무나 쉽게 성공할 수 없는 영역이다. 상품을 판매하는 PB들의 실력은 물론이고 양질의 고객군과 이를 뒷받침해 주는 경쟁력 있는 상품이 One-Stop으로 구비되어 있어야 한다. 우리나라에 수많은 증권 회사들이 있지만 리테일 사업이 회사의 주요 비즈니스 영역으로 자리매김한 증권 회사는 한두 손가락에 꼽을 정도밖에 안 된다. 대부분의 증권 회사들이 리테일 사업에서 고전을 면치 못하고 있고 심지어 상당수 증권 회사들이 리테일 사업을 아예 손도 대지 못하고 있는 실정이다. 그러나 리테일 사업이 제대로 자리를 잡게 되면 증권 회사가 필연적으로 지게 되는 대규모 잠재 리스크를 완전히 회피하고 안정적인 수익을 창출할 수 있게 되는 꿈의 비즈니스이기도 하다.

그런데 시작한 지도 얼마 안 된 신생 증권 회사가 리테일 사업에 어마어마한 투자를 해 버렸으니 회사가 망하는 건 시간 문제였다. 회사 설립 초기에 증권업에 대한 깊은 이해가 부족한 경영진이 무분별하게 벌려 놓은 사업이 출연한 자본금까지 까먹고 있었으니 회사의 생존을 위협할 정도로 부담과 타격은 컸다. 그렇다 보니 회사 내부의 갈등은 상상을 초월할 정도로 컸다. 물론 그래서 내가 필요했을 것이리라 생각하니 참 아이러니하기도 하다.

어쨌든 나는 부실 덩어리의 사업 부문을 맡아 회사를 살리는 데 온몸을 불살랐다. 전직에 있을 때 간간이 코피를 흘렸지만 남들이 부러워하는 고위 임원이 되었는데도 코피 흘리는 횟수는 더 늘어났다. 어떤 날은 내 인생은 이러다가 그냥 끝나는 것이 아닌가 하는 묘한 불안감이 몰려오기도 했다. 그러면 나 자신, 내 영혼에게 너무나 미안할 것 같았다.

신생 증권 회사인 데다가 실제 제대로 된 금융 영업을 해 본 경험이 부족한 사람들이 많이 근무하는 조직이라 수많은 문제들이 존재했다. 나는 이런 문제들을 하나하나 적극적으로 해결해 나갔다. 대부분 기업들의 고질적인 문제이겠지만 사실 모든 문제는 내부에 있다. 내부의 제약이 외부에서 활발하게 영업을 해야 하는 사람들을 괴롭히고 그들을 힘 빠지게 해서 일할 맛을 상실케 하는 것이다. I 투자증권도 예외는 아니었다. 아니, 내가 수십 년간 근무했던 전 직장보다도 더 심했다. 전 직장에서도 PB로서, 지점장으로서, 사업부장으로서 내부의 제약을 해결하기 위해 엄청난 정력을 소비했지만, 이곳 I 증권에서 경영진 중의 한 명인 내가 내부 문제를 해결하는 것이 더 힘들고 어려웠다. 당시에 가끔 자조 섞인 말을 내뱉곤 했는데, 복지부동에 빠져 있는 일부 공무원보다도 더한 인간들이 회사의 모든 요직을 꿰차고 있으면서 현장의 영업을 방해만 해 댄다고 투덜거릴 정도였으니 현장에서 피땀 흘리며 뛰고 있는 직원들의 마음은 어떠했을까?

이후 내가 맡은 WM 사업부는 급격하게 실적이 개선되어 갔다. 수많은 문제를 해결하고 영업 지원을 해 나가던 중 대부 회사에서 발행하는 채권, CP의 중개가 문제가 되었다. 당시에 I 투자증권의 총괄(COO)은 I

은행 출신이 맡고 있었다. 또 회사의 리스크를 점검하고 상품의 판매 여부를 결정하는 상품 위원회 핵심 팀장으로 증권업에 대한 이해가 의심스러운 직원이 포지션해 있었다. 그는 총괄(COO)의 말만 충직하게 따랐다. 그리고 한 몸처럼 행동했다.

그들은 정말로 난공불락이었다. 내가 그들을 설득하고 그들을 이해시키기가 국내 굴지의 대기업 VVIP 회장을 만나 설득하는 것보다 더 어려웠다. 그런 지경인데 급전이 필요한 서민을 대상으로 고리 대금업을 하는 대부 회사의 채권을 가져다 팔겠다는 것은 한마디로 계란으로 바위를 깨겠다는 말도 안 되는 짓이었다.

영업 현장에서는 수요가 있으니 대부 회사채를 판매할 수 있도록 해달라고 아우성이고, 회사의 COO와 리스크 팀장은 완강히 반대하고, 참으로 풀기 어려운 난제였다. 당시에 COO 측의 반대 논리는 분명하고 확고했다. 형편이 극도로 어려운 서민을 상대로 급전을 빌려주어 고리 대금업을 하는 그들에게 명색이 국책 은행 계열인 I 투자증권이 회사채를 중개해 줄 수 있냐는 것과 그로 인해 발생할 평판 리스크가 우려된다는 것이었다. 나름 충분히 설득력이 있고 타당한 논리였다.

그러나 당시 대부 회사들이 발행하는 채권과 CP는 연 12%가 넘는 높은 금리로 상당히 매력적인 상품이었다. 투자자 입장에서는 디폴트 리스크가 없이 12%의 높은 금리 수익률을 올릴 수 있다면 더 이상 바랄 것도 없는 상품이었다.

나는 이 문제를 해결하기 위해 몇 날 며칠을 잠을 설쳐 가며 고민했다. 그리고 완강한 그들을 설득하기 위한 내 나름대로의 논리를 개발해 내기에 이르렀다. 나의 논리는 급전이 필요한 서민들이 왜 그렇게 높은 고리의 이자를 부담해야 하는가? 이유는 간단하다. 대부 회사들이 빌려준 자금을 돌려받지 못하는 디폴트 리스크가 크기 때문이고 그들이 조달하는 자금의 조달 비용이 높기 때문이다. 디폴트 리스크는 우리 입장에서 어쩔 수 없지만 조달 비용을 낮추어 주어 서민들이 더 낮은 금리로 급전을 빌릴 수 있도록 할 수는 있지 않은가? 결국 살인적인 금리로 고통받는 서민들에게도 크게 도움이 될 것이다. 당시만 해도 대부 회사의 대출 금리는 30~40%에 육박하는 살인적인 금리였다. 조달 비용을 획기적으로 낮추어 준다면 정부가 주도하는 저금리 대출 정책에도 부합하는 것이 아닌가? 이것이 우리 국책 은행 계열 증권 회사의 진정한 역할이 아닌가?

나는 그들을 설득하기 시작했다. 그들로부터 무지막지하게 퇴짜 맞기를 5번 후, 드디어 하루도 빠지지 않고 찾아가서 문전박대 당하던 6번 만에 겨우 200억 내에서 영업할 수 있는 판매 허락을 받아 내었다. 그러나 대부 회사채 200억은 당시에 코끼리 비스킷에 불과할 정도로 순식간에 소진되고 말았다. 염치없지만 또다시 그들에게 추가 판매에 대해 읍소하고 사정했지만 보기 좋게 거절을 당하고 말았다. 그런 후 나는 포기하지 않고 대표 이사를 설득했다. 다행히 대표 이사는 대부 회사채에 대해 상당히 우호적인 시각을 가지고 있었고 나의 서민들과 국가 정책인 저금리 대출에 충분히 부합한다는 논리를 적극 지지해 주었다. 그런데도 COO 쪽의 완강한 반대는 지속되었다.

세월이 흘러 어느 덧 여러 해가 지났다. 오늘 회사 상품 판매 채널에서 제안된 일부 대부 회사채 조달 금리가 3%가 안 되는 걸 보고 참으로 격세지감이 느껴진다. 급전이 필요한 서민들이 그 당시보다도 훨씬 낮은 금리로 돈을 빌리고 있다는 얘기를 전해 듣고 있다. 내가 알고 있는 일부 대부 회사의 경영진들도 우리의 노력으로 훨씬 낮은 금리로 자금을 조달한 관계로 그들의 회사가 더욱 건실해진 것은 물론이고 급전이 필요한 서민들에게도 공격적으로 낮은 금리로 대출을 해 줄 수 있게 되었다고 감사의 인사를 해 오곤 한다.

똑같은 사안으로 이렇게 정반대의 의견을 노출시키고 그것을 소모적 논쟁만으로 비즈니스를 못 하게 하는 전자의 사례에 비해 내가 개발한 논리로 대부 회사와 판매 증권사뿐만 아니라 대출하는 서민 등이 모두 원원하고 나아가 낮은 대출 금리로 국가가 지향하는 사회 공동선에 한발 기여한 것에 자부심을 느낀다. 이런 것이 혁신이다.

또 하나는 NPL 상품이다. NPL(Non Performing Loan)은 통상 부실 채권으로 3개월 이상 된 채권을 일컫는다. 여신 전문 금융 기관은 이런 부실 채권을 묶어서 채권 추심 전문 회사에 매각을 하는데, 채권 추심 전문 회사는 이를 다시 기초 자산으로 하여 시장에다 채권을 발행하여 자금을 조달하는 경우가 많다. 스태프로 근무하던 직원이 우연한 기회에 이런 프로세스를 확인하고 이의 상품화를 건의해 왔다.

설명을 들어 보니 충분히 말이 되는 물건이었다. 문제는 부실 자산을 기초로 한다는 것과 부실 자산화된 과정이 우리 사회의 최저 계층에 다른 사람들의 것이라는 것이었다. 표면적으로 보면 도저히 상품화가 될 수 없는 물건인 것이었다. 그런데 나는 이번에도 전향적으로 생각하기 시작했다. 사실 NPL 자산으로 매각된 대부분의 기초 자산들은 개인들이 파산 선고를 받고 개인 회생 절차를 진행 중인 사람들의 최소한의 부채들이었다. 물론 개인 회생 절차가 진행 중인 그들에게는 몇백만 원도 감당하기 큰돈이기는 하지만 대부분 적극적으로 상환하여 개인 회생을 하고자 하는 열의가 있는 사람들인 것이다.

나는 그러한 물건들을 시장에서 소화시킴으로써 개인 부실 채권에 대한 재원을 충분히 확보케 해 주고 나아가 NPL 시장을 활성화시킴으로써 사회 공동선을 구현하는 데 일조를 하고 싶었다. 아무도 쳐다보지 않는 개인 회생과 관련된 부실 채권을 유동화시킴으로써 그들에게 얼마나 많은 희망과 기회가 주어질 것인가에 대해 숫자로 표시할 수는 없지만 분명 NPL 시장에 큰 힘을 보태는 것은 자명했다.

나는 이것을 상품화시키기로 결심했다. 그리고 우선적으로 NPL 자산 중에서 1년이 경과한 자산의 리파이낸싱 대상 자산을 대상으로 정했다. 리파이낸싱 자산이 차지하는 의미는 매우 중요하다. 채권 추심 회사가 처음 확보한 NPL은 사실 100% 회수가 불가능한 경우가 많다. 그래서 입찰 시장에서는 대부분 총 평가 자산에서 70% 내외에서 가격이 결정되고 있다. 그렇다면 30%의 버퍼가 있는 셈인데, 여기에 미회수 자산이 대부분 차지하고 일부 금융 비용과 경비 등이 포함된다. 따라서 1년이 경과한 NPL 자산의 리파이낸싱은 충분히 안정성이 검증된 것들이다. 즉 1년여를 경과하면서 개인 회생자들이 성실히 납부하는 사람들과 중도에 포기하는 사람들로 확실히 구분되고 그 자산의 회수율도 거의 정확하게 예측할 수 있기 때문이다.

나는 스태프에게 1년이 경과한 리파이낸싱 대상 자산을 가지고 오라고 지시했다. 문제는 회사 내부의 저항을 뚫는 과제가 남아 있었다. 은행 출신 총괄 COO는 말도 안 통하였지만 리스크 관리 팀장 또한 막무가내였다. 어떻게 끊임없는 도전과 혁신을 해야만 살아남을 수 있는 척박한 증권업에서 고액의 연봉을 받으면서 호가호위를 하는지 이해할 수 없는 지경이지만 현실의 벽은 두꺼웠다. 또 하나의 문제는 이런 상품을 고객에게 어떻게 설명하고 팔아 내느냐 하는 현실적인 문제였다. 현장에 있는 영업 직원들조차도 고개를 가로저었다. 도저히 팔 수 없는 상품으로 경도되어 있었다.

나는 포기할 수 없었다. 내가 개인적으로 오랜 인연과 신뢰 관계를 가지고 있는 K 기업 회장님과 I 저축 은행장에게 마중물이 되어 달라고 정중히 요청을 드렸다. 그런데 I 저축 은행장마저도 내게 회사의 보증을 요구해 왔다. 나는 내 이름으로라도 보증을 해 주고 싶었지만 규정을 정면으로 위반하는 것으로 도저히 그럴 수는 없었다. 고민 끝에 대표 이사에게 보고하여 대표 이사 명의의 협조 문서를 발송하기로 했다.

온갖 우여곡절을 겪은 후 어렵게 상품화에 성공했다. 1호 상품을 론칭

후 1년도 채 되기 전에 발행 회사에서 조기 상환의 요청이 들어왔다. 단기간에 투자 수익률이 최고를 기록했다. 그동안 막연한 불안감으로 지켜만 보던 영업 직원들이 NPL 상품을 조달해 달라고 아우성을 쳤다. 격세지감을 느낌과 동시에 묘한 카타르시스를 느끼는 순간이었다. NPL을 증권업계 최초로 도입한 이래 몇 년이 지나면서 시장은 과열되었다. 심지어 발행 시장에서 낙찰가가 과다하게 높게 결정되는 위험한 사례들이 늘어나고 있다. 또한 일부 증권사들이 공격적으로 NPL 시장에 뛰어들고 있다. 과거 ELS 사례처럼 NPL 시장도 과열되고 혼탁해지고 있는 것이다. 문제는 항상 정도를 넘어설 때 발생한다는 진리를 잊어서는 안 되는데 아직도 영업 직원들은 NPL 상품이 출시되자마자 게 눈 감추듯이 소화해 버리고 더 없냐고 아우성치고 있는 현실이 우려스러울 따름이다. 혁신은 누구든지 할 수 있지만 그렇다고 아무나 할 수 있는 것은 결코 아니다.

6. 중소기업 매출 채권 담보 유동화 금융 상품

증권 회사는 실로 다양한 금융 상품의 개발이 용이하다. 타이트하게 리스크가 관리되고 있는 은행의 경우와는 사뭇 다르게 투자 자산의 선정과 이를 유동화하는 데는 크게 제약이 따르지 않는다. 한마디로 논리적으로 설명이 가능하다면, 그리고 상품성에 큰 무리가 없다면 상품화가 가능하다. 그럼에도 불구하고 우리나라 증권 회사의 상품 개발은 초보 수준을 넘어서지 못하고 있는 실정이다. 우수한 인재들로 구성된 증권 회사의 구성원들이 보신주의에 젖어 보다 획기적인 상품 개발을 기피하기 때문이다.

  2016년 12월 어느 날 모 증권 회사 IB 담당 H 팀장이 나를 찾아왔다. 그는 나에게 자신이 구상하고 있는 상품의 개발에 대해 설명했다. 들어 보니 기업이 장래에 발생할 매출에 대한 담보로 자금을 공급해 주는 새로운 개념의 상품이었다. 그는 기존의 관행에 막혀 자신이 구상하고 있는 신상품의 개발과 공급이 사실상 어렵다는 것을 알고 마지막 막연한 희망으로 나를 방문하였던 것이다. 나는 그의 설명을 듣던 중 한두 가지의 질문을 한 후 즉시 내가 상품을 인수하겠다고 결정해 주었다.

  그는 자신의 귀와 눈을 의심하는 것 같았다. 지난 몇 개월 동안 수많은 증권 회사와 자신이 근무하는 회사(리테일망이 없음)에서 상품화를 위해 노력을 하였건만 번번이 거절당했던 그 상품이 나를 만나자마자 불과 몇 분 만에 상품화가 성공해 버리니 자신도 놀라지 않을 수 없었던 것이다.

  사실 이 상품은 장래에 발생할 매출을 기초 자산으로 하는 파생 상품으로 사실상 일정 기간까지는 전혀 담보가 잡히지 않는 구조적인 한계를 가지고 있는 상품이다. 이런 한계 때문에 그동안 모두가 외면하고 상품화가 되지 못했던 것이다. 여기서 증권맨들의 보신주의와 진정한 실력의 차이를 느낄 수 있는 것이다. 그렇다면 ELS는 어떤 상품인가? ELS는 담보가 있는가? 없는가? 기실 실상도 불명확한 ELS에 대하여는 모두가 기를 쓰고 상품화하려 한다. 그런데 정작 이 상품은 기피 대상 1호로 치부되고 있었고 아예 상품화도 못 되고 있었다.

　나는 차주 회사의 매출 구성을 면밀히 살펴보았다. 또한 매출 구성 중 카드 매출이 차지하는 비중도 확인하였다. 그런 후 그 직원과 함께 새로운 상품을 개발하기로 전격 의기투합했다.

　사실 우리나라 대부분의 중소기업은 부동산, 기계 장치, 현금 등을 추가로 금융 기관에 담보를 제공할 능력이 없다. 그런데 중소기업들은 항상 운영 자금이 필요하고 새로운 투자 기회가 있을 때 그들이 기존에 거래하던 은행에 추가 대출을 요청하면 담보가 없어 번번이 퇴짜를 맞기 일쑤이다. 더욱 안타까운 것은 중소기업들이 새로운 사업 기회가 있을 때 투자 자금이 없어 소중한 투자 기회를 날려 버리는 것이 다반사라는 것이다. 아무리 높은 금리를 제공하려 해도 담보가 없으면 단 한 푼도 대출받지 못한다.

　나는 우리나라의 최고의 실력을 갖춘 증권인으로서의 자부심을 가지고 있다. 따라서 논리적으로 설명이 되고 리스크에 대한 확신이 선다면 반드시 비즈니스 기회를 찾고 상품화를 위해 노력한다. 나는 어렵사리 나를 찾아온 그 직원과 단번에 의기투합하여 우리나라 시장에 완전히 새로운 개념의 파생 상품을 내어놓기로 했다.

　그동안 우리나라에서 그 누구도 시도하지 않은 신상품을 판매하겠다고 하니 회사의 반대와 리스크 쪽의 저항이 만만치 않았다. 무엇이든 남들이 하지 않은 것을 처음으로 시도하는 것에는 저항이 따르기 마련이지만 이번에도 은행 계열 증권 회사라는 굴레에 발목을 잡혔다. 그러나 내가 내 책임으로 모든 것을 진행하고 혹여 문제가 발생할 시에는 모두 내 책임하에 마무리하겠다고 끈질기게 주장하니 회사도 어쩔 수 없이 상품 판매를 허용해 주었다. 물론 타사 IB에서 상품을 구성하고 그 구성된 상품을 가져다 파는 정도의 선에서 정리가 되었다.

이 상품의 가장 큰 의의와 장점은 담보력이 부족한 중견 중소기업에게 양질의 자금을 공급해 주어 그들이 일시적으로 어려워진 자금 운용에 숨통을 트이게 하고 나아가 새로운 투자 기회를 제공하여 중견 중소기업의 성장에 크게 기여하게 되는 데 있다. 작게는 I 투자증권 차원에서 중소기업을 지원하고자 하는 회사 설립 취지에 맞아떨어지는 상품이기도 하다. 크게는 투자 금융, 즉 증권업이 추구하는 기업에의 양질의 자금 공급과 이를 이용하는 기업들의 성장을 돕는 국가 정책에도 크게 부합하는 획기적인 상품이기도 하다.

온갖 반대와 저항과 기존의 관례에 안주하려는 PB들의 외면에도 불구하고 나는 초기에 이 상품을 직접 고객에게 영업을 하여 판매하였다. 초기에 수백억을 판매한 후 1여 년이 되어 가면서 고수익을 낸 이 상품들이 속속 만기 상환이 되기 시작하니 그동안 꿈쩍도 않던 현장 PB들이 아우성을 치기 시작했다. 자신들에게도 이 상품을 공급해 달라는 요구가 빗발치더니 드디어 한정된 상품을 특정 직원에게 편파적으로 공급한다는 등 이해하기 힘든 사내 민원들이 쏟아지기 시작했다.

이제는 그동안 외면만 해 오던 경쟁 증권사들도 속속들이 상품의 개발 공급에 뛰어들기 시작했다. 언제나 그랬던 것처럼 시장이 다시 혼탁해지기 시작한 것이다.

그러나 이 상품은 아무나 쉽게 카피를 할 수 있는 상품이 아니다. 표면적인 카피는 쉬울지 모르나 차주 회사의 리스크 점검과 원리금의 상환 스케줄 설계 및 관리 등은 나와 함께하는 전문가 말고는 쉽지 않은 작업이다. 한마디로 그동안 금융업, 나아가 증권 회사에서 수십 년간 필드에서 갈고닦은 실력이 함축되어 있는 상품이다. 일정 기간 완전 무담보 상태를 어떻게 유지할 것인지? 그리고 일정 기간 후 원리금을 축적해 나가는 과정 관리는 어떻게 할 것인지? 특히 자금 공급을 원하는 차주들이 대부분 일시적으로 어려운 상태에 직면해 있는데 그런 상황에서의 상품화 대상 기업의 선정은 어떤 프로세스로 진행하는지? 등은 아무나 할 수 있는 것이 아니다.

이 상품이 처음 우리나라에 출시된 후 수년여가 지났다. 수십 개의 중견 중소기업이 이 상품의 혜택을 톡톡히 입어 어려운 시기를 잘 넘겼고 이제는 급성장하는 궤도에 진입해 있다. 또한 이 상품의 판매 잔고도 수천억에 이르고 있다. 신개념의 새로운 상품의 개발로 기업은 기업대로, 투자자는 투자자대로, 금융 회사는 금융 회사대로 서로가 원원하는 결과를 가져왔다.

7. 금융 주선 영업

증권 회사는 항상 먹거리 경쟁이 치열하다. 특히 리테일 조직에서 일하는 PB들은 마땅히 팔 수 있는 상품이 제공되지 않을 경우 천수답식 주식 매매 영업에만 매달려야 한다. 그나마 활황장이 전개될 때에는 별문제가 없으나 시장 침체기에는 난감하기 그지없다. 더군다나 주식 매매 영업은 상당한 실력과 매매 스킬이 필요하여 증권사 PB라고 아무나 쉽게 영업을 할 수 있는 영역이 아니다. 자칫 활황장에서도 시장 대응력이 부족한 사람들은 계좌 손실을 내기 일쑤다. 그렇다고 리테일 영업에 달리 고수익을 올릴 수 있는 비즈니스 모델은 거의 찾아보기 어렵다.

반면에 회사의 자기 자본 등 고유 자산으로 사업을 하는 IB와 CM 사업 등은 차원이 다르다. 물론 어느 사업이든 리스크가 따르기 마련이지만 리테일 사업에 비해 훨씬 다양한 사업을 벌일 수 있고 비즈니스 수익의 크기도 규모를 달리한다. 또한 그들에게 주어지는 성과급의 사이즈는 차원이 다르다.

한편으로 회사인 법인의 입장에서 보면 리테일은 거의 사업 리스크가 없는 대신 자기 자본으로 사업을 하는 IB, CM은 회사의 존폐를 결정지을 만큼 리스크가 크다. 즉 회사의 자산으로 사업을 하는 직원들이 사업에 실패를 하면 그 결과는 바로 회사의 큰 손실로 다가온다. 반면 리테일은 고객의 자산을 활용하여 영업을 하므로 부정한 방법으로의 영업이 아닌 이상 그 피해는 회사로 전가되지 않는다. 결국 리스크를 누가 지느냐의 문제인데 건강한 기업은 리스크를 스스로 지지 않는 사업 구조를 완벽하게 구축하고 있다. 하지만 불행하게도 우리나라에서 그런 증권 회사는 손가락을 꼽을 정도이며 중소형사로 내려갈수록 IB, CM의 의존도가 크다.

그렇다 보니 리테일에 근무하는 PB들은 수익의 사이즈가 큰 IB나 CM 사업 영역에서 리테일 영업에 접목해서 영업을 하려는 시도가 비일비재하게 나타난다. 경쟁력이 있는 상품만 있으면 고객들에게 소개하고 판매 수수료 수익을 올릴 수 있다는 생각 때문이다.

그런데 우리나라의 증권 회사 영업은 철저하게 Wall이 쳐져 있다. 타 사업 부분에의 영역 침범은 곧 그 회사에서 퇴출을 각오해야 할 정도로 엄격하게 보호되고 있다. IB나 CM 사업을 하는 임직원들이 그들의 영역 침범을 허락하지 않기 때문이다. 회사는 그들의 사업 비중이 크므로 그들의 요구를 받아줄 수밖에 없다. 자칫 잘못 대응하면 소위 우수 인력들의 이탈이 일어난다는 우려 때문이다. 감독 당국에서도 애매하게 차이니스 월이라는 제도를 운영하고 있다. 차이니스 월이란 원래 IB나 CM 사업에서 자신들이 취득한 영업 정보를 사전에 유출하여 부당 이득을 취하는 것을 엄격히 방비하기 위해 마련된 제도이다. 그런데 엄밀하게 말해 같은 회사 내에서 진행하는 딜들의 비밀은 어디까지인가? 비즈니스의 모든 게 CEO까지 사전 보고되고 리스크 위원회 등을 거쳐야 한다. 하나의 사업의 딜이 구성되려면 사내의 여러 부서뿐만 아니라 심지어 사외의 회계 법인이나 법무 법인도 거쳐야 한다. 유명무실한 차이니스 월 제도로 애매한 리테일만 죽어 나가는 형국이다. 따라서 리테일에서 일하는 PB는 IB나 CM 사업을 할 수가 없다. 아니, 그 비슷한 사업도 할 수가 없다.

그런데 비즈니스의 기회는 도처에 깔려 있다. 하고자 하는 의지만 있으면 비즈니스 모델은 만들면 된다. 여태까지의 CM 사업은 자신들이 만든 ELS 등과 같은 파생 상품을 고보수를 받고 리테일에 공급하고 IB 사업은 그들이 구조화한 상품의 일부를 리테일에 고보수를 받고 공급해 주는 전통적인 사업이었다. 그렇다고 고객이나 PB에게 획기적으로 도움이 되는 물건을 공급해 주는 것은 아니었다. 기껏해야 그들이 보유한 물량 중 문제가 있거나 보유 한도가 찬 물건을 셀다운 하는 정도였다. 리테일에서 PB들이 아무리 경쟁력 있는 상품을 공급해 달라고 부탁을 해도 철저히 그들의 계산에 의한 그들의 이익하에서 상품 공급이 이루어졌다.

나는 PB 업무를 수십 년간 하면서 항상 불만을 가지고 있었다. IB, CM에 근무하는 그들은 별나라 사람들인가? 그들에게 회사의 모든 자원을 맡기고 운영케 하고 또 상상하지도 못할 인센티브를 지급하는 것들이 도무지 이해가 안 갔다. 그리고 그들을 우수 인력이라고 감싸고 특별 대우를 해 준다. 리테일 직원들은 회사가 준 명함 한 장 들고 온몸으로 고객 개척하고 상품 발굴하고 수익 올려 주고 1인 3역 이상을 해야 하는데 그들은 회사가 쥐여 준 회사 자금으로 수익 사업을 한다. 그리고 고액의 성과급을 받아 챙긴다. 소위 말해 군대로 치자면 리테일은 육군 보병이요, 그들은 전투기 항공 모함을 가지고 전쟁을 치르는 공군, 해군이다. 우스갯소리로 리테일 직원들은 자조 섞인 말투로 일빵빵(육군 보병 주특기

100)이라고들 비하한다.

    내가 리테일 사업 부문을 맡고 있을 때 지점에 근무하는 PB인 S가 간곡하게 청원을 올렸다. 자신이 리테일에 근무를 하지만 IB 사업을 하고 싶다는 내용이었다. 그는 IB 사업부에 발령을 내어 주면 감사하겠지만 만약 그렇지 못하면 지점에서라도 IB 업무 중 일부라도 할 수 있게 해 달라고 했다. 나는 고민할 수밖에 없었다. IB 사업부와의 분쟁은 필연적으로 발생할 것이고 그렇다고 그 직원을 그들만의 리그에서 받아 줄 리가 없었기 때문이다. 나는 며칠을 고민한 끝에 전격적으로 IB 사업부문장을 만났다. 그러고는 요구했다. 회사와 우리 증권업의 미래를 위해서 IB 사업부문에서 한발 양보를 해 달라고 간곡히 부탁했다. 당시 IB 사업부문장은 나와의 개인적 관계가 좋았고 그 또한 회사에서 리테일이 죽 쑤고 있는 것을 잘 알고 있던 터라 아주 제한적인 범주에서 나의 부탁을 들어 주기로 하였다.

    그렇게 해서 탄생한 것이 리테일 금융 주선 비즈니스이다. 전통적으로 IB 사업에서 부동산 관련 구조화는 자기 자본을 투입하거나 브릿지론을 일으켜서 자금을 공급하는 형태다. 그렇다 보니 다소 규모가 작은 소규모 구조화 딜은 그들에게는 돈이 되지를 않거니와 설사 딜이 완성되더라도 제한된 인력으로 사후 관리 등에 상당한 애로가 있어 기피하는 사업이다. 그러나 리테일 PB 입장에서 보면 그 어떤 비즈니스보다도 매력적인 사업이다.

이미 시공사와 시행사가 확정된 특정 소규모 사업장에 자금의 공급이 필요한 경우 대주단을 지점의 PB가 주도적으로 구성을 하여 딜을 완성한다면, 그 딜은 IB 사업의 딜인가? 리테일 사업의 딜인가? 어찌 됐든 현행 관습과 내부 규정에 의하면 누가 딜을 완성했던 간에 IB 딜이었다. 감독 당국의 애매한 차이니스 월 제도도 그들만의 리그를 가능하게 해 주는 든든한 울타리 역할을 해 주고 있는 것도 사실이다. 어쨌든 나는 이 부분을 IB 부문 대표로부터 도장 값(어쨌든 IB 영역 업무이니까) 정도를 지급하고 리테일에서 자율적으로 사업을 할 수 있도록 협약을 해 버렸다. 그리고 나중에 딴말이 나지 않도록 협약서도 작성하고 대표 이사의 추인도 받아 버렸다.

그동안 리테일 소속으로 IB 영업에 목말라하던 PB들은 난리가 났다. 완전히 만족스럽진 않지만 그들에게 날개를 달아 준 것은 사실이었다. 리테일 부문에 새로운 비즈니스 모델이 제시된 후 속속 낭보가 날아들었다. 특정 PB는 자신의 능력을 최대한 발휘하여 한 번에 딜 수임 수수료로 10억이 넘는 성과를 올렸다. 주식 위탁 매매업의 Off 수수료로 환산하면 무려 2,000억이나 되는 약정 수입을 올린 것이었다. 이에 고무가 되어 다른 PB들이 이 업무에 달려들기 시작하여 특화되기 시작했다. 그리하여 작게는 1~2억에서 크게는 10억 단위까지 PIB 관련 수수료 수익이 발생하였고 희망이 없어 보이던 리테일의 주요 비즈니스 모델로 자리 잡게 되었다.

PIB 영업이 활성화되고 수익 규모가 커지면서 원래의 IB 사업 부문 사람들이 욕심이 생기기 시작했다. 자신들이 도장만 날인해 주고 도장 값만 받는 것이 너무 터무니없이 보상이 적다는 이유였다. 급기야 IB 본부장이 이의를 제기했다. 도장 값을 수입 수수료의 50%까지 올려 주지 않으면 PIB 업무를 자신들이 회수하겠다는 반 협박까지 하면서 압박을 해왔다. 심지어 대표 이사한테까지도 차이니스 월을 들먹이며 리테일이 이런 PIB 영업을 하는 게 규정 위반이라고 설득을 하였다. 기실 자신들은 이런 업무를 수행할 준비나 능력이 전혀 없는 상태인데도 막무가내로 무리한 요구를 해 왔다. 단순히 자기들만이 IB 영업을 할 수 있는 면허를 가지고 있다는 도둑 심보였다. 예나 지금이나 남이 힘들여 해 놓은 것을 마치 자기가 한 것인 양 도둑질해 먹는 인간들이 너무 많은 게 탈이었다.

리테일로서는 참으로 골치 아픈 사안이었다. 그렇다고 내가 순순히 내어놓을 사람은 아니었다. 결국 대표 이사와 IB 본부장과 리테일 부문장인 내가 3자 맞짱을 뜨는 수밖에 없었다. 나는 전임 IB 사업부문장과의 합의서를 내어놓고 현재 회사에서 처해 있는 리테일의 과제와 리테일의 역할에 대해 조목조목 논리를 전개했다. 그리고 리테일이 회사의 자원 배분에 대해 아무런 도움을 못 받고 있는 것과 심지어 본사 지원 부문의 공통 간접비의 대부분을 떠맡고 있는 것에 대해서도 강력하게 설명을 하였다. 결론은 대표 이사의 중재로 판정승으로 끝났다. 그만큼 리테일의 과제가 컸던 것이다.

여기서 한마디 덧붙인다면 일부 제한된 특정 직원들이 회사의 자기 자본을 대부분 사용하면서 그들만의 배를 채우는 형태는 차제에 척결되어야 할 우리 증권업계의 중요한 과제이다. 특히 중소형 증권사는 그 도가 지나칠 정도다. 단기 성과에 목을 걸 수밖에 없는 증권 회사의 CEO 및 주요 경영진도 이러한 폐해를 잘 알면서도 어쩔 수 없이 묵인할 수밖에 없는 현실이 안타까울 뿐이다. 언제쯤 우리도 이런 폐단을 과감하게 극복해 내는 CEO가 등장할지 나의 관전 포인트이기도 하다.

8. 시행사 장래 발생 이익 담보 유동화 상품

새로운 대표가 오면서 나는 부득이하게 짐을 싸고 내 연고지인 부산으로 내려왔다. 아직도 회사에 할 일이 많이 남았다고 생각했는데 역시 자신의 인사는 자기가 하는 게 아니었다. 어쨌든 아쉬움을 남긴 채 내 역할은 거기까지라고 받아들이고 지방으로 내려와 내 본연의 직업인 PB 생활을 다시 시작했다. 나이 들고 힘도 빠져서 제대로 영업을 할 수 있겠느냐는 주위의 시선에도 내게는 나를 인정해 주고 성원해 주시는 부산 지역의 대기업 회장님들이 계셨다.

나는 그분들을 한 분 한 분 찾아뵙고 내가 앞으로 할 일에 대해 설명을 드리고 지원을 부탁드렸다. 그분들도 매우 반가워하시며 흔쾌히 맞아 주셨다. 사실 지난 30여 년간 증권 산업에 수많은 어려움이 있었지만 나는 그분들로부터 깊은 신뢰를 얻고 있었다. 증권업계에서 오랫동안 영업을 하다 보면 자의든 타의든 고객에게 피해를 줄 수밖에 없는 우리나라의 증시 상황이었는데도 나는 운이 좋았던지 그분들께 피해를 주지 않았다.

그리고 거의 대부분의 투자가 성공을 거두었다. 내가 그분들께 빚진 게 없었고 그분들 또한 나에 대한 신뢰가 깊었다. 증권 회사 PB 생활 30여 년을 하면서 투자한 주식 종목이 부도 한 번 안 맞았으며 상품 하나 문제 된 것이 없었다. 업계에서 최고의 영업 성과를 올리는 PB 생활을 하면서도 이러기는 결코 쉽지 않은 게 우리의 현실이다. 어쨌든 나는 부산 지역 유력 경제인분들의 따뜻한 호의를 받으며 부산에서 PB 생활을 다시 시작했다.

그러던 어느 날 내가 사업부문장으로 근무할 당시 내 산하 부서의 J팀장으로부터 긴급하게 연락이 왔다. 몇 년 전 장래 매출 채권 유동화 작업을 함께한 모 증권 회사 이사가 새로운 딜이 하나 있는데 나를 만나고 싶어 한다는 것이었다. 그와는 상당한 신뢰가 있었던 관계로 직접 연락을 해 와도 되는데 굳이 회사의 채널을 정식으로 거친 것은 진행하고자 하는 딜의 상품화 여부에 자신감이 없었기 때문인 듯했다. 연락을 받아 보니 아니나 다를까? 아직까지 우리나라에서 거기까지는 진행해 보지 못한 딜이었다.

내용을 축약하면 이러하다. 특정 건설 사업장에 사업을 시행하는데 시행사가 자금이 필요하여 장래에 발생할 사업 시행 이익을 담보로 대출을 하고자 하는 Deal이었다. 말이 쉽지 장래에 발생할 사업 이익이라는 게 계획상 그렇다는 것이지 실제로 그만큼 이익이 발생할 것인지는 미지수이므로 이것을 담보로 대출을 감행한다는 것은 그냥 무담보로 빌려주는 것이나 별반 차이가 없는 것이었다. 그러므로 우리나라 그 어떤 금융 기관도 그러한 대출을 실행해 본 적이 없었다. 모두가 만약의 경우가 두려운 것이었다.

그런데 나는 생각이 달랐다. 적어도 증권 회사에 근무하면서 이러한 기회를 활용 못 한다는 것은 증권인이기를 포기하는 거나 다름없다고 생각했다. 모든 물건들이 다 그런 건 아니지만 건건이 잘 살펴보면 투자의 기회가 반드시 있다는 확신을 가지고 있었다. 이 물건도 마찬가지였다. 서울 마곡 지역에 빌딩을 건축하고 있는데 초기 분양률은 저조했다. 국내 대형 증권사인 H 증권사가 가장 큰 대주로 참여하고 있는 프로젝트였지만 시행사는 긴급 자금이 필요했다. 건물의 완공 후 시행 사업 이익은 수백억이나 예상되었지만 긴급 자금을 수혈할 뾰족한 방법이 없었다. 기존 대주들은 더 이상의 자금 수혈을 거부하고 있었다. 그래서 부득이 일부 리파이낸싱과 함께 추가 자금 수혈을 할 수밖에 없는 상황이었다.

나는 최우선으로 마곡 지역을 주목했다. 마곡 지역은 분양이 실패하려야 할 수 없는 지역이었다. LG 그룹의 주력 사업 부문이 전부 마곡 지역으로 옮겨 가고 있었고 심지어 부산 지역 굴지의 기업들도 마곡 지역에 R&D 센터와 오피스 빌딩을 짓고 있었다. 그런 지역에 건축되고 있는 건축물이라면 최소한 원금은 날릴 염려가 없다는 것이 나의 판단이었다. 그런 판단을 한 후 나는 시행사의 형편을 살폈다. 시행사 또한 어느 정도 신뢰가 있는 업체였다. 마지막으로 투자 구조를 완벽하게 점검하고 담보 구조를 2중, 3중으로 확보하는 것이었다. 장래 발생할 시행 사업 이익을 담보로 후순위로 참여하는 Deal이므로 그 어떤 것보다 촘촘히 체크해야 했다. 이 모든 것이 실력으로 준비된 노하우의 결과로 도출되는 것이었다. 나는 과감하게 투자 결정을 내렸다.

문제는 회사의 투자 심사를 통과하는 것이었다. 여태껏 한 번도 시도해 보지 않은 Deal을 상품으로 허락받기란 쉽지 않은 과정이었다. 원래 심사 부서에서 일하는 사람들은 모든 것을 부정적으로 바라보게 되어 있다. 그럼에도 불구하고 내가 있는 하우스의 심사 부서는 증권 회사의 심사 부서가 아니었다. 오로지 리스크 Zero를 요구하는 부서였다. 증권 회사의 투자는 어느 정도의 Risk를 Taking하고 그 대가로 높은 수익을 추구한다. 리스크를 Zero 수준으로 요구하면 그것은 투자가 아니고 정기예금이다. 그럼에도 심사 부서는 리스크를 지지 않으려고 했다. 남들이 해 보지 않은 상품에는 그 어떤 새로운 시도를 하려 하지 않았다.

내가 투자하려는 상품은 매우 간단했다. 미래에 발생할 수익이 어느 정도이고 그것을 확실히 담보할 수 있느냐는 것이 주요 점검 포인트였다. 부동산을 개발하는 사업은 그 어떤 장치 산업보다 불확실성이 높은 것이 사실이다. 부동산 개발에 참여하는 수많은 이해 관계자들의 이해가 얽혀 있기 때문이다. 특히 영세한 시행사는 결코 믿을 수 없는 상대이다. 그들이 개발 이익을 어떻게 감추고 주무를 것이며 차입금을 어떻게 제대로 상환할지 도무지 담보할 수 없기 때문이다. 또한 시공사도 어느새 공사비를 부풀려 시행사를 압박할 수도 있기 때문이다. 즉, 시행사와 시공사가 한마디로 부도덕한 행위를 해 버리면 장래에 발생할 개발 이익은 그냥 계획에 불과할 뿐이므로 그것만을 믿고 투자하기는 실로 난망하다.

물론 시공사가 페이퍼로 시행사를 만들어 마치 제3자인 양 행세를 하면 시행 이익을 기대하기는 실제로 어렵다. 이런 것을 제대로 체크하고 리스크를 점검하고 관리하는 것이 바로 실력이다. 나는 내가 투자하려는 물건에 대해 리스크 점검을 꼼꼼하게 했다. 그러고는 차주인 시행사로 하여금 몇 가지의 보안 장치를 마련했다. 그러고는 투자 의사 결정을 내렸다.

회사의 심사 부서는 난리가 났다. 여태까지 단 한 번도 시도하지 않았던, 그리고 그 어떤 증권 회사도 해 본 적이 없는 새로운 상품을 설정하려 하니 그들로서는 도저히 받아들일 수 없는 모양이었다. 상품을 론칭하고 집행하려는 실무부서장이 긴급히 SOS를 쳐 왔다. 자기들은 도저히 설득하기가 어려우니 나더러 직접 설득을 해 달라는 것이었다. 하는 수 없이 전화기를 들고 심사부서 임원과 집행부서 임원들에게 협조 부탁과 함께 반 협박을 해 대면서 만일의 경우 사후에 발생할 모든 사고에 대하여 전적으로 내가 책임을 지겠으며 문제 발생 시 그 어떤 민·형사상의 책임도 묻지 않겠다는 서약서를 투자자로부터 징구해 주겠다는 약속을 해 줌으로써 겨우 심사부의 허락을 받아 냈다.

내가 또다시 새로운 상품으로 큰 영업을 해 버리니 곳곳에서 시기와 질투의 화살들이 쏟아지기 시작했다. 마치 내가 회사로부터 특혜를 받는 것처럼 내용도 모르고 떠들어 대는 사람들도 나타났다. 회사는 정확한 경위를 설명하고 이해를 시키려는 노력은 하지 않고 무턱대고 노이즈를 잠재우려 이상한 방향으로 추후에는 상품 설정 과정을 끌고 갔다. 내가 직접 비즈니스를 하는 회사 내에서도 이렇게 신 포퓰리즘 같은 것이 탄생하는 것을 보고 씁쓸함을 느끼게 되었다. 이후 이러한 구조의 상품 설정은 사실상 백지화되고 말았다. 그런데 내가 처음으로 이런 상품을 성공적으로 론칭을 한 것이 소리 소문 없이 퍼져 나갔던지 여러 곳에서 나에게 연락이 왔다. 비슷한 구조의 상품을 론칭해 달라는 요청과 함께 엄청난 수수료와 고객 수익을 제시하기도 하였다.

지금도 아쉬운 물건이 몇 개 있는데 전부 내가 주 연고지로 있는 부산 지역 물건이었다. 그중 하나는 부산 광안리 바닷가에 짓고 있는 주상 복합 건물과 부산 사직동에 짓고 있는 코오롱 하늘채 아파트의 시행 사업 이익 담보 대출 물건이고 다른 하나는 부산 해운대 핵심 상업 지역에 있는 호텔의 재개발 사업 물건이었다. 나는 그들 물건들을 너무나 잘 알고 있었거니와 사실상 리스크가 없는 물건이었다. 앞의 물건은 1차 담보가 사직동 코롱 하늘채이고 2차 담보로 광안리 주상 복합 건물인데 건축이 80% 이상 진행되었고 분양율도 95% 이상인 물건이었다. 또한 시행사와 시공사가 엄격히 분리되어 그들이 담합하여 공사비를 턱없이 높일 이유가 없는 물건이었다. 나는 그 물건을 특별한 이유 없는 회사의 Drop 결정으로 보기 좋게 놓치고 말았다. 아쉬움은 컸지만 회사가 공식적으로 상품화를 반대한 것을 두고 왈가왈부할 수 없었다. 다음으로 더 큰 아쉬움을 남긴 것은 해운대 핵심 지역에 있는 호텔의 재개발 건이었다. 이 물건도 단지 건축 허가가 아직 나지 않았다는 이유로 심사에 상정도 해 보지 못하고 Drop되고 말았다. 해운대는 오래된 건물들을 철거하고 새롭고 더 큰 건물들로 화려하게 변신하고 있다. 한마디로 도시의 재생 사업이 활발하게 이루어지고 있는 곳이다. 그러므로 건물의 재건축에 대한 사업 시행 허가는 무리 없이 날 것이므로 큰 문제가 되지 않았다. 너무나 확실한 물건에 사업 초기부터 참여를 한다면 투자 수익은 시행사가 가져가는 정도에 버금가는 이득을 얻을 수 있는 장점이 있다. 나는 그런 투자처를 어렵게 찾아내어 나의 점검 포인트를 다 거친 후 회사에 모두 나와 나의 고객의 책임하에 투자를 하겠다고 하였는데도 Reject를 회사로부터 당하고 말았다. 현장에 있는 나의 의견을 하나도 들어 보지 않고 Drop을 시켜 버리는 회사의 행태를 보고 나는 실망감을 거둘 수가 없었다. 고객에게 큰 투자 수익과 함께 나의 큰 영업의 기회를 번번이 날려 버리게 되니 힘이 쭉 빠지고 말았다. 이제 그 물건들은 내가 아닌 다른 이의 투자를 받아 모든 사업이 착착 진행되어 이제 곧 입주를 앞두고 있다. 지금도 그 물건들의 현장을 지나치다 보면 그때의 아쉬움에 한숨을 쉬곤 한다.

당시 마곡 지역에 그렇게 힘들게 참여했던 투자가 채 1년도 되지 않은 9개월이 되는 시점에 차주로부터 조기 상환하겠다는 연락이 왔다. 연 7%가 넘는 안정적인 투자 수익을 올리고 있던 상품인데 9개월 만에 조기 상환을 하겠다니 참으로 난감했다. 차주는 우리에게 주고 있는 이자가 너무 높다는 것과 그들의 충분한 사업 이익 현금 흐름으로 더 이상 자금이 필요치 않아 높은 비용의 우리 차입금을 우선 상환하려 한다는 것이었다. 나는 차주에게 정중히 투자 기간을 1년만 채워 달라고 부탁을 하였지만 보기 좋게 거절당하고 말았다. 투자 당시의 차입 이자율이 너무 높았고 무엇보다 더 이상 차입을 할 만한 이유가 없어졌기 때문이었다. 당시에 회사는 리스크를 운운하며 절대로 상품화를 허용할 수 없다고 반대하던 물건이었다. 그런데 9개월 만에 조기 상환이 되어 버린 것이다. 물론 이 한 건으로 회사의 리스크 관리를 문제 삼으려는 것은 아니다. 하지만 적어도 책상머리에 앉아서 현장의 PB와 투자자가 만약의 문제에도 책임을 다 지겠다고 나오는 물건이면 좀 더 신중하게 점검을 해야 하는 게 아닌가 하는 아쉬움은 아직도 남아 있다. 조기 상환되어 돌아온 거액을 새로운 대안 상품 하나 만들지 못하고 경쟁사에 다 빼어 주게 되었을 때의 쓰라림은 아직도 남아 있다.

부가 가치의 삶

부가 가치 있는 삶을 살고 있는가?

혹시 부하들이 올려 주는 실적이 자기 자신의 업적이라고 착각하고 살고 있지는 않은가?

나는 직장 생활 30년을 넘게 해 오면서 항상 이 화두를 잊은 적이 없다.

보통 사람들은 직장 생활을 하면서 지위가 올라가게 되면 자연스레 조직을 관리하게 되고 그동안 자기 개인의 업적에 의존하던 일의 형태가 어느새 자신이 맡고 있는 조직의 업적이 자신의 업적으로 바뀌어 평가를 받게 된다. 모든 직장인들이 그렇겠지만 이러한 업적 평가 형태가 시간이 지남에 따라 자연스레 관리자로서의 지위를 향유하게 되고, 그에 따라서 좀 더 귀찮고 까다로운 업무들은 부하들에게 이전하게 되고 자연스레 본인의 개인 업적 관리에는 소홀하게 된다.

그런 것이 잘못된 것이라고 단정적으로 말하기는 어렵다. 무릇 관리자는 개인의 업적 관리보다 조직 공동의 업적 관리가 더욱 중요하고 그것이 모여 조직 전체의 시너지가 이루어지기 때문이다.

그러나 적어도 관리자가 본인의 업적을 제대로 창출하지 못한다면 관리자로서의 자질이 있는가? 하는 질문에는 명확하게 답하기 어렵다.

우리 사회는 언제부터인가 수많은 관리자들이 조직의 업적을 자신의 개인 업적으로 인정하고 착각해 왔다. 특히 내가 평생의 업으로 여기고 있는 금융업, 한발 더 나아가 조직의 성과보다는 개인의 역량이 더 크게 좌우되는 증권업에서조차 수많은 관리자들이 조직의 업적을 자기 개인의 능력으로 착각하고 있다.

우리가 그동안 매스컴을 통하거나 직접 경험한 직장 상사들이나 관리자들이 자리에서 물러난 후 현직에서 자신의 평생의 업으로 살고 있는 사람이 얼마나 있는가? 단언컨대 그들은 자신의 업적보다는 부하들이 창출해 주는 조직의 업적을 자신의 업적과 자신의 능력이라고 착각하고 직장 생활 한 사람들이다.

물론 제도나 규정을 혁신하여 사람들이 더 능률적으로 일하게 하는 것도 개인의 역량이며 업적이다. 그것 또한 부가 가치를 창출하는 것이다. 그러나 우리 사회의 모두가 제도나 규정을 혁신하는 일만 할 수는 없거니와 관리자로 수십 년을 지내 온 본인마저도 단언컨대 제도나 규정 등을 혁신하는 것이 일상적이지 않다는 것을 잘 알기에 자신 있게 말할 수 있다.

우리 주위에서 은퇴한 그들의 소식을 들을 수는 있는가? 현직에 있을 때 그 직위에 부여된 인사권과 나름의 예산권 등으로 화려하게 부하들을 리드하고 때로는 가르치고 때로는 질책하면서 창출된 업적들이 마치 자신의 능력만으로 이루어진 결과라고 착각하며 생활한 사람들의 은퇴 후 소식을 들은 적이 있는가? 그들 중 아직 현역으로 금융업에, 나아가 증권업에 종사하며 평생의 업으로 살고 있는 사람들이 얼마나 있는가? 주위에 그런 사람이 있다면 그대는 행복한 사람이다. 훌륭한 사표를 곁에 두고 있기 때문이므로…….

왜 금융업은 평생의 직업으로 분류되지 못하는가? 법조인이 제도권에서 은퇴하여 변호사로서 화려하게 재출발하는 것과 의료인이 제도권에서 은퇴하여도 평생 의료인으로 화려하게 인생을 살아가는 것과 다르게 금융인은 그런 전문 직업인이 되지 못하는가? 현직에 근무할 때는 전문가라는 말을 수없이 들었지 않았는가?

나는 단언한다. 금융인이며 증권인이며 PB이며 Wealth Manager 이라는 것을. 나는 증권업을 평생의 직업으로 여기며 살고 있다. 나를 아끼고 사랑해 주시는 내 주위의 존경하는 고객분들이 나의 소중한 자산이다. 나는 단 한 번도 부하들이 올려 주는 업적을 내 업적으로 도둑질한 적이 없거니와 내 능력으로 착각하지 않았다. 무릇 큰 관리자라면 자신이 맡은 조직은 자신이 먹여 살려야 한다. 그래야 부하로부터 존경받고 부하에게 영이 선다.

　우리 사회에 그 많은 관리자들이 부하들을 육성하고 자신을 희생해서 조직을 키우고 살려 온 리더가 얼마나 있는가? 대부분 그들은 부하들이 해 준 업적으로 좀 더 나은 자리로 이동해 가는 게 필생의 목표다. 좀 더 솔직하게 여러분과 내가 혹시나 부하가 해 준 업적을 자신의 업적과 능력으로 착각하고 직장 생활 하고 있지 않은가?

　이것은 양심의 문제다. 더군다나 정직함이 최우선 덕목인 금융인의 입장에서는 더욱 그러하다. 금융업은 시간과 지위가 실적과 비례한다. 그것이 곧 고객으로부터 받는 신뢰의 무게다. 그런데 우리 주위의 그 많은 선배 금융인들은 어디로 갔나? 무엇을 하고 있는가? 혹여 조직을 속이고 부하를 속이고 심지어 자기 자신조차도 속여 온 것이 아닌가?

　금융인은 항상 자신을 연마하고 실력을 키워서 연륜과 지위가 쌓이면서 그 예리함이 극에 달해 있어야 한다. 나는 지난 30여 년이 넘는 PB 생활을 하면서 단 한시도 이 화두를 놓은 적이 없다. 지금도 우리나라 그 어떤 금융인보다도 열심히 충실히 업에 임하고 있고 실적도 내고 있다. 나이와 그동안의 직위가 뭐 그리 중요한가? 훌륭한 고객이 나를 필요로 하고 나 또한 그분들에게 도움이 되고 있어야 한다. 또한 평생의 업으로 수십 년 일해 온 이 일 말고 내가 더 어떤 일을 잘할 수 있을까? 그래서 나는 지금도 이 일에 만족하고 매진하고 있다.

이번 달에도 보통 직장인들이 상상도 못 할 만큼의 수익을 올렸다. 내 나이에 내 위치에서 다른 어떤 일이 이만큼 만족을 줄 수 있겠나? 증권회사 PB로 인생을 살면서 이만큼의 준비도 없었다면 그것은 허상이며 사기다. 나 자신을 수십 년간 예리하게 벼리고 닦아야 한다. 운이 좋아 능력 있는 부하를 만나 일시적으로 조직에서 인정을 받을 수는 있겠지만 그것은 엄밀히 말해 내 것이 아니다. 운이 좋았을 뿐이다. 일생에서 능력이 출중한 부하를 만나 그의 도움으로 평생 함께하긴 불가능하다. 언젠가는 본인의 밑천이 다 드러나게 되어 있다. 요새는 시대가 바뀌어 상사가 회의를 주재해도 밑천이 드러난 상사는 영이 서지 않는다. 퇴출 1순위다. 그러나 무언가 범접할 수 없는 실력으로 무장된 상사 주위는 늘 부하들이 모여든다. 시대가 바뀌었다. 부하들도 상사로부터 무언가 배우고 얻을 게 있어야 한다. 그래야 그들도 미래에 성공할 수 있기 때문이다. 퇴근 후 소주잔에서 가십거리로 오르내리는 상사는 곧 단명한다. 부하들도 상당히 영리해져 있다. 그들 인생에 실질적으로 도움이 되지 않는 상사는 더 이상 설 자리가 없어진 지 오래다. 밥 잘 사 주고 술 잘 사 주고 인간성 좋은 이웃집 아저씨나 형님, 누나 같은 상사의 시대는 저문 지 오래다.

부하들은 그들의 미래 또한 불투명한 것을 잘 알기에 실력 있는 선배, 상사에게서 무엇인가 배울 것을 항상 찾는다. 그곳에 실력으로 무장된 당신이 있어야 한다.

금융투자업에 근무하는 당신은 주식 시장에 대해 얼마나 치열하게 공부하고 있나? 하루도 멀다 하고 쏟아져 나오는 수많은 금융 상품 중 그 상품의 특장점과 수익 구조도를 꿰뚫고 있어야 하나, 적당히 몰라도 되나? 세계 경제의 흐름과 우리나라의 경제 구도와 현상을 제대로 간파하고 있어야 하나, 적당히 몰라도 되나?

그러나 의외로 금융투자업에 종사하는 상당수는 그 적당함에 익숙하다. 특히 직위가 올라갈수록 이런 현상은 더 심해진다. 그러한데 부하들이 무얼 믿고 따르겠는가?

적당하게 그 자리에 있으면서 월급 받아먹다가 때 되면 사라지는 그런 월급쟁이는 금융투자업 회사에 종사하면 안 된다. 이곳은 성공한 사람들의 목숨보다 소중한 금융 자산을 관리하고 그것을 키우는 프로들이 있어야 하는 곳이다. 보통의 삶을 살려거든 다른 직업을 선택하는 게 옳다. 그래야만 자신은 물론 믿고 의지하는 고객에게 피해를 주지 않을 것이기 때문이다. 나보다 먼저 더 성공한 사람들의 자산을 관리하는 사람이 보통의 생각과 행동과 삶을 살아서 되겠는가는 물어보나 마나다.

본인은 단언한다. 우리 사회는 아직도 학벌과 출신 성분이 인생을 좌우하고 있다. 그러나 출발점이 다르다고 해서 인생의 종점이 다 같을 수는 없다. 내가 경험한 수많은 그 조건 좋은 사람들은 실력이 부족했다. 학교 다닐 때 공부를 조금 잘했을 뿐이다. 부모님을 잘 만났을 뿐이다. 그것이 전부다. 우리가 인생을 사는 데 학교 성적만 좋고 부모님만 잘 만나 태어나면 모든 게 해결되나? 인생의 수만 가지 오묘한 길들이 그것에 다 있다고 단정할 수 있나?

그런데 시대가 변했다. 진정으로 실력 있는 예리함이 살아남고 평생을 끊임없이 탐구하고 공부하고 도전하는 이가 성공하는 시대가 온 것이다.

나는 지금도 "부가 가치를 창출하는 일을 하고 있는가?"라고 스스로 자문하며 지내고 있다.